PENSAR E FAZER EDUCAÇÃO

MEMÓRIAS DE UM PESQUISADOR IRREQUIETO ENTRE GOVERNOS E BUROCRACIAS

Dados Internacionais de Catalogação na Publicação (CIP)
(Claudia Santos Costa - CRB 8ª/9050)

Castro, Claudio de Moura
    Pensar e fazer educação : memórias de um pesquisador irrequieto entre governos e burocracias / Claudio de Moura Castro. – São Paulo : Editora Senac São Paulo, 2025.

    Bibliografia.
    ISBN 978-85-396-5422-2 (impresso/2025)
    e-ISBN 978-85-396-5423-9 (ePub/2025)
    e-ISBN 978-85-396-5424-6 (PDF/2025)

    1. Castro, Claudio de Moura, 1938-. 2. Autobiografia. 3. Educação. I. Título.

25-2411c   CDD – 370.92
                                                              923.7
                                                  BISAC BIO019000
                                                        EDU000000

Índice para catálogo sistemático:
1. Educação : Autobiografias 370.92
2. Autobiografias : Educação – Pesquisadores 923.7

CLAUDIO DE MOURA CASTRO

PENSAR E FAZER EDUCAÇÃO

MEMÓRIAS DE UM PESQUISADOR IRREQUIETO ENTRE GOVERNOS E BUROCRACIAS

Editora Senac São Paulo – São Paulo – 2025

ADMINISTRAÇÃO REGIONAL DO SENAC NO ESTADO DE SÃO PAULO
Presidente do Conselho Regional: Abram Szajman
Diretor do Departamento Regional: Luiz Francisco de A. Salgado
Superintendente Universitário e de Desenvolvimento: Luiz Carlos Dourado

EDITORA SENAC SÃO PAULO
Conselho Editorial: Luiz Francisco de A. Salgado
 Luiz Carlos Dourado
 Darcio Sayad Maia
 Lucila Mara Sbrana Sciotti
 Luís Américo Tousi Botelho

Gerente/Publisher: Luís Américo Tousi Botelho
Coordenação Editorial: Verônica Marques Pirani
Prospecção: Andreza Fernandes dos Passos de Paula,
 Dolores Crisci Manzano, Paloma Marques Santos
Administrativo: Marina P. Alves
Comercial: Aldair Novais Pereira
Comunicação e Eventos: Tania Mayumi Doyama Natal

Edição de Texto: Vanessa Rodrigues
Preparação de Texto: Editora Polis
Coordenação de Revisão de Texto: Marcelo Nardeli
Revisão de Texto: Cibele Machado e Alexandre Napoli
Coordenação de Arte: Antonio Carlos De Angelis
Projeto Gráfico, Capa e Editoração Eletrônica: Antonio Carlos De Angelis
Imagens: acervo do autor
Impressão e acabamento: Gráfica CS

Editora Senac São Paulo
Av. Engenheiro Eusébio Stevaux, 823 – Prédio Editora
Jurubatuba – CEP 04696-000 – São Paulo – SP
Tel. (11) 2187-4450
editora@sp.senac.br
https://www.editorasenacsp.com.br

© Editora Senac São Paulo, 2025

SUMÁRIO

Nota do editor, 7

Prefácio, *por Bolívar Lamounier*, 11

Apresentação, 17

PARTE I
A caixa de ferramentas, 19

PARTE II
Em pé de guerra com a burocracia, 95

PARTE III
Formation professionnelle, training, educación, 185

PARTE IV
Novas brigas e velhos desafios, 271

Posfácio, 321

Índice geral, 331

NOTA DO EDITOR

QUANDO TINHA cerca de 15 anos de idade, Claudio de Moura Castro construiu um torno mecânico – que, no início, funcionava com uma corda. (Ganhou motor depois.) O interesse por engenhocas contrastava com o desinteresse pelos cadernos. Um protesto, segundo ele, contra a escola "mortiça e sem chispa" que frequentava.

Talvez por isso, quando fez as pazes com o mundo das ideias e se tornou um intelectual destacado, Claudio tenha se voltado para a qualidade na educação. De sua "caixa de ferramentas", passaram a sair pesquisas que buscaram entender o assunto com o rigor científico lapidado nas instituições de ponta em que completou sua formação, aqui e no exterior.

Em uma trajetória singular, ele passou por Ipea, Capes, OIT (onde cuidou de políticas de formação profissional), Banco Mundial e BID (de novo dedicado à educação). De volta ao Brasil, projetou uma faculdade e resgatou uma outra, que estava falida. Também se envolveu com museus, exposições, teleaulas. Escreveu artigos em jornal e revista e publicou dezenas de livros (em 2024, foi premiado com o Jabuti). Nessa jornada, com sucessos e fracassos, o que nunca se alterou foi a curiosidade, a pesquisa e as contendas com a burocracia.

Nesta obra, o Senac São Paulo traz um conteúdo repleto de histórias e vivências para estudantes, profissionais e o público em geral que deseja conhecer, pensar e – por que não – fazer educação.

Fall in love with some activity, and do it! Nobody ever figures out what life is all about, and it doesn't matter. Explore the world. Nearly everything is really interesting if you go into it deeply enough. Work as hard and as much as you want to on the things you like to do the best. Don't think about what you want to be, but what you want to do.*

Richard Feynman

---

* Apaixone-se por alguma atividade e vá em frente! Ninguém decifra a vida, e isso não importa. Explore o mundo. Quase tudo se torna interessante quando você se aprofunda o bastante. Trabalhe arduamente e o tanto quanto queira naquilo de que gosta. Não pense no que você quer ser, mas no que vai fazer.

To live recklessly. To take chances. To make your own work and take pride in it. To seize the moment. And if you ask me why you should bother to do that, I could tell you that the grave's a fine and private place, but none I think do there embrace. Nor do they sing there, or write, or argue, or see the tidal bore on the Amazon, or touch their children.*

Joan Didion

---

* Viver de forma imprudente. Arriscar-se. Fazer seu trabalho e se orgulhar dele. Aproveitar o momento. E, se você me perguntasse por que deveria se dar à moléstia de fazer isso tudo, eu lhe diria que os túmulos são até lugares agradáveis e exclusivos, mas acho que as gentes ali não se abraçam. Tampouco cantam, ou escrevem, ou discutem, ou veem a maré do oceano encontrando o Amazonas, ou tocam nos seus filhos.

PREFÁCIO

CAROS LEITORES, o volume que vocês têm em mãos não é um livro comum. É a autobiografia de um dos nossos maiores intelectuais, com estudos de pós-graduação em três dentre as melhores universidades norte-americanas (Yale, Berkeley e Vanderbilt), que chegou também a lecionar na igualmente renomada Universidade de Chicago. É um relato de vida de um grande profissional, com certeza o que mais se devotou à reforma de nosso sistema de ensino.

Cabe aqui uma observação importante: quando Claudio deu o arrojado salto da economia para a educação, tinha plena ciência de que a maioria dos economistas passaria a olhá-lo meio de lado. Para esses, educação não era assunto digno de quem estudou uma ciência de verdade, digladiando dia sim e outro também com as mais pesadas matemáticas. Porém foi uma transição suave, com uma parada na economia da educação, área limítrofe.

Mas Claudio não estava atrás de prestígio, tampouco a fim de se tornar diretor de banco ou algo no gênero. Os leitores desta autobiografia logo se convencerão de que ele sempre foi e é um cidadão exemplar, desses que não se esquivam do bom combate, que vão para a imprensa expor seus argumentos e descer o pau nos que considera equivocados, como fez durante anos na revista *Veja*. E foi um administrador público eficiente e arguto, por exemplo, no período de diretor da Capes, quando levou para dentro do governo, em larga escala, boas ideias de que tomara conhecimento no setor privado e no nível micro (voltarei a esse ponto adiante).

Outro traço a salientar na personalidade de Claudio é que ele nunca foi intelectual de gabinete. Sempre preferiu o ar livre, fosse para se divertir, fosse para presenciar algum fato potencialmente importante, com faro de jornalista. Sobre as diversões, é ele mesmo quem o diz:

"Fiz de tudo, longas caminhadas, vôlei, caiaque em águas revoltas, escaladas, caratê, quase setenta anos andando de moto e mais de quarenta entre asa-delta, parapente, ultraleve e paramotor. Com 80 anos, comecei a aprender tênis". Um indivíduo com tal propensão há de ser saudável, não há o que discutir. Mas falei do faro de jornalista. Em Berkeley, em meados dos anos

1960, os revoltosos de plantão – o Free Speech Movement (Movimento pela Liberdade de Expressão) – ameaçaram deitar-se nos trilhos da ferrovia. Claudio pegou a moto e correu para lá. Queria presenciar. O que presenciou não foi tão dramático. Um jato de vapor espantou os representantes (legítimos, por sinal) da liberdade de expressão.

Mas o que Claudio queria insculpir na memória – dos tempos passados nos Estados Unidos – eram, também, os incontáveis sinais da cultura intelectual. Em seu período de Yale, gravou meticulosamente tudo o que a universidade tinha (e tem) a oferecer nesse âmbito, desde logo, em suas esplêndidas bibliotecas. Eu, que lá estive durante uns oito meses, não me recordo sequer de 10% daquelas maravilhas.

Para sorte nossa, ele incluiu no presente volume a história da Faculdade de Ciências Econômicas da Universidade Federal de Minas Gerais, coloquialmente conhecida como Face, na qual ambos estudamos. Está na seção "A faculdade do dr. Yvon". Digo-o de forma abreviada: é a saga de um homem, o dr. Yvon Leite de Magalhães Pinto, que transformou uma escola de comércio que não valia uma nota de três reais numa das melhores, se não a melhor, faculdade de ciências econômicas do Brasil. "Um diretor inspirado", como o qualifica Claudio. De fato, dr. Yvon entendeu que uma boa faculdade deveria assentar-se sobre três pilares: 1) um corpo docente jovem, disposto a adquirir, em breve prazo, a formação especializada que uma faculdade de tal natureza pressupõe; 2) uma biblioteca respeitável: como naquela época havia folga de recursos no Ministério da Educação (MEC), Yvon montou uma "excepcional biblioteca, com todos os clássicos da economia e assinaturas dos grandes periódicos internacionais"; 3) por último, mas não menos importante, conseguiu recursos de bancos locais e criou um sistema de bolsas de estudos. Essa ideia foi verdadeiramente revolucionária. Todo ano, ao fim do primeiro semestre, cerca de 10% dos inscritos no primeiro ano de cada curso submetiam-se a um duro concurso, sem apadrinhamentos ou maracutaias. Os aprovados aquiesciam em passar o dia inteiro na faculdade, em preparar trabalhos escritos semestrais. Adiantavam-se em suas respectivas matérias, a fim de funcionar como monitores para suas respectivas turmas. Como compensação, recebiam um modesto estipêndio, algo em torno de um salário mínimo por mês, e ocupavam salas reservadas para duas ou três pessoas, com máquina de escrever, papel, estantes e tudo o mais de que carecessem. O efeito positivo dessa estrutura logo se fez sentir. A aprovação de ex-bolsistas da Face na primeira pós-graduação brasileira, a da Fundação Getulio Vargas do Rio de Janeiro, dirigida por Mário Henrique Simonsen, revelou-se substancialmente mais alta que a de egressos da Universidade de São Paulo (USP), da Universidade Federal do Rio de Janeiro (UFRJ) e de outras instituições de ensino renomadas.

Para nossa sorte, Claudio não fez curso de sociologia. Se tivesse feito, em algum momento teria que estudar a obra do alemão Max Weber, condensada na monumental *Economia e sociedade*, que líamos de forma sempre equivocada. Parte central dessa obra é o conceito de burocracia, que Weber expõe como um "tipo ideal", ou seja, abstraindo e ressaltando seus traços principais. Nessa perspectiva, propõe que burocracia é uma estrutura administrativa estritamente hierárquica e disciplinada, na qual cada funcionário tem a seu cargo uma função bem delimitada. Examinando o Brasil por essa trilha, correríamos o risco de concluir que nosso estudo não tinha objeto, ou, pelo menos, que o Ministério da Educação não seria parte de tal objeto.

Claudio, realista e bem-informado, sabia que tivemos e temos algumas ilhas de excelência, só isso. Uma delas sendo a Capes, que era boa e que ele, como diretor, conseguiu aprimorar muito. Mas logo percebeu que dirigi-la não era algo que pudesse fazer tão somente acionando um comando hierárquico. Era trabalhar com um diferenciado grupo de pessoas, algumas brilhantes, outras obtusas, algumas motivadas, outras irremissivelmente preguiçosas, e assim por diante. Ao contrário do que sugere a teoria weberiana, tal organização só poderia ser liderada de maneira quase totalmente informal, recorrendo à autoridade do cargo em alguns casos, metendo a mão na massa em outros e, não raro, valendo-se do senso de humor e de brincadeiras. Foi assim que Claudio conseguiu extirpar o que restava do clientelismo na distribuição de bolsas para o exterior, tornando-a de fato impessoal e adequando as características pessoais dos pretendentes a instituições da melhor qualidade possível no exterior.

O contraste que ele traça entre os cursos de pós-graduação norte-americanos e franceses diz tudo. Na França, não havia propriamente cursos, e sim concursos. Após alguns anos fazendo o que bem quisessem, os futuros doutorandos eram examinados por uma banca tão desinformada e sonolenta como eles mesmos. Nos Estados Unidos, todas as universidades citáveis ensinavam de verdade. E o objetivo de uma universidade é essencialmente este: ensinar.

Um ponto que não poderia faltar nessa minha nota introdutória é o conhecimento mútuo entre ele e João Paulo dos Reis Velloso. A admiração de Claudio por Reis Velloso começou no Instituto de Pesquisa Econômica (Ipea) e deveu-se à discreta, mas eficaz, capacidade de gestão do futuro ministro. Claudio põe em relevo as reformas implantadas por ele na área administrativa. Tempos depois, com Reis Velloso na condição de braço forte do presidente Ernesto Geisel, a avaliação de seu desempenho haveria de ser mais complexa, pois seria mister contextualizá-la no quadro das ideologias econômicas.

O Brasil, principalmente após a Segunda Guerra, dividiu-se em três grupos. De um lado, o grupo vagamente denominado "estruturalista" ou, mais apropriadamente, "desenvolvimentista", cujo profeta era Celso Furtado. Reis Velloso viria a identificar-se com esse grupo, embora de forma menos doutrinária. No extremo oposto, estavam Eugênio Gudin e Octavio Gouvêa de Bulhões, economistas de sólida formação e mais inclinados a uma visão liberal. No centro, com seu indisputado brilho, Mário Henrique Simonsen foi o sucessor natural. Era também mais inclinado ao pensamento liberal, mas pouco propenso a discursos ideológicos. Delfim Netto era um típico adepto da Realpolitik: mudava de posição conforme o momento, mas, em última instância, seus instintos eram sem dúvida desenvolvimentistas.

As questões de fundo eram o papel do Estado e a rapidez do crescimento. Os desenvolvimentistas apostavam no setor público e na tecnocracia como alavancas, colimando acelerar a industrialização. Sua linha chegou a ser designada como "industrialização em marcha forçada". Tratava-se de optar por mais crescimento, aceitando o risco de sucessivos déficits, inflação e outras mazelas conhecidas. Por um tempo, os desenvolvimentistas prevaleceram, de fato, gerando taxas de crescimento mais do que espetaculares. Porém os desacertos foram se acumulando. Quando seria chegado o momento de adotar mais disciplina na gestão da economia? No campo oposto, estavam os liberais ou, no jargão estritamente econômico, monetaristas, que pregavam maior disciplina em todos os indicadores macroeconômicos, custasse o que custasse. Acreditavam que, no longo prazo, os resultados seriam um crescimento superior e com menos turbulência.

Claudio entende, com razão, que ir fundo nessa questão seria extrapolar o âmbito a que se propôs explorar neste livro, até porque se trata de um persistente contencioso entre os responsáveis pela política econômica. Reconhece, no entanto, que os militares foram, claramente, "desenvolvimentistas". Seguiram nas mesmas direções de antes: era crescer e crescer. A novidade que trouxeram foi a forte modernização administrativa, liderada pelo Ministério do Planejamento, começando com o Ipea. Há aqui, portanto, uma referência ao papel de Reis Velloso, que se agigantou no mandato do general Geisel. Em plena alta dos preços do petróleo, iniciada em 1973, decidiu recorrer a um enorme endividamento indexado à London Interbank Offered Rate (Libor), ou seja, às taxas de juro vigentes na praça de Londres. Em vez de desacelerar o crescimento, o que implicava aplicar medidas impopulares de contenção e controle da inflação, o governo brasileiro tentou saltar para a margem oposta do rio, contratando projetos de grande porte de infraestrutura. Nessa época, o então senador Franco Montoro, criticando tais medidas, popularizou a expressão "projetos faraônicos". Não encontrando clima para a imposição de medidas corretivas mais duras, o ministro da Fazenda, Mário Henrique Simonsen, acabou pedindo demissão.

Nos três parágrafos anteriores, notadamente no que se refere ao endividamento da era Geisel, fui um pouco além da análise de Claudio, chegando a um ponto que não deixa de ser uma crítica à opção de Reis Velloso. Ressalve-se, entretanto, que esse passo em nada diminui a importância do presente livro.

Claudio, refazendo suas próprias pegadas, desde a juventude, repensou em profundidade a história econômica e administrativa do Brasil. Fez muito mais que uma autobiografia. Produziu um livro que não é apenas para ser lido, mas estudado.

Bolívar Lamounier
São Paulo, janeiro de 2025

O autor revela bem cedo sua paixão por ferramentas.

APRESENTAÇÃO

Este livro começa com dois parágrafos que não foram escritos por seu autor.

Digitei no ChatGPT: **"QUEM É CLAUDIO DE MOURA CASTRO?"**.

Resposta:

CLAUDIO DE MOURA CASTRO É UM ECONOMISTA, PROFESSOR E ESCRITOR BRASILEIRO RENOMADO, ESPECIALMENTE CONHECIDO POR SUAS CONTRIBUIÇÕES NA ÁREA DA EDUCAÇÃO. ELE TEM UMA CARREIRA ACADÊMICA E PROFISSIONAL DESTACADA, COM PASSAGENS POR INSTITUIÇÕES DE ENSINO E ORGANIZAÇÕES INTERNACIONAIS, COMO O BANCO INTERAMERICANO DE DESENVOLVIMENTO (BID) E A ORGANIZAÇÃO INTERNACIONAL DO TRABALHO (OIT). MOURA CASTRO TAMBÉM FOI PROFESSOR EM UNIVERSIDADES NO BRASIL E NO EXTERIOR. ELE ESCREVEU EXTENSIVAMENTE SOBRE TEMAS EDUCACIONAIS, SEMPRE COM UMA ABORDAGEM CRÍTICA E REFLEXIVA. SEUS ARTIGOS E LIVROS ABORDAM TANTO QUESTÕES DE POLÍTICAS PÚBLICAS QUANTO ASPECTOS PRÁTICOS DA EDUCAÇÃO E DESENVOLVIMENTO HUMANO. MOURA CASTRO É CONHECIDO POR SUA HABILIDADE EM COMUNICAR IDEIAS COMPLEXAS DE MANEIRA ACESSÍVEL, O QUE O TORNOU UMA FIGURA INFLUENTE NO DEBATE EDUCACIONAL BRASILEIRO.

Eis uma introdução para que o leitor saiba quem é essa figura cujo livro tem diante de si. A opinião do ChatGTP é neutra? Isenta? Mistério! Sua alma é indecifrável. Não tenho a mais remota ideia das maquinações digitais que levaram a esse texto.

Este livro não se propõe a ser uma autobiografia no sentido tradicional. É mais um relato sobre o que vi e entendi ao longo da minha vida educacional e profissional.

Várias instituições são comentadas a partir da minha experiência estudando ou trabalhando nelas. Embora as instituições tendam a ser inerentemente estáveis, há evoluções e transformações. Lembro ao leitor: não seria possível comentar acerca do que se passou com elas depois que me fui.

De início, compartilho o maior dilema de uma autobiografia. Se elogio demais o meu desempenho, pareço soberbo e pretensioso. Se carrego nas cores das minhas derrotas, fico mal. Busco um fugidio equilíbrio entre bater e soprar. Ao leitor, cabe decidir como me saí na empreitada.

Para entender as situações descritas, é preciso penetrar um pouco na cabeça do autor. Portanto, cumpre dar uma ideia do que fiz na juventude. Pois, é claro, a herança dela se reflete na vida profissional. Nesse período formativo é que se construíram as matrizes intelectuais e emocionais que me levaram a achar isso ou fazer aquilo.

Da visita ao baú de memórias até o manuscrito, agradeço a Eliana de Moura Castro, minha irmã, Luis Paulo Rosenberg e João Batista de Oliveira, pelos comentários e sugestões (embora não sejam responsáveis pelo que digo).

A caixa de ferramentas
PARTE I

A carta do diretor do ginásio revela minha repulsa diante dos estudos. Mas acabei fazendo as pazes com o mundo das ideias. Quando isso aconteceu, mergulhei fundo. Uma versão preliminar da minha tese de doutorado, para Vanderbilt, caiu nas mãos de Theodore Schultz, Prêmio Nobel de Economia. Escrevendo para um professor da minha universidade, mencionou: "Estou achando esse estudo uma mina de ouro. Não conheço nenhuma outra análise que revele a competência em aplicar a Economia da Educação e que realmente se envolva com os dados, que são extremamente difíceis de obter em um país como o Brasil".

Exmo.Sr.
Major Afonso de Moura Castro
                    Fazendo uma comunicação e pedindo uma providên

Levo ao seu conhecimento, para os devidos fins, lamentando o ocorrido, o seguinte:

O aluno Claudio ao sair do Ginásio, deparando de longe com professor de Matemática, começou a vaiá-lo, chamando-o ainda por ofensiv apelido, cena essa testemunhada por outras pessoas. O professor nada fez limitando a registar a queixa nesta Diretoria para que fatos dessa natu reza não mais se repitam.

Além de brincalhão, Claudio não leva a sério os seus afazere ainda hoje, em atitude risonha ao ser chamado a atenção pela professora Desenho, respondeu-lhe que havia deixado em casa o seu caderno, cousa que não se dá com Marcio, que apesar de mais novo e numa série inferior, pode lhe dar exemplo de respeito ao professor.

Caso julgar necessário, pessoalmente lhe poderei dar melhore informes, e externar os motivos do meu aborrecimento ante as faltas de

Contando certo com o seu apoio, desde já lhe antecipo os m res agradecimentos.

Amigo Atento e obrigado.

(ALCIDES RODRIGUES PEREIRA)

January 5, 1970

of Claudio de Moura Castro's
il", the larger my debt is to
. I know of no other analysis
onomics to bear upon education
rlying data which are exceedingly

o one or two of the Brazilian
from it and not least of what
 analysis.

umbers make attendance
es for the meeting places, rooms
new municipal center, COBO,
. that is really useful for meetings
ress has real merit. I had the
w his paper a couple of months

MINHA EDUCAÇÃO: UM ZIGUE-ZAGUE ENTRE LIVROS E FERRAMENTAS

MINHA EXPERIÊNCIA educativa trilha um caminho pouco usual. De fato, meus percursos foram bastante labirínticos. E tal zigue-zague explica algo sobre minha convivência e encontrões com as gentes e instituições ao longo de minha vida profissional.

Na trajetória educacional, até o fim do que hoje corresponde ao ensino médio, o mais marcante foi o contraponto entre escolas acadêmicas medíocres e uma experiência vivida e saboreada de lidar com ferramentas, madeiras e metais. Desse vaivém, muitas observações são derivadas adiante, inclusive, mostrando a força educacional da aprendizagem de ofícios.

Gostava de passar longas horas lidando com ferramentas. Mas, é óbvio, tinha que ir à escola. Adiante, o lado acadêmico da minha formação inicial foi deveras decepcionante. Não podia ser maior o contraste com o que aprendi e me deliciei nas oficinas. Mais tarde, minha vida acadêmica aprumou, graças a um curso de Economia que, naquele momento, vivia seus momentos mais vibrantes. Dali para a frente, tive o privilégio de frequentar as melhores universidades norte-americanas.

GINÁSIO FRACO, ALUNO INCÔMODO

Havia cursado os quatro anos iniciais no Rio de Janeiro. Nesses anos, fui um aluno chorão e tímido. Academicamente, pouco me destacava. As transformações ocorreram depois, já nas Minas Gerais, para onde me mudei ao terminar o quarto ano.

Lá, ao mesmo tempo que me preparava para o exame de admissão para o ginásio, aplicado após o quarto ano de escola, frequentava a escola de aprendizes, mantida pela empresa na qual meu pai trabalhava. Ensinavam português, aritmética e desenho geométrico, e as matérias eram ministradas por funcionários da própria empresa. O ambiente era espontaneamente rígido.

Na contramão dos nossos currículos oficiais, os desse curso eram bem reduzidos. Mas o que deles constava era para ser aprendido de verdade. Não era negociável a boa caligrafia, até nos deveres de aritmética.

Durante a preparação para o exame de admissão, tornei-me um aluno dedicado. Havia muitas novidades, e bom tempo dediquei aos livros. Passei no exame em primeiro lugar, mas não tanto pela minha sapiência. A partir daí, houve uma virada. Nos anos que se sucederam, deixei de estudar seriamente. Alguma coisinha para a prova, se tanto. Afinal, passar de ano não se revelava um grande desafio.

Cursei um ginásio particular, o único em Itabirito. Seus donos vinham de São Brás do Suaçuí, uma cidade próxima. Eram seríssimos e dedicados. Não obstante, o ensino era uma decepção. Atualmente, percebo que o principal problema era bem simples: a inexistência de bons professores na cidade, apesar de sua relativa prosperidade.

Nas aulas de francês, aprendi onze tempos verbais e todos os verbos irregulares. Decorei todas as palavras com plural irregular. Posso repeti-las até hoje: *bail*, *corail*, *émail*, *soupirail*... Cheguei com meu cunhado francês, e ele confirmou que jamais usou qualquer uma dessas palavras. Mas não aprendi a compor uma só frase, pois o professor não falava francês. Mais adiante, ao frequentar a Aliança Francesa, jamais fui levado a perder tempo com tais anomalias e complexidades gramaticais inúteis. Sendo assim, sobrava tempo para falar francês.

O professor de inglês, tudo o que conhecia da língua era o que aprendeu no curso de verão que acabara de terminar no Instituto Brasil-Estados Unidos (Ibeu) de Belo Horizonte. O professor de matemática era genro do diretor. Boa vontade tinha, mas isso era pouco. Além disso, dizia "seje", em vez de "seja". Tive uma colisão séria com ele. No curso de história, estudando a Guerra do Paraguai, o professor papagueava, *ipsis litteris*, o que estava no livro. Eu havia lido um artigo escrito por meu avô – depois de certa idade, convertido em historiador –, e sua interpretação desse episódio era diferente; assim, comentei a discrepância com o professor. O pobre homem empacou. Não foi capaz de discutir o assunto, em uma bela chance de mostrar as nuances da interpretação histórica. Constrangido, passou para o tópico seguinte, sem qualquer comentário. Em canto orfeônico, o professor até que era razoável, mas as deficiências do meu ouvido musical eram clamorosas. Como ele dizia: "Aquele moleque ali na rua pode ser afinado, mas o filho do diretor da usina é caso perdido". Deve haver quem saísse traumatizado diante desse comentário. Não foi o meu caso.

As únicas matérias corretamente ensinadas eram o português e o latim, a cargo do professor Aureliano, um funcionário do Banco do Brasil e ex-seminarista. Foi merecido que, postumamente, deram seu nome a uma escola rural do município.

Para mim, era tudo muito chato e chocho. Era o que Whitehead chamou de conhecimento "inerte".[1] Como vejo hoje, foram quatro anos exercitando a memória. Faltou exercitar o raciocínio.

Todavia, como tínhamos de comprar uma batelada de livros didáticos, costumava folheá-los a esmo. E, sobretudo nas ciências, vislumbrava um mundo de aventuras intelectuais, de saltos da imaginação. Percebia a existência de um mundo diferente, vibrante, curioso e desafiador. Nada disso via na minha escola.

As falhas da minha escolaridade ficavam ainda mais claras diante da abundância de livros com que me abastecia a família, sobretudo os livros de ciência. Vem à mente a afirmativa cínica de Mark Twain: "nunca deixei que minha escolaridade interferisse na minha educação".

Devorei Monteiro Lobato, todos os seus livros. Lá estavam os mesmos assuntos da escola. Porém atraentes e vivos. O que aprendi dos currículos do ginásio era o que estava na fascinante coleção escrita por Lobato. Daí que não concordo com o atual bate-boca sobre alguns aspectos de sua obra.

Outra coleção lida sofregamente, também várias vezes, era a de Jules Verne. A sua viagem à Lua, certamente, foi o livro que mais me impressionou. Estava em boa companhia, pois recentemente soube que Santos Dumont era também leitor assíduo desse escritor francês.

Além disso, convivia com uma coleção hoje totalmente desaparecida: Tesouro da Juventude. Tratava-se de uma bela enciclopédia sobre todos os assuntos possíveis.

---

1   WHITEHEAD, Alfred North. **The aims of education**. New York: The Free Press, 1929. (Ed. bras.: **Os objetivos da educação**: e outros ensaios. Campinas: Kírion, 2021.)

Sumariando a minha experiência no ginásio, cabem dois comentários. O primeiro que o aqui dito é um pós-processamento de ideias e percepções; quando jovem, ainda eram sombras muito nebulosas. O segundo é sobre o impacto que esse período teve no futuro dos alunos de escolas sem capacidade de encantamento. De todos os meus colegas e contemporâneos de que consigo me lembrar, apenas um chegou ao ensino superior. A escola não despertava seus alunos para as aventuras do intelecto. Se escapei e fui mais longe, foi por haver sido sorteado para nascer em uma família com horizontes intelectuais mais amplos. É uma constatação triste. Apenas o ambiente familiar me permitiu escapar da pasmaceira vivida na escola.

Era patente o meu descontentamento. Diante das frustrações, minha reação era fazer bagunça, premeditada e imaginativa. Estaria justificando assim uma tendência inata para provocar e protestar? Ou seria realmente a frustração com o tédio e a perda de tempo na escola? Quem sabe?

Tirava os parafusos das carteiras e os substituía por palitos de fósforo para, então, esperar o estrondo de alguém desabando ao sentar-se. Em um carnaval, ofendi um professor, que era o meu desafeto favorito, na presença da noiva, insultando-o com seu apelido (o qual nada tinha de lisonjeiro). Ele chamou a polícia, mas, quando chegou o soldado, eu já estava longe. A mágoa dele foi tão profunda que, muitos anos depois, havendo sido sorteado na pesquisa de campo do meu doutoramento, recusou-se a responder. Justificou-se para a entrevistadora dizendo que nós "não nos entendíamos" – nessa expressão, foi contido. Em retrospecto, não era má pessoa, pelo contrário. Era apenas um mau professor.

Outras travessuras mais escabrosas não ouso mencionar. Nos papéis deixados por minha mãe estavam duas cartas do diretor da escola para meu pai, ambas reclamando do meu lastimável comportamento. Em retrospecto, julgo que, se meu pai não fosse diretor da maior empresa da cidade, teria sido expulso do Ginásio Guilherme Gonçalves. Na época, não percebi isso tão claramente.

Meu pai nunca se manifestou com veemência contra minhas travessuras escolares. Por haver praticado as dele, não sentia firmeza para censurar-me seriamente. Apenas me advertia de que isso poderia me prejudicar.

O COLÉGIO MARCONI, UMA EXPERIÊNCIA DESENCONTRADA

Ao me formar, como em Itabirito não havia nada além do ginásio, minha família mudou-se para Belo Horizonte. Fui matriculado no Colégio Marconi, um ente improvável. Criado pelo governo italiano, foi desapropriado após a declaração de guerra do Brasil ao Eixo, ficando sem dono e abandonado. Um professor espertinho apropriou-se do prédio, contratou professores e o colocou em funcionamento.

O Marconi tinha a fama de ser um colégio de disciplina frouxa. Quem não via com bons olhos os regimes semimilitares das escolas de padre encontrava ali uma alternativa mais a seu gosto. Nunca vi ou ouvi falar de alguma providência disciplinar do diretor. De fato, lá podia fazer tudo.

O prédio era bastante imponente, herdeiro da arquitetura fascista. Mas era pessimamente conservado. As portas não tinham maçanetas. Os banheiros, uma calamidade. Nem assentos nas privadas, nem papel higiênico. Em protesto, colocávamos uns artefatos em cigarros acesos para que explodissem quando estivéssemos em aula. Álibi perfeito. E escolhíamos aquelas privadas entupidas para que o efeito fosse mais feérico.

O nível dos alunos era muito heterogêneo. Meu colega de turma – e amigo até hoje – Simon Schwartzman doutorou-se em Berkeley. Lucas Machado dirigiu uma escola de medicina. Ítalo Gaetani tornou-se um investidor talentoso. Muitos outros se distinguiram em diferentes campos, mas a maioria era deveras fraquinha.

A mesma variabilidade se encontrava entre os professores. Havia alguns ensinando, também, nos melhores colégios da cidade. Outros haviam ultrapassado a idade de se aposentarem. E havia os pitorescos, como o Gouveia, que ia armado e punha o revólver sobre a mesa quando os alunos começavam a conversar (leituras e traduções capengas mereciam o epíteto "espingarda velha") e que não perdia a oportunidade de dizer às alunas menos versadas na língua inglesa que "lugar de mulher é na cozinha".

Mas um professor de literatura me impressionou sobremaneira, Antônio Sales. Vejam que curioso: em sua autobiografia, Simon destaca esse mesmo professor como o melhor que teve no Marconi.[2]

---

2 SCHWARTZMAN, Simon. **Falso mineiro**: memórias da política, ciência, educação e sociedade. Rio de Janeiro: História Real, 2021.

Em toda a minha carreira escolar, sobreviveram meus impulsos de bagunceiro implacável. No Marconi, também inventava modas: desenvolvi uma "granada de poeira", embrulhando em jornal o pó fininho da pista de atletismo. Pela janela, lançávamos o artefato dentro das salas de aula, gerando uma nuvem que, por alguns segundos, obscurecia tudo.

Com colegas igualmente arteiros, fazíamos grandes aviões de papel com folhas inteiras de jornal. Quando o professor ia para a lousa, incendiávamos a cauda e os lançávamos do fundo da sala.

Uma arte truculenta era agarrar pelos braços e pelos fundilhos algum aluno distraído. As portas das salas de aula eram de duas folhas e não tinham trincos. Em disparada, conduzíamos a vítima até a porta, soltávamos o pobre e fugíamos. Incapaz de frear, chocava-se a vítima com a porta e se estatelava na sala de aula, diante do professor. A empreitada não causava escoriações, mas não deixava de ser um protesto contra uma escola ruim e desinteressante.

É curioso. Na minha tese, os questionários mostraram que alunos turbulentos não necessariamente eram estudantes academicamente fracos. Minha biografia sempre mostrou um exemplo de que essa "teoria" não é sem cabimento.

Longe de mim tentar justificar meu péssimo comportamento nas escolas, começando no ginásio. E o pior é que não me arrependo das diabruras praticadas. A meu favor, noto que não eram malvadas, apenas divertidas. Aqui, não vou além de recuperar minhas lembranças, deixando de lado qualquer tentativa de julgamento moral ou psicanálise bastarda.

O MUNDO ADORADO DAS MINHAS FERRAMENTAS

Volto-me agora para o outro lado da minha educação, o lado virtuoso. Arrumando papeladas que pertenceram à minha mãe, foi encontrada uma foto minha, sentado na cama e rodeado de ferramentas, que foram a minha grande paixão desde que tenho lembrança de alguma coisa. A data da foto é incerta, eu devia ter 5 anos ou menos. Curioso é que não havia qualquer influência familiar a se registrar, pois tais arrebatamentos não haviam infectado qualquer outro membro da família.

Meu primeiro conserto foi realizado em uma caixa de roupa suja cuja tampa se partira. Preguei umas tábuas na transversal da rachadura, e restaurou-se a funcionalidade. A aparência do reparo era péssima, mas para 5 anos não estava mal.

Com 6, começaram minhas explorações no reino da eletricidade. Logo, provoquei um curto-circuito que queimou o fusível da casa. No segundo ou terceiro ano primário, um colega exibiu, com muito orgulho, uns fios que conectavam uma pilha a uma lâmpada, acendendo-a. Olhei para aquilo e pensei: qual a novidade?

Bem antes de completar 10 anos, já tinha a minha caixa de ferramentas e sempre estava construindo ou destruindo alguma coisa. No mínimo, desmontando os brinquedos mecânicos que ganhava. Nessa época, não perpetrei qualquer obra que merecesse admiração, eram todas belas porcarias, porém isso não me afetava.

O momento decisivo da minha aprendizagem de ofícios foi a mudança para Itabirito, aos 10 anos. Meu pai tornou-se diretor administrativo da siderúrgica local, a Usina Esperança, e fomos morar dentro da área industrial, a uns 50 metros do alto-forno Número Um.

A grande aventura é que, à mesma distância do alto-forno, estava a oficina mecânica e, um pouco adiante, a modelação e a carpintaria. A mecânica empregava pouco mais de cem operários, na gama mais ampla possível de especialidades. Sua missão era usinar peças de ferro ou aço e fazer a manutenção da usina.

A modelação preparava, em cedro, os modelos das peças a serem fundidas em ferro, aço, bronze ou alumínio. De seus quinze modeladores, exigia-se grande perfeição. As tolerâncias eram mínimas, e o acabamento que obtinham era fonte de orgulho para profissionais imbuídos desses valores.

Não posso me esquecer da ferraria na qual o Macalé me iniciou nas artes de Vulcano. Repuxei ponta de talhadeira, construí formões com limas descartadas e iniciei-me nos mistérios das têmperas e dos revenimentos. Até hoje, sinto a nostalgia de martelar o aço quente na bigorna.

Esse era o meu mundo. O resto era subalterno. A escola era mero estorvo.

Os velhos mestres me tratavam com muito carinho. Hoje, imagino que achavam curioso ver o filho do diretor tentando aprender os ofícios deles.

Afora o ferro gusa, que é uma *commodity*, os produtos da usina eram bastante sofisticados. As velhas linhas de panelas de ferro e arados estavam sendo abandonadas, e as indústrias mineiras para lá levavam as peças quebradas de suas máquinas para que fossem desenhadas, feitos os modelos em madeira e, em seguida, fundidos. Finalmente, vinha a sua usinagem, no torno ou na fresa. Progressivamente, a usina especializou-se em peças automotivas e em "abacaxis", ou seja, peças complicadas e de difícil manufatura.

A implicação dessa segunda linha de produtos é a indispensável competência dos seus mecânicos e modeladores. Uma curiosidade da mecânica é que nem um só de seus operários fez curso profissional ou veio "pronto" de fora. Mesmo assim, era uma oficina de padrão de qualidade europeu, onde todos aprenderam o ofício no próprio local de trabalho, um grotão das Minas Gerais.

Segredo? Dois alemães e um tcheco. Chico Alemão era um desses clássicos mecânicos germânicos que sabem tudo e fazem de tudo. Jan Hasek, engenheiro formado lá no seu país, chegou jovem na usina e, algum tempo depois, virou diretor técnico. Era um profissional polivalente: demonstrava o uso da lima, projetava galpões e desenhava as máquinas que, lá mesmo, eram construídas (incluindo uma hidroelétrica até hoje em funcionamento). Era também um tirano, temido por todos, até pelos outros engenheiros. Mas era, além disso, idolatrado.

Bem mais tarde, completou o time um engenheiro alemão que, durante a Segunda Guerra, havia trabalhado em um estaleiro de submarinos. Era o Fritz Boettger, ou Fritz Botija (como era conhecido). Ao longo dos anos, os três formaram centenas de oficiais mecânicos competentes, dedicados e imbuídos de um profissionalismo ao estilo europeu. Sua pedagogia não era particularmente delicada e hoje seria politicamente incorreta, mas os esplêndidos resultados ali estavam.

Nesse mundinho, eu mergulhava. Montei minha oficina em casa, e meus amores se alternavam entre a mecânica e a marcenaria, com algumas escapadas para as bigornas da ferraria. Sem querer, captei um pouco dos valores da excelência e da dedicação ao ofício.

Muito parecido com o que sempre aconteceu na Europa, a caixa de ferramentas era o orgulho e o cartão de visitas de cada oficial. Com desabusada vaidade, os modeladores demonstravam a excelência do corte de seus formões aparando o pelo do antebraço. Esse teste não abandonei até hoje. Tem que ser capaz dessa proeza qualquer uma das minhas ferramentas ou facas de cozinha.

Meu grande mestre era o Joel. Não tinha mais do que três anos de escolaridade, mas era um mecânico excepcional, aliás, cria do Chico Alemão. Tudo o que tinha a ver com mecânica ele sabia. Trabalhou mais de cinquenta anos na usina.

Quando estava com 92 anos, estive com ele em uma pequena reunião. Lá pelas onze da noite, desculpou-se, pois tinha que ir dar uma injeção na veia de um amigo. Logo partiu, dirigindo a sua Brasília. Para ele, a injeção era mais uma tarefa mecânica, já bem dominada.

Oficialmente aposentado, consertava automóveis e máquinas de lavar. Quando fez o curso da Brastemp, apontou que a oficina da fábrica não possuía as ferramentas apropriadas para fazer os reparos. Pôs-se, então, a inventar outras, mais eficazes.

Ele foi o meu grande mestre. Um privilégio, sobretudo porque se dedicou com generosidade à minha iniciação nas artes da ajustagem mecânica. Na liturgia dessa profissão, o primeiro rito de iniciação é a lima. Prende-se um pedaço de ferro na morsa e há que se produzir uma superfície perfeitamente plana. Tudo tem que seguir as boas práticas. A posição do corpo, dos pés, bem como a maneira de segurar a ferramenta. Porém a lima é tinhosa e não gosta de planos ou linhas retas. Tem preferência teimosa pelos abaulados.

Frustrado, quando eu estava com dificuldade de limar, desabafava com o Joel: "Não consigo!". Diante das minhas palavras, ele estufava o peito e falava o que um profissional deveria dizer: "Não vai, tem que ir, custe o que custar". De fato, acabou indo.

Meu projeto mais nobre na lima foi a usinagem de uma miniatura de bigorna, fundida lá mesmo na usina. Ficou razoável e permaneceu em casa por muito tempo, mas hoje não sei por onde anda.

Além dos formões e goivas, feitos de limas velhas, fiz compassos e outras ferramentas. Na madeira, a primeira obra significativa foi uma gamelinha de cedro, que também vagou pela casa por um período.

Lá pelos 16 anos, resolvi construir um torno mecânico. Fiz o desenho técnico – mais ou menos – e preparei em madeira os modelos do cabeçote e do carrinho. Mandei fundir. Em seguida, encomendei a usinagem do eixo e da sede dos rolamentos, além de algumas soldas. O resto fiz na serra, no esmeril, na furadeira e na lima. Obviamente, não tinha mecanismo de avanço para o carrinho. Era apenas nas manivelas; portanto, não podia abrir roscas.

Aleluia! Funcionou por muitos anos! A princípio, não tinha motor; com uma corda, meu irmão fazia o eixo rodar. Mas ganhei do meu tio um motorzinho Arno de ¼ de cavalo. Resolvido o problema. Forçoso reconhecer, não tinha beleza nem permitia um passe muito substancial, mas funcionava.

Na mecânica, em uma grande furadeira de coluna, enquanto preparava uma peça que compunha o carrinho do torno, que tinha um flange agudo, a broca travou, rodando a peça bruscamente. Como a segurava com a mão, uma aresta golpeou meu dedo médio. Provavelmente, chegou ao osso – tenho a cicatriz até hoje. A sangueira foi profusa, e fiquei muito assustado. Nisso, entra em cena o Dorvil – o decano dos torneiros: "Claudio, é assim mesmo. Está vendo esse buraco no seu dedo? Pois é, o ofício entra por aí". Essa frase não foi inventada ou atirada a esmo. Pelo contrário, imagino que devia fazer parte da longa tradição de ritos de iniciação.

O corte doeu, mas não tirou o meu entusiasmo pela mecânica. Quando ia ao dentista, observava os equipamentos para distrair a cabeça. Naquela época, eram feitos de ferro, e ficava imaginando como construiria cada componente. Modelo, fundição, torno, fresa, furadeira…

Essa vivência nas oficinas teve consequências mais amplas do que eu poderia antecipar à época. Até suspeito de que tenha me educado mais nas oficinas da fábrica do que no ginásio. Acima de tudo, como entendo atualmente, aprendia sobre a resolução de problemas resolvendo problemas – a única maneira.

Não virei um legítimo marceneiro. Como se dizia, virei um carpinteiro de "meio serrote", assim como na ajustagem mecânica. Todavia, ganhei a embocadura desses ofícios. Foi uma iniciação sólida, com bons princípios. Com eles, ao longo do tempo, pude evoluir. Aliás, até hoje tenho essas atividades como devoção e *hobby*.

Ainda que não o percebesse tão claramente, nas atividades manuais, não eram apenas as mãos sendo mobilizadas, mas a cabeça entrava em cena. Hoje, enfaticamente afirmo que "fazer é pensar" e tomei essa frase emprestada de Richard Sennett para o título de um livro em que tais assuntos são tratados.³ Essa é uma ideia central na aprendizagem, seja lá o que estiver sendo aprendido.

Com 16 anos, ocorreu um novo desvio de rota. Como *hobby*, havia terminado um curso de eletrônica por correspondência e, às noites, passei a frequentar a casa de um vizinho – graduado em metalurgia na Escola Técnica de Ouro Preto – para ver suas proezas com o ferro de solda e os rádios sendo montados. E, maravilhado, percebia que funcionavam!

Não demorou para que me matriculasse no Instituto Rádio Técnico Monitor. Terminei o curso já em Belo Horizonte. Enveredei, então, pelas montagens e reparações de rádios. Começava a era da Alta Fidelidade e, com um amigo, desviei-me para esse caminho.

No curso, vivi o inverso do que eram as minhas desinteressantes aulas no primário e no ginásio. Aprendi eletrônica montando rádios. A teoria vinha embutida na prática. Os folhetos eram atraentes, curtos e fáceis de entender. Ali estava a escola dos meus sonhos. Até hoje, o que sei de eletrônica, aprendi nesse curso.

UM BALANÇO DA LABIRÍNTICA CARREIRA ESCOLAR

Aqui, formulo uma síntese dos zigue-zagues de minha educação, pendulando entre dois mundos muito diferentes.

Do lado da escolaridade formal, foi uma experiência amortecida, um quase permanente anticlímax. Tudo chato e sem aventuras intelectuais. Percebia, pressentia que a escola lidava com muitos assuntos que poderiam ser fascinantes – obviamente, nem todos –, porém o que via era mortiço, sem chispa. No entanto, em casa, era abastecido com livros interessantes, contrastando com uma escola insossa.

Fazer! Por que nada se faz na escola? Apenas se fala, se lê ou se copia da lousa. Eu jamais fazia um experimento de química ou física. Jamais medi ou pesei o que quer que fosse. Jamais foi mostrado um bichinho ou uma folhinha para ser estudada.

---

3 CASTRO, Claudio de Moura. **Fazer é pensar**: construindo casas e móveis. São Paulo: Senai-SP, 2013.

Minha grande sorte foi apaixonar-me por aquele outro mundo, o das ferramentas, do uso das mãos, da construção de objetos. Por esse caminho, aproximava-me da ciência e da tecnologia, associadas à prática.

Tive a experiência de aprender um ofício, como se faz, desde sempre. Vi, de primeira mão, que as atividades ditas manuais são também intensamente intelectuais. Experimentei as vitórias do trabalho concluído e bem-feito. Dificilmente sentimos isso na escola.

Fazendo um balanço da minha trajetória, aprendi mais nas oficinas do que nas salas de aula. As que frequentei não estavam preparadas para alçar voo. Não conseguiam, senão, marcar passo em atividades "inertes".

Muitos e muitos anos depois, já um pesquisador estabelecido, comecei a estudar a formação profissional. Na minha tese de doutoramento, algo falei sobre escolas técnicas. No Instituto de Pesquisa Econômica (Ipea), comecei minhas pesquisas sobre o Senai e, obviamente, tinha que tomar conhecimento da literatura técnica sobre o assunto. Nesse momento, fiz duas descobertas. A primeira é que os artigos e livros que lia eram muito chatos e traziam poucas luzes. Quem quiser que discorde, é apenas a minha opinião. A segunda descoberta é que a minha experiência nas oficinas da usina era muito mais útil e fértil para entender as escolas profissionais e fábricas que pesquisava. Com frequência, o meu aprendizado na bancada, solancando com as limas, permitia-me contar uma história bem mais interessante. Havia percebido a força do aprendizado dos valores da profissão e da obsessão com a qualidade, transmitidas pelos bons mestres – mesmo que, às vezes, de forma truculenta.

Por experiência, tinha plena consciência de que se pode aprender pelo correio. Mas, já trabalhando no Ipea, notei uma descrença geral em relação a essa modalidade. Diante disso, conduzi uma pesquisa de campo com graduados de cursos por correspondência para obter dados que levassem a uma conclusão. Minha percepção era correta: os graduados obtinham excelentes resultados no mercado.[4]

Falei da dualidade da minha educação, mas a vida tem mais do que isso. Havia e sempre houve um terceiro polo, minhas atividades de aventuras ao

---

4   GUARANYS, Lúcia dos; CASTRO, Claudio de Moura. **Ensino por correspondência**: uma estratégia de desenvolvimento educacional no Brasil. Rio de Janeiro: Ipea; Inpes, 1979.

ar livre.[5] Não cabe entrar aqui nesse outro mundo; apenas o menciono por mostrar que algumas das minhas rebeldias e impetuosidade têm raízes que se espraiam em outras atividades. Fiz de tudo: longas caminhadas, vôlei, caiaque em águas revoltas, escaladas, caratê, quase setenta anos andando de moto e mais de quarenta entre asa-delta, parapente, ultraleve e paramotor. Com 80 anos, comecei a aprender tênis. Para o bem ou para o mal, jamais fui um intelectual trancado em um gabinete.

---

5   CASTRO, Claudio de Moura. **Meio século no limiar do perigo**. Rio de Janeiro: Record, 2005.

MEU DILEMA: ENGENHARIA OU ECONOMIA?

COM UM passado de mecânica, ferraria, marcenaria e eletrônica, o piloto automático me levava às engenharias. Inicialmente, havia escolhido mecânica, já que não há engenheiro marceneiro. A eletrônica foi a opção seguinte, mercê do meu diploma técnico na área. Com essa escolha, meu sonho último era o de ser pesquisador do Bell Labs, nos Estados Unidos, instituição não apenas famosa, mas também a única que conhecia na área de pesquisa industrial e desenvolvimento científico.

Mas, então, meus planos na engenharia começaram a se tornar água. Três fatores contribuíram para isso. Primeiro, descobri as ciências sociais. Comecei a ler livros de antropologia e outros assuntos mais *soft*. Voltei à literatura. Gostei do desvio de rota. Segundo, gostava de mecânica e eletrônica, mas não da versão delas na engenharia, abarrotada de matemática. A engenharia não tinha qualquer encanto para mim. Nada de oficina, lidando com as minhas amadas ferramentas. Terceiro, sendo o neto mais velho, estava diretamente na linha sucessória da usina. A implicação era óbvia. Começaria a trabalhar como engenheiro, mas logo viraria administrador. Ora, então por que estudar o que não gostava para, em seguida, trabalhar em uma ocupação diferente?

Alguns meses antes do vestibular, mudei de rumo. Iria para o curso de administração de empresas da Universidade Federal de Minas Gerais (UFMG). O vestibular era bem mais fácil. Estudei quase nada e fui aprovado com tranquilidade. Por ser um curso novo, ainda não havia construído uma imagem sólida. Portanto, não atraía os melhores alunos que terminavam o secundário.

Em 1958, entrei em administração. Porém as aulas do primeiro ano eram unificadas com as de economia, e, assistindo às matérias introdutórias, achei as de administração rasas. Eram taxonomias e instruções de como fazer isso ou aquilo. Em contraste, comecei a gostar mais de economia. Eram mais científicos e mais elegantes os saltos da abstração. Mudei-me de curso. Até planejei continuar estudando administração, informalmente e por conta própria. Algo fiz nessa direção.

Como tornei-me aluno bolsista de tempo integral, passava o dia inteiro na faculdade. Aula pela manhã; à tarde, ficava em uma das salas reservadas para essa casta de alunos CDFs – que hoje seriam chamados de *geeks* ou *nerds*.

Entre os bolsistas, o ambiente era inspirado, e o nível de motivação quase febril. Não nos esqueçamos, esses eram tempos de grande otimismo no país. Juscelino nos dizia: "Cinquenta anos em cinco". E acreditávamos. Isso tudo se rebatia na faculdade.

Ao fim de determinada tarde, enquanto eu tentava fazer um exercício numérico de estatística – a cada tentativa encontrava um resultado diferente, pois é patológica a minha incapacidade de fazer contas desde sempre –, avolumou-se um burburinho na rua. Logo ao lado da faculdade, havia um terminal de ônibus. Nesse dia, os motoristas fizeram greve, os passageiros foram se acumulando na rua, e, em pouco tempo, o ruído produzia seus incômodos decibéis. As minhas contas não estavam dando certo, e o barulho era insuportável. Peguei um latão de 20 litros, enchi de água e lancei o líquido pela janela. Como o povaréu ocupava toda a rua, não havia como errar a pontaria. Ouvi o barulho da água no asfalto, seguido de alguns segundos de silêncio, mas logo cresceram assustadoramente os decibéis.

Nesse momento, percebi que o experimento ia de mal a pior. Desci pela escada para não ser identificado. Chegando ao térreo, cruzei com dois policiais, encharcados dos pés à cabeça e vermelhos de fúria. Peguei minha Lambretta e fui para casa. Lá pelas dez da noite, ligou-me um colega com as mais recentes notícias. Todos os alunos que estavam jantando na cantina ainda estavam lá, retidos pela polícia. Os portões da faculdade tiveram os vidros quebrados depois de renhidas lutas dos invasores com os porteiros. O diretor da faculdade estava reunido com o secretário de segurança do estado. Havia dezenas de policiais na rua e um cordão de isolamento em torno do edifício.

No dia seguinte, ao chegar, fui saudado pelos colegas como "economista hidráulico". De fato, considerando o horário e as anotações de saída, eu era o único bolsista ainda na faculdade. Logo vi que seria identificado. Diante do inevitável, antecipei-me, procurando o diretor da faculdade, que havia prometido ao secretário de segurança punir o responsável. Assim é que fui suspenso por um dia.

Nessa época, a faculdade convidava economistas de destaque para dar conferências. Após os eventos, bastante concorridos, havia a clássica ida à Camponesa, a churrascaria da moda (nos tempos de determinado diretor – já não era o dr. Yvon, que será mencionado adiante). O seguimento natural da noitada era uma visita à Zezé, o *rendez-vous* mais celebrado de Belo Horizonte, que, segundo ouvíamos, era a etapa mais apreciada por alguns dos conferencistas. Em um desses eventos, fui convidado para a etapa da Camponesa – apenas essa. Estavam lá um professor conhecido por ser mulherengo e o conferencista, um membro criativo e brilhante do grupo que fundou o Banco Nacional do Desenvolvimento (BND, que virou BNDES). Em determinado momento, a conversa derivou para a Proclamação da República. O conferencista falava da colisão entre a aristocracia rural e a ascendente burguesia urbana e modernizante. Segundo ele, teria sido um desses choques que levou à eclosão da pequena revolta que trouxe a República. Diante dessa explicação, protesta o professor: não era nada disso. A verdadeira causa teria sido uma rixa entre o marechal Deodoro e um senador, que tempos antes levara a melhor na disputa por uma dama. Diante da possibilidade de ver o senador no ministério de d. Pedro II, o marechal preferiu derrubar o imperador, proclamando a República. Ainda não sei quem tinha razão.

Quando entrei na faculdade, economista era uma profissão obscura. Ninguém sabia muito bem para que servia, nem meu pai, que se assustou com minha escolha. Circulava o caso de uma empresa que decidiu contratar um economista, mas desde que soubesse escrever à máquina.

Os tempos haviam mudado. O Brasil crescia, e os economistas mandavam. Ao me formar, como muitos colegas, tinha diversas ofertas de emprego. Mas eu havia sido ungido para suceder ao professor de Conjuntura Econômica, assunto sobre o qual eu não sabia absolutamente nada – e cujo velho professor também não sabia. Comprei um livro em inglês, mas achei chatíssimo. Acabei indo fazer pós-graduação na Fundação Getulio Vargas (FGV). Isso aconteceu em 1963.

Aproximava-se o momento da formatura. Era a culminância de anos de labuta. Mas, não ignoremos, transitávamos por uma trilha de alto *status* social. Os universitários, éramos poucos. Naquele período, o Brasil todo tinha mais ou menos o mesmo número de alunos no ensino superior que hoje tem o Acre ou uma grande faculdade privada: entre 30 mil e 40 mil alunos. Esse grupelho universitário costumava identificar-se de diferentes formas. Alguns terminavam as cartas com "saudações universitárias" para identificar a casta.

Nesses últimos meses de aula, uma providência era de praxe: encomendar o anel de formatura. Cada profissão tinha um com a pedra semipreciosa correspondente ao curso. Até cheguei a usá-lo, mas, no cotidiano, usar ou não usar? A solução revelou-se simples, perdi o anel. Problema resolvido.

A FACULDADE DO DR. YVON

Aqui, é a vez de falar da Faculdade de Ciências Econômicas (Face) da UFMG. Trata-se de um caso muito curioso de transformação institucional (aliás, escrevi um livrinho sobre o assunto).[6]

Desde a vinda da Família Real, em 1808, persistiu no Brasil o padrão francês de escolas voltadas para apenas um campo do conhecimento, as faculdades. No entanto, após a Segunda Guerra, sentiu-se que precisávamos de outro modelo, as universidades. Na pressa para atender a essa necessidade, a solução foi fundir as faculdades já existentes, públicas e privadas. A esse conglomerado, pespegava-se o nome de universidade. Juntaram-se as frondosas escolas de direito, engenharia e medicina. Uma escola privada, que não era uma instituição de muito *pedigree*, dedicada a formar o que se chamava, então, de guarda-livros, tornou-se a Faculdade de Ciências Econômicas. Isso ocorreu no início dos anos 1950.

Ao se tornar parte de uma universidade, automaticamente, seus professores viraram catedráticos. Como, ironicamente, comentou o historiador Francisco Iglésias: "Caiu-lhes à cabeça uma cátedra, como poderia haver sido uma cangalha".

Não havia como esperar muito desse grupo de professores. Na época, os únicos que tinham ouvido falar de economia eram os advogados, pois, no curso de direito, havia a disciplina de Economia Política. Dentre esses docentes, havia um, sempre de gravatinha borboleta, que dava aulas bem

---

[6] CASTRO, Claudio de Moura. **A mágica do dr. Yvon**. Belo Horizonte: Benvinda, 2016.

preparadas – mas com as limitações inerentes à sua improvisada formação – e que se tornou diretor da escola.

Yvon Leite de Magalhães Pinto revelou-se um diretor inspirado. Contratou, em tempo integral, alguns poucos professores mais jovens e promissores. Montou também uma excepcional biblioteca, com todos os clássicos da economia e assinaturas dos grandes periódicos internacionais. Porém teve uma ideia ainda mais revolucionária. Conseguiu recursos de bancos locais para criar um sistema de bolsas de estudos pelo qual os alunos passavam todo o dia na faculdade, tinham férias mais curtas e escreviam trabalhos semestrais. Os candidatos eram selecionados por um exame, oral e escrito, e os bolsistas tinham suas salas, individuais ou coletivas. Tal receita se revelou poderosa e capaz de atrair *geeks* puros-sangues. Contra todas as expectativas, o projeto deu certo!

Os bolsistas criaram uma disseminação de conhecimento de excelência na faculdade. Gerou-se uma dinâmica de discussões, exploração de ideias e ferozes brigas em assuntos controvertidos. Pelo seu ineditismo, esse sistema passou a atrair alunos talentosos. Alguns estudantes de medicina e engenharia trocaram de curso para concorrer a uma vaga de bolsista (ganhando próximo de um salário mínimo). Eu próprio fui influenciado pelos atrativos do programa.

Os bolsistas, claramente, puxavam para cima o nível acadêmico da faculdade. Em algum momento, até fizemos uma representação contra professores que deixavam os alunos colarem, uma iniciativa que não é vista com frequência.

A disciplina Moeda e Crédito estava nas mãos de um professor pouco aquinhoado de dotes intelectuais. Levávamos seu curso meio na pândega. Preparando-me para uma prova, pedi a uma amiga de ascendência alemã que traduzisse algumas frases para a língua germânica, tiradas do livro do Eugênio Gudin. Levei o papelzinho com as citações e transcrevi um bom número delas na prova, atribuindo-as a algum economista alemão ou austríaco. Deu certo, obtive ótima nota. Diante do sucesso, meu papelzinho foi repetidamente usado por colegas nos semestres seguintes. Mas, no final, sumiu!

Frustrado, um aluno mais ousado redigiu citações de lavra própria, atribuindo-as a autores variados, tais como o economista sueco Scania Vabis, como sabemos, uma marca de caminhão. Viu-se em apuros o jovem assistente desse professor que estava encarregado de corrigir as provas. O que fazer com tamanha insolência? Optou por chamar a atenção do catedrático, mas sem comentar o deboche. Como o dito não decifrou o comentário, deu nota alta na prova. Seguiu-se um grande vexame, e o velho professor acabou por demitir-se.

Progressivamente, a "escola de guarda-livros" foi ganhando força. Os primeiros bolsistas a se graduar viraram professores. Eram os melhores devido à sua experiência de quatro anos de estudos em tempo integral. Muitos alunos iam à biblioteca para ler os clássicos da economia, livros dos quais a primeira geração de professores jamais ouvira falar.

Interessante notar que não havia um só professor com curso de pós-graduação ou trazido de outra instituição. A fonte do talento era esse grupo autodidata, fermentado no caldo de cultura dos bolsistas.

No ano de 1962, aconteceu o primeiro encontro de estudantes de economia, em Recife. Fomos, Edmar Bacha e eu. Chegamos temerosos, pois lá estariam os alunos das vacas sagradas que assinavam os livros que estudávamos. Porém notamos que eles eram muito mais fracos do que nós. Diante de nossos comentários ferinos, eles é que passaram a nos temer.

Essa percepção subjetiva ganhou dados pela elevadíssima proporção de alunos que eram aprovados no curso do Mário Henrique Simonsen na FGV. Tanto quanto me lembro, todos os inscritos eram bolsistas, o que evidenciou que quem ganhava bolsa tinha o perfil para a pós-graduação.

Entre as décadas de 1950 e 1970, pouco mais de 200 ex-bolsistas foram contabilizados por meio de levantamentos posteriores. O ministro Paulo Roberto Haddad e vários secretários de Estado foram bolsistas da Face da UFMG. A proporção dos que foram fazer mestrados e doutorados parece bem superior à de qualquer outra instituição brasileira da época. Tudo isso foi resultado das duas ou três ideias do dr. Yvon. É claro, seguidas de uma implementação competente.

Os movimentos de esquerda jamais nutriram grandes simpatias por ele. Era acusado de autoritário. Mas era tolerado, e os academicamente mais destacados reconheciam os méritos do ambiente criado pelo sistema de bolsas e pela excelência da faculdade. Porém, em um dado momento, espoca um forte movimento contra o dr. Yvon. Acusado de arbitrariedades e corrupção, é encenado o seu enterro, nos corredores da faculdade. A operação foi bem conduzida. O movimento pega fogo, e o dr. Yvon é defenestrado.

Como aluno e bolsista, não via nada de errado com ele. Tampouco viam os colegas com quem convivia. Por que essa súbita birra? Ouvi uma possível explicação: dr. Yvon estava por preencher uma posição docente, e um popular líder de esquerda se considerava o candidato natural, mas foi escolhida outra pessoa. Enfurecido, montou a campanha como vingança. À falta de melhores explicações, fica essa versão.

À época, o dr. Yvon foi acusado disso e daquilo. Como advogado, tratou de provar sua inocência, o que fez com sucesso. Foi inteiramente inocentado, mas levou tempo. A injustiça estava feita. Muitos anos depois, no bairro Luxemburgo, é batizada uma rua com o seu nome. Em parte, é reabilitado.

Aí está a saga de um homem que transformou um reles curso de guarda-livros na melhor escola de economia do país. Teve duas ou três ideias e foi capaz de implementá-las com sucesso. Criou uma dinâmica intelectual virtuosa, levando o curso a atrair um pequeno número das melhores cabeças jovens de Minas Gerais. Da faculdade saíram muitos dos grandes pensadores na economia, na sociologia e na ciência política do país.

***

Era um momento de fortes ondas ideológicas, e as discussões eram bem mais do que colisões de *slogans*. Havia grande preocupação com as nuances que separavam diferentes grupos. Na direita, havia os neoclássicos, os neocapitalistas e os devotos da Tradição, Família e Propriedade (TFP); não eram intelectualmente muito sofisticados. No meio do caminho, estavam os discípulos do padre Lebret ou de Teillard de Chardin. Na esquerda, perdia-se a conta das siglas: JUC (da Juventude Universitária Católica), AP (da Ação Popular), PCB (do Partido Comunista do Brasil) e muitas outras.

Paulo Roberto Haddad, além de bolsista (e meu colega de turma), era de esquerda e respeitado membro da JUC. Sempre fomos amigos, conversávamos muito e estudávamos juntos para as provas. Nos assuntos de afiliação ideológica, nunca captei alguma diferença fundamental entre o meu pensamento e o dele. Acho que era pequena. Mas eram diferentes as etiquetas. Sendo assim, politicamente éramos adversários.

Edmar Bacha e eu achávamos muito chatos os carolas da JUC. Inventamos, então, uma sociedade fictícia, a Juventude Universitária

Depravada (JUD). Tínhamos um jornal mural que, às escondidas, colávamos na entrada da cantina, garantindo audiência plena, e no qual descrevíamos a doutrina de nosso patrono, Rasputin, de "purificação pelo pecado", com amplos detalhes de como eram as tórridas cerimônias inventadas por ele. Eu havia encontrado uma boa biografia dele, e de lá tirávamos os trechos mais escabrosos. Seguíamos com outras transcrições bem selecionadas. Sucesso absoluto, pelo menos para os que não eram da JUC. Suspeitava-se de quem seriam os autores do jornal, mas não havia provas.

Durante uma manifestação de rua, alguns alunos provaram os cassetetes da polícia. Esse desenlace era inevitável. As mulheres sabiam que aqueles soldados, apesar de broncos, não iriam bater nelas. No entanto, por causa de algum impropério ofensivo que elas soltavam, era o homem ao lado quem experimentava a dureza do cassetete. Sempre irônico, o professor Júlio Barbosa dizia que isso fazia parte da formação, era parte da "vivência sociológica".

A ESCOLA DE ECONOMIA DE MÁRIO HENRIQUE SIMONSEN

Falar de minha convivência com Mário Henrique requer falar da Fundação Getulio Vargas. Por tudo o que ela representa, é uma instituição que justifica um olhar mais detido.

Em 1930, triunfante, o Getúlio Vargas aporta no Rio de Janeiro. Chegada famosa, pois teria amarrado seu cavalo no Obelisco da avenida Rio Branco. Vem com ele um jovem gaúcho de Pelotas, Luís Simões Lopes, formado em agronomia.

Antes de prosseguir com assuntos mais afins ao presente livro, narro algo bem pitoresco que meu avô me contou. No desenlace da Revolução de 1930, Simões Lopes irrompeu no Palácio das Laranjeiras e, curioso, foi espiar a pilha de telegramas recebidos na véspera e que estavam sobre a mesa do então presidente Washington Luís, que havia saído do local às carreiras. Os remetentes se solidarizavam e davam apoio ao presidente ameaçado. No dia seguinte, choveram outros tantos telegramas, de congratulações e apoio irrestrito ao novo governante. Como contou Simões Lopes, muitos dos signatários eram os mesmos da antevéspera. Assim operam as cortes.

Voltando ao nosso tema, em 1944 foi criada a FGV, destinada a formar quadros para a República. Homem de confiança de Getúlio, lá se foi Simões Lopes para dirigi-la, cargo em que permaneceu por 48 anos.

Mário Henrique era oriundo de uma pacata e tradicional família carioca de classe média alta (sem parentesco com Roberto Simonsen, de São Paulo). Toda a sua família era muito sabida. Porém, na loteria genética, Mário ganhou uma inteligência prodigiosa, tanto que, quando se formou no Colégio Santo Inácio, os padres criaram um prêmio para ele e que jamais foi outorgado a outro aluno. Formou-se em engenharia, mas prosseguiu seus estudos no Instituto de Matemática Pura e Aplicada (Impa), reconhecido internacionalmente.

Em uma ocasião, testemunhei meu avô dizendo a seu amigo Eugênio Gudin, primo de Mário Henrique, que havia emprestado ao Mário alguns livros de economia. Com o seu perfil intelectual, achou que o assunto poderia lhe interessar. De fato, ele os leu e foram plenamente compreendidos. Assim, virou economista e, ainda bem jovem, tornou-se o chefe da assessoria econômica da Confederação Nacional da Indústria (CNI).

Diante do talento e do seu precoce êxito, Simões Lopes criou para Mário Henrique um curso de pós-graduação em economia, batizado de Curso de Aperfeiçoamento em Economia (CAE). Mais adiante, virou Escola de Pós-Graduação em Economia (EPGE), ainda hoje destacada (e rebatizada como Escola Brasileira de Economia e Finanças).

Atualmente, quem passa pela praia de Botafogo, pode ver os dois prédios gêmeos da FGV. À época, na década de 1960, era apenas um. Ao lado, havia casinhas velhas e bem dilapidadas. Em uma delas estava o CAE.

Com um apoio sólido da Usaid, a FGV contratou professores brasileiros para completar os quadros docentes. Mas, em paralelo, começou um entra e sai de professores norte-americanos.

A cargo da gerência administrativa estava Ney Coe de Oliveira, um devotado funcionário. Zelava por tudo e preocupava-se com os mais ínfimos detalhes materiais. Como integrante da Força Expedicionária Brasileira (FEB), havia sido feito prisioneiro dos alemães na Segunda Guerra Mundial. Era evidente o seu pavor doentio diante de qualquer figura de autoridade.

Somente o CAE, na época, oferecia pós-graduação em economia, portanto atraía quem se interessasse por ir mais longe nos estudos. Além disso, os aprovados ganhavam bolsas de estudos para os Estados Unidos. A prova de admissão era altamente competitiva, e circulava na faculdade a lista de inscrições para as provas. Na ocasião, um bom número de graduados da nossa escola já estava nos Estados Unidos. Mesmo assim, não me interessei, pois havia ganhado, via Ibeu, uma bolsa para fazer mestrado de administração em Michigan. Seria a volta às lides da gestão na minha trajetória inevitável de neto mais velho.

Quando ainda estava no terceiro ano, visitou a faculdade Werner Baer, então professor da Universidade de Yale. Mostrei-lhe um *paper* sobre inflação que eu havia escrito, e, para minha imensa surpresa, ele leu. Achou interessante a análise. Porém foi logo perguntando: "Onde estão os números para validar as suas teorias?". É a pergunta que se poderia esperar de um economista norte-americano ou inglês. De fato, o *paper* tinha muita teoria e zero número. Não pressentia, mas era o primeiro toque do grande choque cultural e intelectual que viria a sofrer adiante.

Não me inscrevi para a prova da FGV. Mas eis que, dois dias antes, encontrei no corredor uma colega que acabara de desistir de prestar. Perguntou se não tomaria seu lugar. Afinal, que mal faria rabiscar algo em uma provinha? Aceitei a oferta e apareci no dia marcado. Passei ocupando uma posição até bem razoável.

Michigan ou CAE? Vendo minha aflição, meu avô me levou, de noitinha, à casa do Simões Lopes, na Vieira Souto. O velho gaúcho não titubeou: "Com o Mário, você terá o melhor professor de economia do Brasil". Além disso, Michigan seria apenas em setembro, e o CAE começaria já em fevereiro. Ainda poderia mudar de ideia. Mas não mudei.

As aulas do Mário Henrique eram brilhantes. Calmas, pausadas, cada palavra rigorosamente bem escolhida, e os argumentos logicamente articulados. Até então, não tivera um professor tão fulgurante. E que prazer, que viagem intelectual era assistir às suas aulas.

Andava por lá Werner Baer, em suas férias de professor nos Estados Unidos. Por quase meio século, alugava o mesmo apartamento mobiliado na avenida Atlântica. Em suas visitas ao Brasil, Werner visitava as escolas de economia, participava de conferências e despertava o interesse em potenciais alunos para irem estudar nos Estados Unidos. No período em que trabalhou na Universidade de Yale, seu departamento transbordava de brasileiros. Quando foi para a Universidade Vanderbilt, a Usaid financiou um generoso programa. Havia tantos brasileiros que, em uma ocasião, os alunos norte-americanos protestaram. Consideraram-se discriminados. Mudando-se para Illinois, entortou-se para lá o fluxo dos alunos que recrutava no Brasil.

Ninguém fez tanto pela criação de um substancial grupo de economistas brasileiros com impecável formação. Ele, um brasilianista respeitado, contribuiu para que, em um par de décadas, o Brasil deixasse de precisar de brasilianistas para entender a própria economia. Muito anos depois, quando virei diretor da Coordenação de Aperfeiçoamento de Pessoal de Nível Superior (Capes), propus ao Itamaraty que concedesse a ele a Ordem de Rio Branco. Para minha grande satisfação, a sugestão foi acolhida.

À época, foi contratado um professor de estatística, um recém-graduado da Escola Nacional de Estatística. Não sei como foi escolhido, mas que decepção. Assistindo às suas aulas, comecei a perceber algo que foi se consolidando em minha cabeça.

Reclamamos com Mário Henrique da fragilidade do novo professor. Nesse momento, aflorou o que julgo ser a sua mais grave fraqueza: ele não tinha paciência, não dava bola, não lidava com a gestão acadêmica da casa que tão bem havia criado. Nada fez. Aliás, em reuniões informais, afirmava não ter superego. O que queria dizer com isso? Boa coisa não podia ser.

Durante os fascinantes intervalos para o café, Mário nos contava seus casos. Em um deles, mencionou que, sendo a Bolsa de Valores muito perto da CNI, no Arco do Telles, durante o horário do almoço, costumava sentar-se lá, seguindo a trajetória do pregão. Com sua argúcia, captou uma oscilação que se repetia acompanhando a hora do dia. Ora vejam, tem hora de subir e hora de descer! Então, basta comprar na baixa e vender na alta! E foi o que começou a fazer.

Como alunos, logo formulamos o seu obituário, ainda que em data incerta: morreria do coração. Durante uma só aula, fumava uma imensidão de cigarros. Alguns, acendia nos que estavam acabando. Mário faleceu de insuficiência respiratória em 1997.

Justo no período em que eu era seu aluno, ele recebeu um convite para ser professor visitante em Harvard. Aceitou, e seu nome foi inserido no catálogo de cursos da universidade. Em uma pausa para o café, contou que, dois anos antes, tinha sido procurado pelo Sindicato dos Economistas. A delegação era taxativa: sem diploma de economia, não podia chefiar a assessoria econômica da CNI. Era a lei, e não havia como contorná-la.

Mandou, então, sua secretária visitar todos os cursos de economia do Rio de Janeiro com a missão de descobrir qual era o pior. Identificado o curso, fez vestibular. Nunca assistiu a uma só aula. Comparecia apenas para fazer as provas. Na única vez em que foi à faculdade sem ser para alguma prova, foi para proferir o discurso de formatura de sua turma. Pouco depois, a escola mudou de nome e passou a se chamar Faculdade Mário Henrique Simonsen, a atual Faculdades Integradas Simonsen.

Professor visitante em Harvard e, ao mesmo tempo, segundanista de economia! Nada mau em um currículo. Mas como explicar que a Universidade de Harvard não se importava com diplomas enquanto os nossos medíocres sindicalistas só pensavam nisso?

Vale lembrar, um desses sindicatos decidiu premiar Pedro Malan por sua destacada passagem pelo Ministério da Fazenda. No entanto, em que pese ter um doutorado em economia pela Universidade de Berkeley, Malan era graduado em engenharia. Por essa razão, o sindicato voltou atrás e não concedeu a medalha. Veja o contraste: a Academia Real de Ciências da Suécia já concedeu o Nobel de Economia para três psicólogos. E o de Medicina, para um estatístico.

As conversas com Mário, durante o café, eram sempre interessantes. Em uma delas, revelou que estava elaborando pareceres jurídicos. Não contou como aprendeu direito, mas, a julgar pela economia, deve ter lido uns tantos livros, o suficiente para virar um jurisconsulto disputado pelo mercado.

Ao terminar o CAE, todos os alunos faziam mestrado. Naquela época, o sonho era de que alguns permanecessem para o PhD. Era uma miragem, até então inatingida por qualquer brasileiro. Na verdade, era um diploma pouco conhecido no Brasil. Diante das atraentes ofertas de emprego, um doutorado pouco encantava. Interessante notar que, quando voltei ao Brasil, fui o terceiro a terminar um PhD em economia. Na Argentina, apenas no Instituto Torcuato Di Tella havia uns dez.

O cotidiano do CAE era agradável. Mas como escapar da tentação de fazer o Ney entrar em pânico? Nas escadarias, para chegar ao CAE, havia vários quadrinhos com o dizer "Silêncio". Em uma ausência dele, desmontei cada um deles e escrevi no reverso da tela: "Silêncio, prelúdio da morte". Resultado perfeitamente previsível, ficou apoplético. Correndo, retirou os quadros. Suspeitava de quem pudesse ser o autor.

Tempos depois, quando chegávamos ao fim da primeira parte do curso, teríamos uma festinha com a presença de autoridades. Nesse dia, antes da festa, cheguei às 6 horas e entrei na biblioteca da faculdade. Sub-repticiamente, empurrei um armário de livros para o meio da pequena biblioteca, cujo pé-direito era muito alto, e coloquei sobre ele uma cadeira. Depois, peguei uma das carteiras que estavam por ali e amarrei-a com os pés tocando o teto. E me escafedi.

Quando a primeira secretária viu a gracinha, logo chamou as outras, iniciando uma procissão de secretárias para ver a cena O Ney não sabia o que fazer. As escadas disponíveis para desfazer aquela arte eram curtas. Então, o máximo que conseguiu foi se postar na entrada da biblioteca, proibindo a entrada de quem quer que fosse. Custou, mas apareceu uma escada grande. Alívio!

Poucas semanas depois, eu embarcaria para os Estados Unidos. Era o grande dia. Fiquei surpreso com a presença dele no aeroporto. Estava radiante. Disse com prazer: "O mestrado sei que vai completar, mas quero também o doutoramento". Não guardou rancor das minhas travessuras. Final feliz.

MEUS TEMPOS DE YALE

EM MEADOS de 1963, em um acerto feito pelos professores norte-americanos que ensinavam na FGV, foram oferecidas duas vagas para fazer pós-graduação na Universidade de Harvard e duas em Yale. Cabiam elas às quatro pessoas que mais tivessem se destacado no curso que estávamos terminando. Luís Vitor e eu optamos por Yale. No meu caso, nem sei como escolhi.

OUTRO CAMINHO PARA CONHECER OS ESTADOS UNIDOS?

Antes de ir para New Haven, localidade da Universidade de Yale, todos os bolsistas da Usaid foram reunidos em Washington, D.C. para assistir a um programa introdutório sobre os Estados Unidos, aprender sua cultura, sua história e tudo o mais.

No dia da nossa chegada, de noitinha, Vitor e eu saímos do hotel para comer. Terminamos em uma região barra pesada. E, para piorar, foi justamente no dia em que a polícia de Alabama soltou a cachorrada contra manifestantes negros, em pleno fulgor dos movimentos pelos direitos civis. Sem nada desconfiar, entramos em um bar. As hostilidades contra nós não eram veladas, então rapidamente nos escafedemos.

O programa de iniciação da Usaid era tosco, simplista e de um proselitismo primário. Torcendo o nariz, enfrentávamos as conferências. Mas, lá pelo terceiro dia, um professor abriu a sua aula dizendo que "capitalismo é idealismo, enquanto comunismo é ideologia". Apesar de não ter qualquer simpatia pelo comunismo, tal asneira ultrapassava o tolerável.

Sentada ao meu lado, estava uma iraniana de olhos verdes. Convidei-a para largar tudo aquilo e atravessar a rua, onde estavam os museus do Smithsonian. Além de desfrutar da companhia da moça, com as visitas pude desenvolver bastante minha educação e cultura. Afinal, estávamos em um dos maiores conglomerados de museus do mundo. Isso, sim, era uma porta de entrada para conhecer os Estados Unidos.

HARVARD E YALE, RIVAIS IRRECONCILIÁVEIS?

Essas duas joias universitárias da Nova Inglaterra estão, ambas, entre as dez melhores do mundo. Harvard foi criada como seminário teológico (Divinity School) em 1636. Seu objetivo declarado era impedir que analfabetos assumissem as paróquias da região. Com o tempo, foi abrindo seu leque para oferecer programas de humanidades e ciências. Virou aquilo que todos conhecemos.

Yale seguiu trajetória muto parecida, porém começou mais tarde, em 1701. Ainda assim, é a terceira universidade mais antiga do país. Foi fundada mais de um século antes de termos o primeiro curso superior no Brasil, criado por d. João.

Sendo duas das instituições mais tradicionais e reputadas, sempre atraíram as elites da Nova Inglaterra, a região mais aristocrática dos Estados Unidos. Por exemplo, por Yale passaram 31 bilionários, apenas contando os vivos. Também elas ficaram ricas pela tradição de doações dos ex-alunos. Atualmente, o patrimônio de Yale (apenas os recursos investidos no mercado financeiro) ultrapassa 40 bilhões de dólares; o de Harvard chega a 50 bilhões de dólares.

É natural que universidades ricas tenham belos *campi*. Yale é um paraíso para quem aprecia arquitetura. Isso, apesar de incrustada em New Haven, uma cidade mais do que problemática. No *campus*, os prédios coloniais e os neogóticos convivem com as extravagâncias do estádio esportivo, desenhado por Eero Saarinen, aliás, ex-aluno de Yale.

O também ex-aluno John William Sterling quis financiar o prédio da biblioteca da universidade com a condição de que teria de ser um prédio único, impossível de ser imitado. Os arquitetos quebraram a cabeça e encontraram uma solução: seria um edifício de concepção e construção gótica. Em outras palavras, apenas as paredes de sustentação do edifício seriam projetadas; o restante seria feito sem projetos, tudo resolvido no local.

Contígua a ela está a biblioteca Beinecke, também oferta de um ex-aluno, abrigando 800 mil volumes de obras raras. Suas paredes são de mármore bege translúcido.

Mas o comércio das doações milionárias tem seus percalços. Na década de 1930, um professor encontra algo entre as folhas de uma tarefa "para casa" de um aluno. Horror, esquecido no meio delas estava o recibo da pessoa para quem o aluno havia encomendado o trabalho. "Não é comigo", disse o chefe do departamento. Manda para o decano. Acabou na mesa do presidente da instituição. Expulsão sumária. Mas havia um senão: o aluno era filho de um destacado industrial. Em troca do perdão, o pai ofereceu doar a construção e o equipamento de um laboratório. Nada feito, foi para a rua o filho descuidado.

Pensemos na rivalidade entre Yale e Harvard, muito cultivada por ambos os lados. Ilustro com um exemplo pessoal. Nos anos 1990, fui dar uma conferência em Harvard. Meu anfitrião, ao apresentar-me, mencionou com ironia que eu havia estudado em uma universidade próxima, mas cujo nome não ousava mencionar. Tudo é burilado para nutrir as rivalidades.

Sobrava frivolidade nos sotaques adquiridos em cada uma. Em Harvard, era preciso falar bem rápido. Para contrapor-se, em Yale, era preciso ser mais lento. Tais diferenças fazem parte das estratégias de aliciar a alma dos alunos – e futuros doadores.

A chocante clivagem se dava entre a graduação e a pós-graduação dentro da mesma universidade. Aí, sim, eram distintas as culturas. É como se fossem instituições diferentes. Sociologicamente, eram dois mundos. A graduação de Yale era muito mais parecida com a de Harvard do que com a sua própria pós-graduação. A graduação, em ambas, era o desaguadouro da aristocracia da Nova Inglaterra. Para lá ia, ou tentava ir, uma multidão de jovens de classe alta (de fato, são muito caras as mensalidades). Mas isso não basta; era preciso ser um aluno excepcional.

É uma grande fonte de *status* haver sido graduado em uma universidade Ivy League, como a Yale. Não é para menos, pois lá se formaram cinco presidentes norte-americanos. Diz-se que nenhuma outra instituição educou tantas figuras públicas destacadas.

É na graduação que se moldam os estilos e os maneirismos dos alunos. Quando estava lá, é como se todos usassem uniforme. Calças de sarja bege, tênis brancos, camisa com botões no colarinho e paletó de *tweed*.

E como é diferente da pós-graduação! São compartimentos estanques. No ano em que lá passei, não me lembro de haver conversado com um só aluno de graduação. As gentes da pós-graduação são desencontradas, com muitas nacionalidades e muitos níveis sociais. Estilo, elegância, *aplomb*, nada conta na moeda de troca dos doutorandos. Se não passar nos exames de qualificação, é o fim da carreira acadêmica. Ninguém tem tempo para ninguém nem para si próprio. A energia é toda voltada para estudar ou para comiserar-se, com medo de falhar. Uma coisa é certa: o gigantesco tempo gasto com os estudos.

Na pós-graduação, não se moldam valores, e são bem mais desgarrados os grupos. Cada um se veste como quer ou como pode. É um mundo de alienados, tementes dos orientadores e das provas. Li em uma revista de psiquiatria que o doutoramento é um retorno a uma relação infantil de dependência do pai, ou algo assim. O orientador dominaria a psique do orientando. Aprovada a tese, é a liberação. Será? Algo haverá nessa linha?

Ter um bacharelado de Yale é se considerar acima dos outros mortais por pertencer a uma casta superior. Ter um mestrado ou doutorado de Yale vale pelo diploma, não por qualquer vínculo sociológico ou afetivo com a instituição ou seus colegas.

YALE: BALUARTE DA ARISTOCRACIA NORTE-AMERICANA OU FÁBRICA DE CIÊNCIA?

Na graduação, tanto Harvard quanto Yale atendiam às elites econômicas e à aristocracia da Nova Inglaterra. Em contraste, a pós-graduação era uma grande fábrica de ciência.

Mas, para entender esse topo da pirâmide, é necessário desenhar um quadro mais amplo para enxergar a pirâmide como um todo. Portanto, vale a pena dar uma voltinha pelo sistema de ensino superior norte-americano. Nele, graduam-se, anualmente, mais de 10 milhões de pessoas. Superando os formandos de todos os outros tipos de escola, estão as *community colleges*, com seus cursos de dois anos (*associate degrees*), que atendem a uma clientela, predominantemente, de nível bem modesto. Depois, vêm as *colleges* de quatro anos, formando as massas de jovens da classe média. As universidades estão um pouquinho acima. A ênfase é no ensino, embora sempre existam alguns professores pesquisando e publicando. Finalmente, lá no alto da pirâmide, estão as universidades de pesquisa. Conforme o critério, somam entre cem e duzentas instituições. Nelas, a pesquisa é condição *sine qua non*. Portanto, professor que não publica está se arriscando a sentir as dores do desemprego.

É preciso enfatizar que, além da graduação aristocrática, Yale pertence à primeira linha em relação à pesquisa científica. Por lá passaram 65 Prêmios Nobel e educaram-se 67 membros da American Academy of Arts and Science.

Nos Estados Unidos, o crescimento da pesquisa sempre foi lento. Se chegou à liderança mundial, foi por haver começado há muito tempo. A Nova Inglaterra foi colonizada por pessoas que vinham de um dos países mais destacados na ciência, a Inglaterra. Sendo assim, não é de estranhar que as primeiras aventuras na área já venham dos anos 1600. Por exemplo, professores de Harvard abasteceram Isaac Newton com as séries de dados de que ele precisava para validar suas teorias.

NOS BASTIDORES DA PESQUISA

O curso de mestrado em economia operava em uma casa velha, adjacente ao *campus*. No porão, em uma salinha, havia café (horrível, mas o que fazer?). De tão pequena, ouviam-se todas as conversas. Em uma ocasião, um professor comentou que estava bastante preocupado com um colega, pois fazia quase três anos que ele nada publicava. Arriscava-se a não ter o seu contrato renovado.

De fato, um professor assistente está em uma posição eminentemente volátil. Custa pouco para ser cuspido. Nos dias ásperos que correm, estão sob ameaça até as posições mais blindadas dos *full professors* (professores titulares), com estabilidade funcional garantida. Diante de crises financeiras, pelo país afora, não são poucos os que já foram despedidos, apesar da barulheira criada.

Abrindo parêntesis, uma característica essencial da sociedade norte-americana: ela tem disposição para se aprofundar, cortar na carne, enfrentar as assombrações de peito aberto. Talvez, por isso, seja tão bem-sucedida. Mas, pelas mesmas razões, a truculência tem seu preço, no sofrimento e nos conflitos gerados.

Publish or perish (publique ou pereça) é a dura regra. Em boa medida, disso resulta a liderança científica das universidades norte-americanas. Em um levantamento, das vinte melhores do mundo, dezessete eram dos Estados Unidos – hoje, com a expansão asiática, outras apareceram no topo, igualmente sólidas.

Diante da pressão para publicar artigos, o inevitável pode acontecer: perde-se a qualidade das aulas. É verdade que há sempre um grande nome para ministrar os cursos mais importantes, mas pouco importa se prepara ou não as aulas. Alguns o fazem, obsessivamente. Outros improvisam de qualquer maneira. Há os que repetem seus cursos décadas afora. A diferença é que essas universidades recebem alunos tão peneirados que conseguem superar as didáticas precárias e o descaso dos professores. Para ilustrar os extremos, vejamos dois exemplos.

Professor Fei, emigrado de Taiwan, foi meu professor de Estatística. Chegava mais de meia hora antes de a aula começar. Ia para o quadro-negro e desenhava toda a aula que iria ministrar. Mas o fazia com giz branco, escrevendo tão levemente que não se entendia uma só palavra. Parecia uma lousa mal apagada. Faltando um par de minutos, voltava à sala com sua caneca de café. Ficava, então, olhando para o relógio até que o ponteiro dos segundos marcasse 9 horas. Levantava-se e começava a aula. Ia cobrindo de giz colorido os traços tênues que estavam no quadro-negro. Pensando bem, a sua aula era precursora de um PowerPoint de qualidade.

Segundo exemplo. Em Berkeley, fui aluno de Tibor Scitovsky, um respeitado economista húngaro-americano. Tinha, porém, má memória e não preparava direito as aulas. Em uma ocasião, citou uma lei econômica de sua autoria, mas não se lembrava mais do que dizia.

Como sugerido, nesse assunto de esmero na preparação das aulas, o que atrapalha as universidades de primeira linha é a pesquisa. Mas há instituições cujo modelo de aulas é sempre primoroso, as chamadas *liberal arts colleges* (faculdades de artes liberais). Trata-se de uma versão atual das velhas universidades, oferecendo formação nas humanidades e nas ciências. As melhores desse naipe são igualmente elitistas; sua matrícula é cara e altamente disputada. Um traço distintivo é o de que não oferecem qualquer profissionalização. Partem da hipótese de que uma cabeça bem formada aprende o necessário na própria vida profissional. A exemplo, seus graduados são cobiçados por Wall Street, apesar de as instituições não oferecerem qualquer preparação em finanças. Tampouco têm pesquisa ou pós-graduação. Sua excelência, portanto, tem que se apoiar na qualidade do ensino. Individualmente, os professores podem se dedicar às suas pesquisas e publicações, mas é por conta própria. Os professores são avaliados pela excelência de suas aulas, e não pelo volume das pesquisas publicadas.

Falei das *liberal arts* para desfazer um mito brasileiro de que bom ensino tem que vir acompanhado de pesquisa. O oposto também pode até ser observado no excelente ensino das *liberal arts* e no ensino desigual nas universidades de pesquisa por causa do *publish or perish*.

***

Voltando ao meu mestrado, uma grande novidade para mim foram as ementas dos cursos. Em poucas páginas, estavam bem descritos os tópicos que seriam tratados e os artigos e capítulos dos livros cuja leitura era exigida. Revisar tais leituras, antes das aulas, era também uma nova experiência.

Após uma conferência, desci em um elevador cheio de professores velhos e famosos. Tive uma reação automática. Velho que sabe teoria econômica? Impossível! Pensando bem, esse era um reflexo condicionado, trazido da minha faculdade. Lá, os professores velhos nada sabiam de economia, pois não haviam tido nem onde nem com quem aprender. Os que sabiam eram sempre bem mais jovens, um par de anos mais do que seus alunos.

Desde o início de meus dias nos Estados Unidos, começou a fermentar uma ideia desconfortável, contrariando minhas crenças e arrogâncias. De certa forma, era o lado negativo da experiência de bolsista. Sabíamos mais do que os colegas, mais do que a maioria dos professores. Éramos incensados. Como lutar contra a arrogância e a vaidade, nascidas e nutridas nesse ambiente?

Começam a pipocar as dúvidas. Li, mas será que entendi? Entendi, mas entendi mesmo? Entendi, mas sei usar o aprendido? Por que não ganhei a nota gloriosa que esperava?

Essa foi a minha mais atormentada saga nos Estados Unidos. Foi o enredo mais dramático que vivi e a fonte de enormes riscos de fracasso. Até o final dos cursos de doutoramento, perseguia-me a "síndrome do acho que entendi".

MESTRADOS OU DOUTORADOS?

O doutorado é para formar os doutos; na prática, professores e pesquisadores. Em tempos pregressos, eram apenas os doutos da igreja, nas lides da teologia e da filosofia. Progressivamente, foi adquirindo outro significado esse diploma. Muitos brasileiros se perguntam: que história é essa de *philosophy doctor* (PhD) se estudei economia, e não filosofia? A explicação é simples. O PhD é filósofo porque as ciências faziam parte da filosofia natural. Divorciaram-se as ciências da filosofia, mas ficou a tradição medieval no nome do diploma. Além de latim e grego, os alunos de graduação em Yale tinham que aprender até hebreu.

Na outra vertente, mestre é quem faz e quem ensina o que faz. A ênfase é no ato de fazer. Poderíamos dizer, então, que doutores não fazem, mas pensam, escrevem, especulam. Quem faz é o mestre de obras, mestre de ofício, *maître d'hôtel*, mestre ferrador. Eles praticam as "artes" no sentido arcaico da palavra, ligada ao fazer.

Quando a pós-graduação avança para as profissões, era natural que formasse mestres, pois essas profissões tratam do fazer. Engenheiros e administradores ganham o diploma de *master of arts*, pois lidam com fazeres diversos. Assim, temos dois tipos de diplomas: um para os doutos na área científica e nas humanidades; o outro, para os que fazem. No caso, os que fazem estudam as engenharias, direito ou administração. A lógica é perfeita. O PhD, nessas profissões, trata-se daqueles que vão ensinar ou pesquisar sobre o assunto. Os praticantes são *masters*.

A VIDINHA EM NEW HAVEN

Em Yale, os mestrados para estrangeiros oferecem algum apoio pessoal aos estudantes (algo que os doutorados não fazem). Em geral, há uma "mãezona", secretária do programa, cuidando das derrapagens e dificuldades dos alunos. Quando cheguei, resolvidos os estorvos de encontrar um lugar para dormir e comer, eu precisava pôr a vida para funcionar. Luís Vitor e eu conseguimos operar, em regime, ao cabo de pouco tempo.

Quem se aproximasse de um grande edifício, em estilo gótico, não suspeitaria tratar-se do ginásio esportivo da Universidade de Yale. A piscina, coberta e aquecida, era um dos seus atrativos, sobretudo no inverno. Sendo, na época, uma instituição estritamente masculina, tinha as suas peculiaridades. Exceto para nadadores em treinamento, era estritamente proibido entrar na água com calção de banho. Nudez completa. Para chegar à borda, os pés deviam ser molhados dentro de um "laguinho", cuja água continha desinfetantes. Não bastasse isso, transpunha-se um chuveiro, de baixo para cima, jorrando o mesmo líquido entre as pernas.

Confesso o desconforto em compartilhar esse espaço com um bando de homens pelados, ainda mais porque lá encontrávamos aquele professor velho cuja carreira brilhante invejávamos. Sempre o víamos elegantemente trajado, com o "uniforme" de professor Ivy League. Mas, na piscina, exibia as suas "vergonhas". Era o anticlímax dos sonhos de quem se encaminhava para uma carreira universitária.

Pouco havia a temer em relação a comportamentos considerados antissociais. No entanto, havia uma curiosa exceção: as bicicletas. Diante desse veículo, o respeito pela propriedade alheia se apresentava muito reduzido: deixar bicicleta sem tranca era arriscado. As minhas elucubrações sociológico-jurídicas se revelaram totalmente improdutivas para explicar a anomalia.

Uma experiência muito especial revelou minhas origens latinas. John F. Kennedy assassinado, consternação geral. Era 1963, de noitinha, e fiz como qualquer brasileiro: acorri às ruas para me juntar com o povaréu. Surpresa! As ruas estavam desertas. Todos enfurnados em suas casas. Hábitos da terra. Tempos depois, vi fotos da multidão carioca apinhando-se nas ruas, nessa mesma hora. Como são profundos os ditames de uma cultura. Eu, brasileiro, agi como se fosse operado por controle remoto.

Conviver com a burocracia da universidade foi até desconcertante. Em algum momento, precisei de uma declaração dizendo que eu estava matriculado e cursava o programa. Fiz a solicitação na secretaria do departamento, mas fui interrompido abruptamente pela secretária. Sem dizer nada, ela girou o cilindro da IBM elétrica, inserindo uma folha. Pediu, então, que eu dissesse de novo o que queria enquanto ela datilografava a declaração com as informações que eu dava. Onde estava o nome do chefe do departamento, assinou o dela, precedido de um "P". Fui embora, aturdido.

Curioso. Ainda não se confiava na durabilidade das cópias xerox. Mesmo anos depois, a minha tese de doutoramento teve que ser datilografada em máquina de escrever, com cópia feita com ajuda de papel-carbono para os arquivos.

Ao chegarmos ao prédio do nosso programa, lá pelas 9 horas, por vezes cruzávamos com um cavalheiro, muito elegante e lépido, em sua bicicleta. Sempre de chapéu, sobretudo e clipes na canela para não sujar as calças de graxa. Era Kingman Brewster Jr., o presidente de Yale. Eis a aristocracia da Nova Inglaterra. Não precisava das liturgias do poder, tanto do nosso gosto.

Sempre gostei de comer bem. Mas havia uma incompatibilidade entre o valor da minha bolsa de estudos e o preço dos bons restaurantes. Ademais, mesmo os tidos como bons não eram lá essas coisas. Certo dia, fui a um que serviu um espaguete molengo de tanto cozinhar, e o molho ia direto da lata para o meu prato. Comer mal é um problema crônico da civilização norte-americana.

Muitos anos mais tarde, como pertencia a um conselho de Harvard, ia ocasionalmente ao seu *faculty club* (uma mescla de restaurante e de clube metido a inglês). Lá se alimentavam as prima-donas da ciência mundial, mas a comida era cronicamente ruim.

Diante de tais percalços, a dolorosa conclusão era a de que precisava aprender a cozinhar. Meu passado no assunto era tábula rasa. Nunca tivera de ferver água. O primeiro grandioso experimento foi coar um café na meia do Luís Vitor – ele garantiu que era nova. Em momentos subsequentes, diante de impasses ou desastres iminentes, recorria às esposas dos brasileiros, que eram telefonicamente consultadas. Algo a mais sempre sabiam.

Avançado um pouco nas artes culinárias, atrevi-me a convidar uns tantos amigos para jantar. Na minha opinião, a comida não estava um desastre. Contudo, ao terminar o banquete, um dos comensais perguntou se havia pão com manteiga.

Um tempo depois, quando eu já havia me mudado de moradia, minha prima mudou-se para New Haven, acompanhando o marido. Por puro acaso, foi morar no mesmo apartamento em que eu vivera e encontrou uma multidão de panquecas velhas caída atrás do fogão. Foi o resultado de minhas tentativas malsucedidas de lançá-las ao ar para virá-las. Havia visto isso no cinema e acreditava ser a única maneira de proceder.

Intercalo aqui um outro assunto, necessário para entender as minhas aventuras gastronômicas. Até então, Yale era uma escola para homens. As mulheres eram permitidas apenas na pós-graduação, mas eram poucas. Quando foi anunciado que iria chegar uma jovem grega, cheguei a imaginar uma deusa. Mas a realidade não correspondeu à expectativa.

Obviamente, todos os alunos de Yale compartilhávamos da mesma ausência de damas. Na época, havia sete faculdades femininas de prestígio equivalente às Ivy Leagues. Vassar College era o destino favorito daqueles *yalies* que não se contentavam com a companhia masculina. Certa vez, alguém montou uma expedição a Vassar, para que, em primeira mão, pudéssemos ver as moçoilas. Fui junto e acabei com uma namorada bem interessante. De quando em vez, ela passava o fim de semana no meu apartamento, inevitavelmente, deliciando-se com as maravilhas gastronômicas de minha autoria.

Chegava o Natal, e fui convidado para passá-lo na casa dessa namorada, em Westchester County. Fui principescamente recebido e ganhei de presente dois livros de culinária, por sinal, muito bons. Presentearam-me, também, com uma faca Sabatier, à época considerada a mais nobre marca para tais utensílios de cozinha. Está comigo até hoje, rigorosamente afiada. Concluí que a escolha dos presentes não foi aleatória.

Além dos livros, sua mãe fez as honras da casa apresentando-me ao livro de culinária francesa de Julia Child. Alta e desajeitada, Child foi a pioneira na grande revolução da gastronomia doméstica nos Estados Unidos. Seu livro vendeu 3,5 milhões de exemplares. Começou a vida como espiã, durante a guerra. Escreveu um *best-seller* e foi convidada a botar culinária na TV. Foi capa da revista *Time*. Faz uns anos, sua cozinha foi transportada e remontada em um dos museus do Smithsonian. Com o passar dos anos, avancei nas lides culinárias. Comprei o seu primeiro livro. Ainda é a minha referência básica.

Atenuadas as crises culinárias, havia outros assuntos na pauta do cotidiano, entre eles a mobilidade. Pelas regras da Usaid, não podíamos ter automóvel. Mas, fazendo uma séria exegese do documento de proibição, descobri que não eram mencionados caminhões nem motocicletas. E, se não está proibido, pode. Também não dizia que mulher de bolsista não podia ter carro.

Resolvido o problema. Como não me interessaram os caminhões, comprei uma Honda 300 Dream. E, com Luís Vitor, compramos um Renault

Dauphine em nome da Mirô, sua mulher. A escolha do carro se explicava por ser o único que cabia no nosso orçamento e porque o preço fora ainda mais reduzido pelo fato de a lataria estar completamente enferrujada, com inúmeros buracos. Dentro do carro, até se via o asfalto pelos rombos do assoalho.

Testamos o veículo. A embreagem estava ruim, então mandamos consertá-la na mesma oficina em que faziam a manutenção de Rolls-Royces. Quando fomos buscá-lo, como o carro ainda não estava pronto, o chefe da oficina nos convidou para um *tour* pela oficina. Passando por um Rolls, comunicou que a clássica estatueta, no alto do radiador, valia mais do que o nosso carro.

O motor de arranque logo se partiu. Como era caro, optamos por outra solução, uma mais criativa. Devia ser o último carro do mundo a ter manícula (manivela) para fazer funcionar o motor. Assim, passou a pegar, para o espanto de muitos transeuntes, prestando seus serviços, mas foi se destruindo pouco a pouco. Em uma viagem curta, enguiçou e tivemos que chamar o guincho. Até aí, foi tudo bem. Porém ninguém tinha dinheiro para pagar o reboque. Para nossa surpresa, quem nos socorreu foi um bolsista brasileiro que devia ter escondido dinheiro embaixo do colchão.

Essa pessoa, menos jovem do que nós, segundo seu irmão mais velho, por pouco não nasceu no distrito de Penico Quebrado (Parnaíba, Piauí). A família havia saído de lá um pouco antes. Se me lembro bem, a mãe era professora primária. O pai trabalhava nos Correios.

Como a família era muito pobre, o único jeito para subir na vida era entrar no Exército, no seminário ou no Banco do Brasil. A última alternativa pareceu mais apropriada. O jovem passou no teste, tomou posse e, dadas sua inteligência e sua dedicação, foi logo transferido para São Paulo. Lá, completou o científico. Mais tarde, estudou economia no Rio de Janeiro.

Quando era assessor econômico da presidência do Banco do Brasil, uma das vestais da FGV achou que seria um candidato natural para o CAE. Apesar de os exames já terem terminado, e as aulas, começado, ainda assim foi colocado de paraquedas no curso. Fácil imaginar a reação dos que estudaram para passar na prova. Mas foi logo aceito, pois era inteligente, dedicado e de índole modesta.

Cursou o mestrado de Yale um ano antes de mim. Sentava-se na primeira fila, anotava tudo, estudava mais que os colegas e sempre sabia a lição. Fizemos algumas disciplinas juntos e, juntos, estudamos para as provas. Ele sempre me impressionou.

Nessa época, tomou posse o novo presidente da universidade, Kingman Brewster Jr., em cerimônia muito fechada. Foram convidados apenas um aluno da graduação e um da pós-graduação. O aluno de doutorado, representando os milhares de colegas, foi o moço que quase nasceu em Penico Quebrado, João Paulo dos Reis Velloso.

Em New Haven, vivia com sua mulher, que conhecera nos seus tempos de Piauí. Meu julgamento sobre ela não era isento, pois jamais me convidou para sua casa. Consta que não aceitava que eu tivesse uma namorada que passava os fins de semana no meu apartamento. Não pude verificar tal explicação.

Como era funcionária – acho que do Instituto de Aposentadorias e Pensões dos Industriários (Iapi) –, para não perder suas vantagens no emprego, queria voltar logo. Porém há outra teoria para justificar que João Paulo tenha abandonado o doutoramento: Roberto Campos teria ido visitá-lo com um convite para entrar no Ipea – que estava então se estruturando. Doutorado em Yale ou uma sólida posição em uma instituição que se formava com uma índole modernizante? Não sou capaz de dizer qual explicação está mais próxima da verdade.

No Ipea, promoveu estudos desvendando a realidade brasileira e propondo soluções de política econômica. Mas, como vigia o regime militar, protegeu a instituição e assegurou que pudéssemos escrever com total isenção, inclusive criticando o governo. Duas vezes, foi ministro do Planejamento. Voltando para o Rio de Janeiro, criou o Fórum Nacional, promovendo encontros entre acadêmicos, políticos e empresários. Presidiu ativamente o Fórum até oitenta e muitos anos de idade. Nas últimas vezes em que participei, notei que, por vezes, ele vacilava a articulação das palavras iniciais. Mas a cabeça continuava a mesma.

***

Dia da formatura! Os decanos e professores seniores trajavam becas. Provavelmente, cópias perfeitas das que se usavam nas épocas medievais. Procissões pelas ruas de New Haven, atrapalhando o trânsito. A liturgia era impecável. Ao ar livre, monta-se o palco para as autoridades acadêmicas e alinham-se as cadeiras para os formandos.

O início da cerimônia é em latim. Kingman Brewster Jr. declamando algum juramento. De resto, com o mais horroroso sotaque inglês. As famílias se apinham nas laterais. Felizmente, não choveu.

Nesses dias, aconteceram comigo dois eventos curiosos. O primeiro é que perdi meu diploma de mestrado meia hora depois de recebê-lo. Após um tempo, encontrei-o em uma loja de fotografia onde eu havia estado. O dono da loja balançava a cabeça. Tantos e tantos anos para ganhar esse diploma, e eu conseguira perdê-lo em apenas meia hora!

O outro evento é que havia aceitado o convite para meu primeiro emprego na vida. Veio de um dileto amigo que fazia mestrado comigo e que financiava seus estudos lavando o chão do refeitório dos atletas.

Avizinhava-se a celebrada regata Harvard *vs.* Yale, a ser disputada no rio Thames, a muitos quilômetros da universidade. Um ex-aluno havia doado uma casa, à beira do rio, na qual se hospedavam as equipes de remo. Levavam junto quatro cozinheiros, todos do Culinary Institute of America (CIA), famosíssimo e respeitado, e que, nessa época, era vizinho do *campus* de Yale, daí a escolha.

Acompanharam dois lavadores de prato. Um deles era eu, que ocupava o lugar do meu amigo, pois ele tinha outro compromisso. Lidávamos com cerca de setecentos pratos por dia, mas levei bons livros para aproveitá-los durante as folgas.

O orçamento para a regata, oferecido por um ex-aluno, constituía um aspecto bastante delicado. Era excessivo o valor que o patrocinador oferecia, e ninguém queria que o dono do dinheiro soubesse disso. A maneira de espichar os gastos era nas compras de comida. Para os atletas, nada a se fazer, pois estavam em dieta milimetricamente determinada. Mas os cozinheiros, os lavadores de prato e os patrões dos barcos não estavam, por isso os quatro cozinheiros faziam para nós (e para eles próprios) verdadeiros banquetes. Do que aprendi de cozinha, o mais importante é que cozinheiro não lava prato. Jamais. Lava panela, mas prato, não. Uso e abuso desse magnífico princípio quando cozinho e há mais alguém presente.

Fiz um experimento interessante de ergonomia durante esse período. A lavação de pratos era totalmente manual. Sendo assim, podia comparar os tempos de lavagem com o meu desempenho anterior ou com o do meu colega, também lavador. Segui à risca os princípios de tempos e movimentos de Taylor. Cada movimento foi analisado e cronometrado na tentativa de simplificar e reduzir o seu tempo de execução. Durante os experimentos, minha produtividade caiu para a metade. Porém, quando apliquei novos procedimentos, logo voltou a aumentar, e isso aconteceu continuamente. Ao fim das duas semanas, lavava na metade do tempo de meu colega. Por essas e outras, sou taylorista ferrenho.

Por esse caminho tortuoso, o mestrado em Yale levou-me ao meu primeiro emprego, lavando pratos. Muitos.

VIVI TERREMOTOS NA CALIFÓRNIA

No ano de 1906, na cidade de São Francisco, subitamente sacudiu a terra. Um monstruoso terremoto. Com os incêndios que se seguiram, foi uma calamidade de enormes proporções. Em 1964, um terremoto metafórico abalou uma instituição que está a uma ponte de distância de São Francisco. Trata-se de Berkeley, parte da Universidade da Califórnia. As placas tectônicas se desarranjaram de tal forma que criaram um dos maiores distúrbios estudantis jamais conhecidos nos Estados Unidos. Nesse ano de 1964, cheguei lá como aluno para continuar o doutoramento.

Chega setembro, embarco na minha moto para Berkeley. Foram treze dias de viagem, durante a qual dormia ao relento para economizar. A viagem foi muito pitoresca, mas este não é o local para descrevê-la.[7]

Na cidade, morei um par de dias com um estudante de direito que conheci na fila da matrícula. Mas, assim que encontrei um brasileiro, Alkimar Moura, saímos a buscar um apartamento. Alugamos um que ficava em frente ao campo de futebol (americano) de uma *high school*. Muito me impressionaram os treinamentos aos quais assisti. Havia algo que parecia uma porteira de fazenda sobre a qual os jogadores se arremessavam. Concebi a teoria de que tal prática danificaria os miolos. Pois não é que, em anos recentes, minha teoria foi confirmada!

---

[7] Publiquei um livro, faz alguns anos, descrevendo outro lado da minha vida: as aventuras ao ar livre, tal como essa viagem. Cf. CASTRO, Claudio de Moura. **Meio século no limiar do perigo**. Rio de Janeiro: Record, 2005.

A vidinha na cidade de Berkeley até que era boa. A cidade era charmosa, com prédios mais do que simpáticos, com a arquitetura espanholada frequente na Califórnia.

Os resultados da minha culinária haviam melhorado, apesar de alguns escorregões. Por exemplo, convidei meus amigos para uma feijoada logo após a mudança para o apartamento. No entanto, me esqueci de solicitar a mudança de titularidade da eletricidade e, no meio do longo processo de cozinhar o feijão e as carnes, a luz foi desligada. E, com ela, o fogão elétrico. Na emergência, usamos o forno do vizinho sueco. Infelizmente, sua competência nesse estilo de gastronomia era nula. O feijão queimou!

Com frequência, os latinos do departamento se juntavam nos diversos cafés da cidade. Sob a pressão dos estudos, falávamos sempre de economia. Sempre em inglês. Mas, quando a conversa derivava para mulheres, passávamos todos para o espanhol. Também na hora de usar bons palavrões, falávamos em espanhol, língua bem mais sortida do que o inglês. Os ingleses são curtos e secos. Os hispânicos, longos, elaborados e de grande sonoridade. Muito mais eficazes.

Berkeley é a nave capitânia da Universidade da Califórnia e pertence ao seu sistema público de ensino superior. Está nos píncaros da torre de marfim entre a meia dúzia de *campi* da Califórnia, sendo o de Berkeley o primeiro e o mais consagrado.

Mesmo para os padrões norte-americanos, a universidade é gigante. No *campus*, havia cerca de 20 mil alunos, número nada irrelevante, para entender os terremotos políticos de 1964-1965.

Estávamos na Califórnia, descontraída, esportiva e informal. Junto do prédio que, no Brasil, chamaríamos de diretório acadêmico, há uma grande praça com um laguinho. Essa área estava sempre borbulhando de gente. Uns passando, outros conversando fiado. Também havia grande número de pessoas operando os pequenos quiosques dedicados a vender alguma ideia política ou defender qualquer causa, como a prática do nudismo. Com caras bem solenes, sempre havia algumas pessoas cuidando da barraquinha do Partido Comunista, que continuava vivo, apesar do número minúsculo de membros. Além disso, passeavam, livres e alegremente, os cães de muitos alunos.

Some-se a essa ambiência a meteorologia local. Deve ser um dos melhores climas do mundo. Nem quente nem frio. Sempre agradável. Os ventos do Pacífico se chocam com as montanhas e se condensam em nuvens. É um ar-condicionado natural.

Ainda assim, o que foi dito anteriormente sobre os alunos do doutorado também vale para Berkeley. Alegria e tranquilidade é só na graduação. Ao lado do prédio da engenharia elétrica, há a famosa Campanile, uma torre quadrada e alta com uma sineira no topo. Quando cheguei, já haviam sido instalados vidros espessos na varandinha de observação, cujo objetivo era interromper a sequência de suicídios cometidos por alunos que eram reprovados nos exames de qualificação.

Academicamente, Berkeley está entre as cinco melhores instituições de ensino superior do mundo, sendo a primeira na categoria de universidade pública. Por lá passaram 104 Prêmios Nobel, 36 havendo sido educados no próprio *campus*. Por casualidade, fui convidado para uma festa dos físicos, recepcionando o celebrado Richard Feynman, que durante uma conversa nos explicou como se inspirou em uma taça de champanhe para inventar a *bubble chamber*, que lhe valeu o Nobel.

De repente, sacodem as paredes, desaba o teto! Era o Free Speech Movement, o maior evento de desobediência civil organizado por estudantes norte-americanos. Em termos concretos, protestavam contra a proibição de atividades políticas dentro do *campus*. Protestavam, também, contra a censura, diante do pouco que podia ser dito ou escrito sobre assuntos politicamente controvertidos.

Lembro-me bem dos protestos. Via estudantes circulando, portando cartazes nos quais se lia *Fuck*. A provocação era para testar se seriam presos, o que ardentemente desejavam. O lado pitoresco é que esse desafio tinha que ser discutido pelo Board of Regents (Conselho da Universidade) em suas sessões solenes. Mas como pronunciar a palavra maldita, o pomo da discórdia? Convencionou-se que seria substituída por *intercourse* (relação).

Mas não era só isso: nos estados do Sul, alunos de Berkeley haviam participado de manifestações a favor de direitos civis e contra o racismo. Voltando ao *campus*, começaram a desenvolver algumas ideias. Contudo, o mais barulhento protesto era contra a Guerra do Vietnã. Essa era uma grande bandeira ideológica, o grande tema dos pacifistas. Era, também, o de qualquer jovem, pois qualquer um poderia ser convocado para o Exército. A se notar, essa foi a guerra mais impopular dos Estados Unidos. Em retrospecto, vimos que os estudantes tinham razão. Não só a guerra foi perdida como também a justificativa de que era para impedir o Vietnã de ser anexado pelos chineses se revelou equivocada. Mais adiante, os próprios vietnamitas impediram militarmente a invasão chinesa.

Difícil avaliar o impacto nessa súbita confrontação política, mas o movimento *hippie* não podia deixar de ter o seu peso na atmosfera universitária. Na época, a moda se alastrava pela Califórnia, e Berkeley era o ninho de muitos *hippies*. Em grande medida, defendiam "paz e amor", *flower power* e uma vida autossuficiente em comunas isoladas. Porém, pregavam também uma forte mensagem anti-*establishment*. Desdenhavam o capitalismo e, mais ainda, os tentáculos de um governo que cerceava a liberdade dos cidadãos.

Fiquei sabendo de uma operação bem dramática que estava sendo anunciada. Perto da universidade, passava a linha de trem que trazia jovens soldados para embarcar em Oakland a caminho do Vietnã. Para protestar, alguns voluntários se dispuseram a deitar-se nos trilhos para impedir a passagem do trem. Naturalmente, era um espetáculo que eu não queria perder. Fiquei empoleirado em uma cerca, observando os acontecimentos. Logo veio o trem, devagar. Ao se aproximar dos futuros mártires, eis que um cano instalado na frente da locomotiva solta uma forte baforada de vapor. O calor foi suficiente para alterar os planos suicidas, e os manifestantes deram pulos, fugindo daquele bafo escaldante. Derrota fragorosa.

Do ponto de vista da repercussão pública, o que fez mais estardalhaço foram as prisões de estudantes por desafiarem as regras da universidade. Elas ocorreram esporadicamente ao longo do ano, porém o apogeu do conflito foi em um belo dia em que 800 alunos acabaram presos. A colisão com as autoridades resultava de um desafio coletivo às regras. Obviamente, em uma universidade de elite, era conhecido o livro de Henry David Thoreau sobre desobediência civil,[8] bem como os feitos de Gandhi nessa linha. Ademais, os manifestantes não ignoravam a lei norte-americana. Propositadamente, queriam ser presos, faziam fila. Se resistissem às autoridades, isso, sim, seria um crime, mas havia a opção de *go limp*, ou

---

8   THOREAU, Henry David. **A desobediência civil**. Rio de Janeiro: Antofágica, 2022.

seja, deitavam-se no solo, faziam corpo mole e não resistiam aos policiais. Isso não é crime. Eram necessários quatro guardas para transportar cada aluno, sem que sofresse qualquer ferimento, para os ônibus escolares que haviam sido mobilizados para levá-los a um estádio esportivo, o único local suficiente para setecentos prisioneiros. As câmeras da imprensa estavam sempre ligadas. Para a polícia, foi uma operação penosa; levou o dia inteiro.

Por que isso tudo em uma universidade onde não faltava nada? Havia dinheiro, o *campus* era acolhedor, os professores se ombreavam aos melhores do mundo. Para falar apenas dos mestres que tive, dois ganharam o Prêmio Nobel de Economia.

Como foi possível que o Free Speech Movement tenha acontecido sob a gestão de Clark Kerr, um presidente que defendia a liberdade de expressão?

Talvez a resposta esteja em um pensamento dele, um acadêmico conhecido e respeitado, com vários livros e artigos sobre ensino superior. De Kerr ficou conhecida a ideia de que não é missão das universidades tornar as ideias seguras para os estudantes, mas de tornar os estudantes seguros para enfrentar quaisquer ideias. Defendendo essa ideia, combateu os governos mais conservadores e era fichado no Federal Bureau of Investigation (FBI).

Quando lemos matérias, mais ou menos anódinas, como o verbete da Wikipedia, a questão magna das causas do conflito fica sem resposta. Como aluno da universidade, eu tinha o meu próprio diagnóstico, pois estava vivendo sob o mesmo clima que milhares de colegas. Segundo um estudo da época, os alunos se sentiam perdidos, abandonados pela instituição. Os autores quase previam a eclosão de uma crise.

A universidade cresceu, mas, no frenesi do *publish or perish*, não havia tempo para os alunos, nos sentíamos ignorados. E, claramente, tal percepção não era sem suas razões. Na maioria das universidades de pesquisa, cada turma de doutoramento costumava ter uma ou duas dúzias de alunos, se tanto. Minha turma de Teoria Microeconômica tinha 110!

Na tradição norte-americana, os professores dedicam, pelo menos, um tempo predeterminado para atender aos alunos. No doutorado, tende a haver contatos ainda mais frequentes. Pois bem, os dois professores dessa disciplina dedicavam, cada um, uma hora semanal para receber alunos. Ou seja, a cada aluno correspondia um minuto de atendimento. Isso era feito em uma sala enorme, com muitas escrivaninhas e uma fileira de cadeiras para os alunos na fila de atendimento. A recepção a eles era gélida. Tentei uma vez ser atendido por um professor que mais parecia uma esfinge.

Nas conversas inevitáveis sobre a escolha da tese de doutoramento, a preocupação maior não era escolher um assunto, mas achar alguém que se dispusesse a orientar alguma tese, fosse lá qual fosse o tema. Ou seja, tratava-se de mendigar um orientador.

A indiferença dos professores se tornou endêmica. A impessoalidade gerada pelo enorme número de alunos era desculpa para dedicar ainda menos tempo a eles. Na graduação, alguns cursos iniciais, como Introdução à Teoria Econômica, tinham mais de mil alunos inscritos. Não cabendo em uma única sala, os que sobravam assistiam em outras por meio de vídeos de circuito fechado.

Para lidar com essa quantidade de estudantes, cada uma das disciplinas introdutórias tinha mais de uma dúzia de professores assistentes que eram estudantes de doutoramento necessitando fundos para financiar os estudos. Mas o problema desses assistentes era o mesmo do dos professores. À boca pequena, falava-se de uma fórmula, dita infalível. Ao serem questionados pelos primeiranistas, respondiam com equações matemáticas incompreensíveis. Assim, se desvencilhavam dos perguntadores.

Antes de ir para Berkeley, havia conhecido um professor australiano. Contou-me que seria professor visitante no departamento de história da universidade. Por acaso, cruzei com ele no *campus*. Mencionou que, após três meses de aula, ainda não havia sido recebido pelo chefe do seu departamento. O "cada um por si" era endêmico, mesmo para professores.

Aí estava a minha explicação para o abalo sísmico de Berkeley. A fúria para expandir as pesquisas deu-se às expensas de um tratamento pouco cuidadoso dos alunos. O distanciamento deles virou prática coletiva do corpo docente. Abandonados, os estudantes estavam insatisfeitos, frustrados e alienados. Nesse clima, criava-se o caldo de cultura para o que sucedeu. Como dito, não havia falhas com a qualidade dos professores ou mesmo com suas aulas. Uns mais cuidadosos, outros menos, mas eram todos de primeira linha.

Fiz um curso muito atraente sobre desenvolvimento econômico. Curioso o cacoete do professor. Ministrava todas as suas aulas com o cachimbo na mão. Jamais o acendeu. Não levava fumo nem fósforos.

Claro, nem todos os professores eram excelentes em sala de aula. O professor de Econometria era uma lástima. Jovem, recém-formado, transbordava teoria, mas acho que ela ainda não estava bem digerida, e, assim, suas aulas eram péssimas.

Curiosidade. O ensino norte-americano encoraja os alunos a fazerem cursos em outras áreas, até bem diferentes. Para completar os créditos do semestre, fiz um curso de vôlei. Duas vezes por semana, jogava em uma quadra da universidade. Caso similar foi o de um colega boliviano no doutorado de Vanderbilt. Em paralelo às rarefeitas teorias econômicas, fazia créditos em um curso de violino. Fiz também um curso com quem, até então, apenas Mário Henrique Simonsen rivalizava. Era brilhante, preciso e muito criativo. Deu duas aulas sobre o uso das ferramentas analíticas da economia para estudar educação. Ao fim da segunda aula, encantado, decidi que iria me especializar nisso, na tese e na vida profissional. E, assim fiz, desde então.

O professor que deu as tais duas aulas que reviraram de pernas para o ar minha direção acadêmica era Amartya Sen. Em 1998, encontro-me em Estocolmo jantando justamente com Torsten Husén, educador celebrado e membro da Academia Real de Ciências da Suécia. Lá para as tantas, pergunto a Husén quando iriam dar um Prêmio Nobel para Amartya Sen. Fiquei surpreso com sua reação. Sorriu amarelo e não me respondeu. Ora vejam, parecia tão educado e gentil! Duas semanas depois, entendi o seu embaraço, pois foi anunciado o prêmio para Sen. Ele não podia revelar e não quis mentir.

Para mim, 1964 foi um ano sofrido, em que pese o gosto de ouvir professores tão interessantes e inspirados. Quanto às manifestações e brigalhadas, depois de observar tais movimentos no Brasil, até que era interessante vê-los no Primeiro Mundo como novidade absoluta. Era um *déjà-vu* ocorrendo no Olimpo acadêmico.

Minhas notas não eram brilhantes, mas totalmente dentro do aceitável. Em Berkeley, os exames de qualificação para o doutoramento eram os próprios exames do curso de Teoria Econômica ao final de cada semestre.

Prova em um sábado. Contava perguntar a um colega sueco em que sala seria, mas ele já havia saído. Sábado, o departamento estava fechado. O *campus* tem centenas de salas de aula. O departamento usava umas tantas em prédios diferentes. Resolvi checar uma por uma. Em vez de andar, passei a correr. Fracassei. Como última cartada, voltei ao departamento e, através da porta de vidro, li a identificação da sala. Corrida desabalada. Cheguei com mais de 45 minutos de atraso, esbaforido e com os nervos sacudidos. Com bem menos tempo e com afobação, acabei por tirar um "C mais". Estava até melhor do que poderia esperar. Estudei muito no semestre seguinte para compensar. Consegui um "A menos", grande sucesso.

Contudo, minha média global estava periclitante. Diante da situação, fui ver o chefe do departamento. Estava ele a uns poucos metros da secretária que me atendeu. Ao me ver, virou-se para ela dizendo que não estava disponível.

E aí? Ralar para sobreviver no programa? Se conseguisse, iria fazer uma tese sobre algum assunto que não me interessava. Liguei para Werner Baer, que estava em Vanderbilt. Contei o caso. Logo me disse: "Venha para cá. Vou confirmar com o chefe do departamento, mas não vejo problemas". No nosso mundo, sem papel passado, nada feito. Mas, se o Werner assegura ao chefe do departamento que eu me sairia bem, isso era tudo. Nem sequer gastei tempo com documentos ou papelada.

Perder o papelzinho com o número da sala da prova mudou minha trajetória acadêmica. Para melhor. Em retrospecto, bendito o "C mais"! Vanderbilt ofereceu-me condições que jamais Berkeley me proporcionaria. Assim terminou meu ano letivo em Berkeley. A Califórnia é meu Estado preferido, pela sua beleza natural e pelo ambiente descontraído, mas pouco pude desfrutar do que oferecia.

Academicamente, vivi o ano mais sofrido da minha vida. A confusão, o ambiente conturbado e a distância entre a universidade e seus alunos azedaram minha experiência.

Paradoxalmente, a lição que mais profundamente me marcou em Berkeley não foi aprendida nos cursos aos quais assisti. O movimento *hippie* desabrochava. Chegava com uma forte carga anticapitalista e antiautoridade. Além disso, trazia a mensagem da ecologia, conceito inventado por A. Humboldt, mas que havia sido esquecido. O equilíbrio ecológico e a proteção do meio ambiente eram o núcleo duro de suas crenças e pregações.

Mais ainda, em Berkeley se respirava o espírito do Sierra Club. Os devotos dessa associação eram militantes em prol do meio ambiente. Aliás, devotos muito barulhentos e visíveis. Pela via de contatos pessoais, fui exposto às ruminações e pregações de ambientalistas. Era a descoberta de um mundo cuja importância eu desconhecia. Aluno de grandes estrelas da economia, o que me marcou na passagem pela Califórnia não aprendi com eles, mas com um bando alegre de *hippies* e com os fervorosos militantes do Sierra Club.

Nas férias, antes de partir para Vanderbilt, matriculei-me no curso de Demografia Histórica, ministrado pelo professor italiano Carlo M. Cipola. Andava sempre impecavelmente vestido, estilo italiano. Como um semestre ensinava em Berkeley, e o outro, na Itália, mantinha seu relógio no horário de Roma. Na última aula do seu curso, solicitou para cada aluno levar um vinho, escolhido por ele. Tivemos as explicações e degustamos todas as garrafas. Foi necessário um professor italiano para nos permitir a única experiência de dialogar com um membro do corpo docente.

Bem mais tarde, Cipola escreveu um livrinho delicioso, mostrando que uma pessoa estúpida é aquela que consegue gerar um dano a outra sem que disso resulte em vantagem para si. Vale a leitura.[9]

Em compasso de espera, até terminarem as férias, recebi um telegrama de um senhor Berwick. Logo fiz a conexão: era o pai da namorada que havia deixado ao me mudar do Atlântico para o Pacífico. Perguntava se eu gostaria de *spend a fortnight* (quinze dias) nos *Reader's Digest*. Notei o preciosismo da redação, pois a palavra *forthnight* é bastante literária; vê-la em um mundano telegrama anunciava alguma coisa peculiar. Ele queria que eu fosse lá para opinar sobre a edição brasileira. Afinal, por que não?

A história do *Reader's Digest* é bem curiosa. Em 1922, o casal DeWitt Wallace deu-se conta de que boas leituras e boas ideias permaneciam fora do alcance da maioria dos norte-americanos por estarem espalhadas em centenas de publicações e serem elas de difícil leitura. Nasceu aí a ideia de traduzir tais matérias para um estilo mais simples e mais direto, relatando avanços na ciência e em muitos outros campos. Igualmente, publicaria, em versão mais simples, obras clássicas da literatura. Nessa nova apresentação, todos poderiam e quereriam ler os clássicos. Nessas versões, era vedado o uso de palavras complicadas. As matérias deveriam ser simples, mas não simplistas.

---

9   CIPOLA, Carlo M. **The basic laws of human stupidity**. New York: Doubleday, 2021.

Grande sucesso. A tiragem em inglês chegou a atingir 17 milhões. Mais adiante, foi traduzida para 34 línguas. Para alguns intelectuais, era a falsa cultura. Contudo, é instrutivo ler a carta de Aldous Huxley, publicada na década de 1930, na qual saudava a iniciativa.

Desembarquei no escritório de Mr. Berwick, redator-chefe da edição internacional. Reinava uma controvérsia azeda. A edição brasileira havia começado a publicar matérias produzidas no país em vez de meramente traduzir as norte-americanas. E havia a suspeita de que as traduções fossem de má qualidade. Ou seja, toda a atenção estaria indo para a produção local. Mas quem poderia verificar isso?

Já que Mr. Berwick era graduado de Yale, por que não convidar o ex-namorado da filha, também da mesma universidade, para avaliar a qualidade dessas traduções? Se eu era de Yale, tinha que ser confiável.

Recebi pilhas de revistas em português de vários anos. De fato, foi fácil verificar que as traduções estavam eivadas de erros e deselegâncias; a hipótese de Mr. Berwick estava certa. Assim, fui um pivô na batalha que estava ocorrendo entre Pleasantville (então sede do *Reader's Digest*) e Brasil. Contudo, não cheguei a ter notícia de como avançaram os estranhamentos. Apenas sabia que Mr. Berwick era duro e mandão.

Foi dessa maneira que entendi algo da lógica da revista e das forças subterrâneas que geravam estática na organização. Havia um aspecto que prejudicou sobremaneira sua reputação no Brasil. Em plena Guerra Fria, o casal Wallace era radicalmente de direita, e sua santa e explícita missão era publicar artigos que exaltassem o capitalismo e execrassem o comunismo. Nas minhas leituras, vi alguns que beiravam o ridículo pela sua ingenuidade e pelas narrativas bobocas. Em contraste com o rigor das matérias científicas, as histórias políticas eram quase contos de fadas. Eram primárias.

Suspeito de que o corpo de redatores da revista não via com bons olhos essa cruzada ideológica. Mas era uma questão fechada para os donos. E, por isso, a revista foi muito prejudicada por esse lado ideológico exacerbado.

Diante de tão ingênuas narrativas, era inevitável a rejeição no Brasil e em outros países. Os excelentes jornalistas – provavelmente, muito mais de esquerda do que de direita – eram obrigados a publicar tais matérias. *Seleções do Reader's Digest* ainda é publicado em português e em mais 17 línguas. Mas foi, progressivamente, murchando.

Terminaram as duas semanas. Voltando para casa, começo a preparar a viagem para Nashville, meu próximo destino, onde se localiza a Universidade Vanderbilt. Acompanhava-me minha namorada norte-americana que, em breve, se tornaria minha esposa.

Não posso deixar de louvar a funcionária da Usaid, encarregada de administrar minha bolsa de estudos. Pela segunda vez, comunicava a ela minha iminente mudança de universidade, já *fait accompli*. Merece meus aplausos e agradecimentos. Demonstrou que os burocratas não são tão malvados e inflexíveis.

Foi meu azar ir para Berkeley no ano do Free Speech Movement e das explosões do que tornaram o *campus* tão tóxico. No desenlace, perdi tempo, mas saí ganhando. Aprendi muito. Contudo, não imagino que, nos anos subsequentes, pudesse ter as oportunidades de crescimento que tive em Vanderbilt, com seu ambiente muito mais acolhedor e a enorme disponibilidade dos professores.

MINHA EPIFANIA ACADÊMICA EM VANDERBILT

Ao chegar aos Estados Unidos, a loteria do destino me levou à Costa Leste, aterrissando em uma das mais aristocráticas instituições de ensino. Em seguida, minha obediente motocicleta levou-me para a outra ponta do país, a região da baía de São Francisco. Em uma terceira migração, no final de 1965, fui para Nashville, bem no centro dos Estados Unidos.

As universidades têm endereços, e a natureza desse entorno traz as suas consequências. Em alguns casos, o ensino superior pode estar em pequenas cidades cujas economia e vida gravitam em torno delas. Como é o caso de Middlebury College, na beirada de um vilarejo perdido no meio dos campos ondulantes de Vermont. Com apenas 7 mil habitantes, a cidade tem três galerias de arte de alto padrão.

Vanderbilt está em Nashville, uma cidade com três vocações, três almas, bastante distintas. É uma cidade estudantil, chamada de Atenas do Sul, com 15 *colleges* e 5 *community colleges*. Além disso, é a pátria da Grand Ole Opry – *opry*, contração de *opera* –, o epicentro da *country music*. Em terceiro lugar, é a maior concentração de sedes de denominações protestantes.

O Tennessee é um Estado considerado limítrofe. Não é o Deep South, bem mais atrasado e problemático. Mas ainda é Sul. Nashville, a capital, é dinâmica e moderna. Estava em pleno ciclo de modernização e industrialização.

Sendo um conglomerado de "vaticanos", era enorme a quantidade de igrejas. Provavelmente por isso foi palco de uma das ações legais de maior estardalhaço nacional, o chamado Scopes Trial. No ano de 1925, foi proibido no Estado o ensino da teoria da evolução, de Darwin. Uma lei tão obscurantista não podia deixar de gerar esforços para a sua revogação.Um certo Mr. Scopes era um mero professor de biologia. No entanto, foi escolhido para, desafiando a lei, ensinar a teoria proibida. Mas foi perdida a ação, popularmente conhecida como Monkey Trial, alusiva à ideia de que o homem seria descendente dos macacos – como se sabe, jamais Darwin disse isso.

Quando cheguei a Vanderbilt, ainda estava vigente essa lei. Meio assustado com a situação, corri à biblioteca para procurar os livros de Darwin. Ali estavam, com óbvios sinais do manuseio frequente pelos alunos. A proibição havia se tornado letra morta, mas se revelou um embaraço para quase todo mundo. Finalmente, em 1967, quando eu ainda morava lá, foi revogada a lei.

Sobreviveu por 42 anos. Há um princípio conhecido na ciência política segundo o qual, diante de uma maioria mornamente contra e uma minoria fervorosamente a favor, a maioria tende a perder. O barulho e a mobilização dos fundamentalistas a favor da lei não encontravam na população uma mobilização política capaz de enfrentá-la. Levou tempo para a sua revogação.

Nashville tinha um outro mundo, totalmente isolado da torre de marfim de Vanderbilt. Lá estava a Grand Ole Opry, o mais consagrado palco de *country music*. No estacionamento do apartamento que aluguei, costumava aparecer um carro que tinha, como para-choque, um gigantesco chifre de boi. As maçanetas das portas e o câmbio eram reproduções de revólveres.

Fui duas vezes à Grand Ole Opry. Era uma igreja transformada em auditório, ainda com os bancos compridos de madeira. No palco, apresentavam-se conjuntos geralmente com vocalistas, guitarra, rabeca e banjo. Quando terminava a apresentação de um grupo, alguém levantava um cartaz escrito *Applause*. Os fazendeiros, de macacão e camisa xadrez, ficavam deslumbrados com a música e com o ambiente. Aliás, eram todos brancos. Negros nunca se aproximaram desse estilo musical. Talvez por isso seja tão sem graça.

Participava ativamente dos shows uma certa Minnie Pearl, vestida como caipira (nos chapéus que portava, ainda pendia a etiqueta da loja). Contava casos de seus parentes, ainda mais caipiras.

Em uma ocasião, fui convidado para almoçar no Country Club, o local mais exclusivo de Nashville. Pois não é que lá estava ela, elegante e bem-vestida? Era uma mulher de família rica, membro da alta sociedade. Por cinquenta anos, essa refinada senhora frequentou os palcos da Grand Ole Opry.

Atualmente, a música em Nashville tornou-se uma indústria todo-poderosa, com auditórios, *halls of fame*, restaurantes, museus e uma gigantesca coleção de estúdios de gravação.

A cidade tinha seu bairro de negros. Não era horrível, mas a diferença era visível. O Tennessee nunca teve as manifestações de violência racial como havia nos outros estados sulinos. Havia racismo, mas atenuado. Porém ainda persistiam manifestações subterrâneas, apesar da Lei dos Direitos Civis.

Em uma ocasião, o departamento de português convidou João do Vale para cantar. Após a sua apresentação, ficou acertado que, no dia seguinte, ele iria preparar uma feijoada no meu apartamento. Em meio aos preparativos da refeição, aparece a síndica, muito assustada. Temia que os vizinhos fossem reclamar da presença de um negro na minha casa. Fuzilei: se houver qualquer ruído, ligo para o *New York Times* e para o departamento jurídico de Vanderbilt. Sendo ela enfermeira da universidade, viu-se encurralada.

Vivia-se um momento tenso diante da pouca presença de negros nas universidades de alto prestígio. Pretendiam-se atrair negros academicamente sólidos, e – Aleluia! – Vanderbilt matriculou um excelente candidato de Botsuana. Mas eis que chega o moço. Era bom aluno, porém branco, louro e de olhos azuis.

O que são Harvard e Yale para a aristocracia da Nova Inglaterra, Vanderbilt é para a juventude tradicional do Velho Sul. Isso pode ser notado no fato de a universidade ser o destino favorito das *southern belles*, que denomina as moçoilas ricas ou riquíssimas dos estados sulinos, sempre empoadas e bem-vestidas.

No meu tempo de aluno, do outro lado da rua, estava o Peabody College, também prestigioso. Ambos tinham *campi* agradáveis e formosos. Aliás, as duas instituições foram palco de uma operação muito habilidosa. Foi anunciado que Peabody seria absorvida pela Universidade do Tennessee, uma instituição séria, mas sem os toques aristocráticos tão apreciados no Sul. Pânico nos corredores, pois estaria fadada a um rebaixamento social. Mas eis que a notícia verdadeira é anunciada: seria incorporada a Vanderbilt, que tem ainda mais *status*. Alívio geral! Era voz corrente, a primeira notícia foi propositadamente plantada para tornar a fusão com Vanderbilt mais palatável.

Vanderbilt é, também, uma robusta universidade de pesquisa. Em anos recentes, está em 14º lugar entre as instituições de maior prestígio. Seis Prêmios Nobel estão associados ao seu nome. No entanto, como nas outras, graduação e pós-graduação são mundos diferentes. No *campus*, os espaços são plenamente compartilhados. Todos se cruzam com todos, mas não se mesclam. Não há animosidades, tampouco se vence a distância sociológica entre os dois grupos.

O departamento de economia era sólido, mas irregular. Havia excelentes economistas, como o Rendigs Fels, ex-presidente da American Economic Association, além de outros bem conhecidos. Alguns eram bons professores, outros eram apenas mornos. Em contraste com Harvard e Berkeley, nas quais todos os professores pesquisam e publicam, Vanderbilt tinha uns poucos apenas dedicados às salas de aula. Não vejo como uma fraqueza.

Na minha época, estava em plena operação um projeto da Usaid para trazer alunos brasileiros para o mestrado em Desenvolvimento Econômico. Se me lembro, haveria uns quinze ou vinte no programa. Os estrangeiros vinham para o mestrado, alguns poucos prosseguiam para o doutoramento. Como já tinha o mestrado, entrei como aluno regular no doutorado.

Na hora de escolher meus cursos, tentei fugir do de Estatística, apesar de a ementa sugerir que era um curso até mais elementar do que os que eu havia feito. Para conseguir a dispensa, deveria conversar com o professor Nicholas Georgescu-Roegen, doutor em Estatística Matemática pela Sorbonne, formado nos seus mais gloriosos tempos. Ainda no Brasil, ouvira falar dele. Era a assombração do departamento. Gênio, satanás, carrasco irredutível, professor dedicado aos seus alunos. Era o assunto de todos nas conversas.

Pediu-me para ver minhas anotações de aula do curso que havia feito em Berkeley. Examinou-as com cuidado, página por página. Fechou a pasta e proclamou: "Curso muito difícil. Mas será que entendeu?". Após umas poucas perguntas, demonstrou que eu não havia entendido quase nada. Se esboroa por terra mais um tijolinho da minha vaidade e arrogância. E se esfacelariam muitos outros.

O remédio era fazer o curso dele. Como anunciava na primeira aula, era um curso de estatística elementar para alunos avançados (apenas do doutoramento). Todas as fórmulas estatísticas eram construídas sem o uso da matemática. Para um estatístico matemático, era uma surpresa. Na verdade, foi o curso de estatística mais interessante e educativo que fiz. Ele contava a história dessa disciplina. Mostrava como, diante de um problema, os cientistas procuravam desenvolver ferramentas estatísticas para resolvê-lo. As fórmulas iniciais iam sendo substituídas por outras mais complexas, para que se evitassem as objeções aos modelos mais simples. E assim se construíam as fórmulas, por tentativa e erro, e não pela via de demonstrações matemáticas elegantes, como estávamos habituados. A história da estatística passava pelas mãos de pesquisadores que necessitavam boas ferramentas. As piruetas algébricas vinham depois, feitas por outros.

Nos cursos usuais, os professores gastam alguns minutos falando de média aritmética e medidas de tendência central. Ele gastou quatro horas explicando, metodicamente, os assuntos. Ao chegar às equações de regressão, descreveu os esforços de Karl Pearson para entender por que os filhos de pessoas muito altas "regridem" à média da população. Na verdade, "regressão" é a natureza do problema genético que estava sendo estudado. Nada mais.

Ao fim do curso, já chegando a regressões parciais, os professores gastam tempo explicando e derivando fórmulas. Para Georgescu, era apenas mais um passinho na busca de respostas para problemas do mundo real que, antes, estavam sendo tratados com ferramentas mais limitadas.

Era prática comum fazer o curso dele duas vezes para consolidar o aprendido. Como meus colegas, cursei no primeiro ano e repeti, como ouvinte, no segundo. Foi um dos melhores cursos que já fiz na vida, em qualquer assunto. Muitos alunos gravavam suas aulas.

Georgescu era admirado e temido. Um jovem professor, havendo feito em Vanderbilt o seu doutoramento, dizia-nos que tinha pesadelos: Georgescu vinha tomar-lhe o diploma.

Ele também ministrava o curso de Microeconomia, um pilar da nossa formação. Como meus colegas, cursei-o duas vezes, apesar de haver sido aprovado na primeira.

Em grande parte do primeiro semestre, discutia-se a teoria do valor-trabalho de Marx. Na prova final, recebemos apenas duas questões. Como devíamos ler o livro do filósofo Karl Kautsky sobre o assunto, uma das perguntas se referia a uma nota de rodapé na qual o autor cita uma controvérsia entre os economistas Eugen von Böhm-Bawerk e Nassau William Senior. Pedia que comentássemos.

É óbvio, nem sequer havíamos notado o tal rodapé. Mas eis que, na primeira aula do segundo semestre, ele explicou que toda a teoria do valor-trabalho defendida no livro caía por terra na argumentação daquela nota. Truculenta lição da importância de uma leitura cuidadosa!

Nos anos em que estive em Vanderbilt, Georgescu estava trabalhando na fusão da Teoria Econômica com a Segunda Lei da Termodinâmica. Como dizia, os economistas não se cansam de falar na circularidade da economia. Um vende e, com o dinheiro, compra alguma coisa. E assim por diante. Para ele, isso era uma ilusão nociva. Pela Segunda Lei da Termodinâmica, a entropia é inevitável. Tudo se desfaz. Minério vira automóvel que, um dia, enferrujará. Nunca voltará a ser minério ou ferro. Sendo assim, o ciclo é unidirecional e irreversível. E os recursos são finitos. Há quem pense, se sua saúde não houvesse falhado, que ele teria ganho o Nobel. Dadas as preocupações de hoje com meio ambiente, era plausível.

De minha parte, desenvolvi com essa teoria o lado analítico, que começou em Berkeley. Casamento perfeito. Mais um tijolinho no meu lado de ecologista amador.

A forma como Georgescu conduzia sua aula era o aspecto mais aterrorizante. As explicações eram incrivelmente precisas e claras. Mas, de repente, uma pergunta. Dedo em riste, seus olhos penetrantes varriam a sala de aula em busca da vítima. Ou, então, a ordem peremptória: papel e lápis, prova surpresa.

Tratava cada aluno de maneira muito diferente, de acordo com a sua percepção do que sabiam e do seu potencial. Os fracos, tratava com particular gentileza, pois não esperava grandes coisas deles. Mas os seus melhores alunos eram massacrados para que se esforçassem mais.

Meu colega James Anderson, um dos melhores da turma, em determinada ocasião respondeu errado a uma das perguntas do professor. Vocifera Georgescu: "Mr. Anderson, após a aula, vá ao tesoureiro da universidade e peça seu dinheiro de volta. Diga-lhe que Nicholas Georgescu-Roegen atesta que o senhor não aprendeu nada no curso!". O pobre Anderson não foi ao tesoureiro; simplesmente, abandonou o doutoramento.

Eu próprio, também alvo de seu vitríolo, levei meus cascudos. Mas nem sempre. Em uma questiúncula de curvas de indiferença do consumidor, havia lido a aula anterior e ousei dizer que ele estava errado. O trovão não se fez esperar. Mas eu, realmente, achava que estava certo. Li, reli e acabei em uma loja de brinquedos, comprando massa de modelar. Com uma caixa de papelão, construí um espaço tridimensional, pelo qual poderia ver mais claramente o palco em que se passava nossa discrepância.

Tomei coragem, fui à sua sala. Não ousei levar minhas massinhas, mas tinha o gráfico no papel. Ele olhou, pensou alguns segundos e concordou que eu estava certo, e ele, errado. Na aula seguinte, mencionou a sua falha e o meu acerto com total tranquilidade.

Mas a minha grande e desagradável epifania havia ocorrido logo após o início das aulas. Estava eu na biblioteca quando ele passou. Notou a pilha de livros, à minha frente, sobre assuntos variados. Parou e examinou os livros, um por um.

E logo desabou uma das frases que mais marcaram meus anos de permanência nos Estados Unidos. "Mr. Castro, *o senhor lê demais e entende de menos!*". Ele havia posto o dedo na chaga. Era meu pecado de bolsista endeusado. Com todos os seus méritos, o ensino na faculdade não ia ao âmago das questões, ficava na superfície, no palavrório. Eu era seu produto, com suas forças e, no caso, com suas penosas limitações.

Havia que me curar da superficialidade. Havia que penetrar mais a fundo naquilo que tentava entender. Essa foi a mensagem que entrevia desde Yale. Não obstante, é mais fácil chegar ao diagnóstico do que se curar da doença. Sofri para expurgar esse veneno analítico.

Pensando nas duas universidades em que havia estudado antes, o imenso contraste era com o desvelo com que éramos tratados em Vanderbilt. O caso anterior é um exemplo rematado de professor preocupado com seus alunos.

Também havia ocasiões em que, comendo na cafeteria, por vezes chegava um dos professores pedindo licença para sentar-se. E o papo seguia com sua participação. Overton H. Taylor, respeitado professor de História do Pensamento Econômico, convidava seus alunos para jantarem em sua casa. Nessas ocasiões, fazia uma breve apresentação de flauta doce, acompanhado ao piano por sua mulher.

Não havia *office hours* formalizadas. Os professores nos recebiam em seus gabinetes sem demonstrar qualquer enfado ou impaciência. Não me considero particularmente vulnerável ou inseguro, mas atesto que essa atenção pessoal fez toda a diferença. Ouvir uma conferência brilhante de um futuro Prêmio Nobel é instrutivo e pode ser inesquecível. No entanto, a verdadeira educação tem também que penetrar mais fundo, sacudir as emoções. Parece discurso de pedagogo, mas vivi isso.

Fiz um *minor* (especialização em outra ciência) em Desenvolvimento Político. Uma das disciplinas se dava em uma salinha com oito alunos e o professor. Por razões esquecidas, todos fumávamos charutos, complementando o cachimbo do docente. Com a janela fechada, em silêncio, sofriam os pulmões da única aluna. Como mudaram os tempos!

Para um estudante, eu morava bem. Cozinhava ou sofria com a culinária do *campus*. Divertimentos? Próximo de zero. Mas é assim para todos os que se embrenham no mundo acadêmico.

Passando pelos fundos da livraria da universidade, deparei-me com uma caçamba cheia de livros. Todos novinhos, mas faltando as capas. Se aquilo era lixo, levar alguns para casa não seria pecado. Havia vários, bem interessantes. Descobri, mais tarde, que eram livros em consignação encalhados. A editora pede que devolva apenas a capa, para economizar no frete. É o crônico desperdício da sociedade norte-americana. Parece um mal incurável.

Ao fim do segundo ano, viriam os exames finais com todas as liturgias do passado. Era o término da epopeia, uma prova de cada disciplina do currículo. Pela tradição, esse exame não tinha bibliografia; devíamos responder sobre aqueles conhecimentos importantes nas ciências econômicas. Na prática, acabava sendo perguntado o que os professores haviam discutido em sala de aula. Mas era ameaçador.

Fazíamos as provas em uma sala, em torno de uma única mesa. O professor entregava as avaliações. Perguntava se tínhamos alguma dúvida. Informava que, se precisássemos, estaria em seu gabinete à nossa disposição. Funcionava o conhecido *honor code*. Assinávamos que não colaríamos nem passaríamos cola. E mais, denunciaríamos quem se desviasse desse comportamento. No gigantesco sistema de ensino superior norte-americano, tais regras podiam, às vezes, resvalar. Porém, em universidades de elite, a tradição de obedecê-las era cumprida à risca.

O tempo disponível para fazer a avaliação era de umas três ou quatro horas. Passada uma hora e tanto, íamos todos para a cafeteria para espairecer. Nem uma palavra era trocada sobre a prova.

Passei, razoavelmente bem. Em seguida, vinha o ápice: a prova oral. Oito professores em um lado da sala, a pobre vítima, do outro, em uma liturgia que podia durar quatro horas. Quem fracassasse sairia da universidade de mãos abanando. Vários anos perdidos! Se tanto, ganharia um mestrado como prêmio de consolação.

Vagando pelos corredores, esperando a minha vez, sumiu minha voz. Cruzei com um conhecido que me perguntou se estava bem. Senti-me até ofendido com a pergunta, afinal como poderia estar bem? Chegou a hora. A voz voltou, plena. Entrei na sala dos carrascos absolutamente frio e composto. Vinham as perguntas aos borbotões. Sinceramente, creio que não deixei de contestar a uma única que conhecesse a resposta.

Olhava para o professor perguntador. Mas a resposta não era para ele, mas para Georgescu. Media minhas palavras e dizia tudo com o excesso de rigor e detalhamento que ele exigia.

A prova até que estava indo bem. Porém veio uma questão de Teoria do Investimento. Raciocinei certo, com um exemplo numérico. A resposta estava lá, meridianamente clara. Era o resultado da divisão de 10 mil por 5. Mas o professor exigia o resultado da divisão. Estava acima das minhas forças. Não sei fazer contas e, ainda menos, sob tensão. Bem-humorado, o professor deu um risinho e exclamou: "De fato, essa pergunta é muito difícil, vamos passar para a próxima". Em alguns momentos, penso até que tirei um PhD para poder confessar que não sei fazer contas.

O último perguntador era a fera indomável, Georgescu. No ano anterior, havia feito uma única pergunta ao candidato e deu bomba nele porque não gostou da resposta. Formulou três perguntas. A cada uma delas, fui obrigado a dizer que não sabia a resposta (e não sei até hoje). Em uma delas, citou um economista famoso que disse "No país X, eles comem tratores". Comente. Impossível.

Termina a prova. Como é de praxe, o presidente da banca pede que o aluno se retire para que os professores possam deliberar. Saí cabisbaixo e preocupado. Não levou tempo, e ele saiu da sala: "Mr. Castro, o senhor foi aprovado. É agora um aluno do doutorado".

Em retrospecto, acho eu, Georgescu estava me dizendo que, apesar de aprovado, ainda precisava aprender muito. Ele me conhecia bem, já tinha o seu juízo feito e não precisava daquela prova para quaisquer esclarecimentos adicionais. Aproveitou, então, para oferecer sua última mensagem. Em matéria de conselhos formulados de forma traumática, não me lembro de outro que se ombreasse a esse.

Era chegada a hora de pensar mais na minha tese. Já estava decidido, seria sobre Economia da Educação. Como faltavam estatísticas confiáveis, teria que conduzir uma pesquisa de campo. No departamento, havia três professores afinados com esse tema: R. Blitz, A. Finnegan e o próprio Werner Baer, que conhecia o Brasil como poucos brasileiros. Com ampla assistência dos três, trabalhei por uns tantos anos na minha tese. Que contraste com Berkeley!

Mary Jean Bowman, de Chicago, era uma das figuras mais clássicas da Economia da Educação. Blitz pediu-lhe que me recebesse, para discutir minha proposta de tese. Tomei o trem em Nashville. Viagem plácida, assim esperava. Porém desabou uma das tempestades mais memoráveis da década. O trem parou, durante horas, no meio do nada. Lentamente, foi se aproximando de Chicago. Nos grandes viadutos de acesso, víamos os milhares de carros abandonados, pois não havia como prosseguir. Era como se estivéssemos vendo uma foto, tudo parado. Chegando à cidade, nem pensar em hotéis. Liguei para Mary Jean e acabei por hospedar-me em sua casa. Foi gentil comigo e deu-me confiança nos rumos que tomava minha tese.

Pouco depois, Blitz voltou a fazer mais um pedido, dessa vez para outro professor de Chicago. Enviava a minha proposta de tese. A resposta não tardou. Considerava o que estava ali proposto um bom modelo para estudos de rendimentos associados ao nível de escolaridade. Disse que iria distribuí-la para doutorandos do departamento. Lisonjeiro, esse professor era Theodore Schultz, o patrono dos estudos sobre capital humano, que, com esse tema, ganhou o seu Nobel. Se não sou eu a me gabar, quem o fará?

Circulando pelo *campus*, via com frequência um aluno de Bangladesh, orientado por Georgescu. Era brilhante e enfrentou a fera. Tomávamos café, conversávamos fiado. Como outros colegas, meu traje era o que menos importava. Mas esse moço estava sempre com seu paletó de *tweed*, sempre de gravata. Era magro, empinadinho e até pareceria arrogante, mas não era. Pelo jeito, deveria pertencer à elite do seu país.

Muitos anos depois, eis que encontro a sua indicação para o Nobel. Chamava-se Muhammad Yunus. Tanto quanto sei, o prêmio foi merecido. Fundou o Grameen Bank, que oferece crédito a pessoas muito pobres, incapazes de dar garantias para os empréstimos desejados. Em fotos mais recentes, noto que trocou o *tweed* por batas brancas, esvoaçantes. Move-se com a leveza de um guru. Mas engordou.

Ganhei uma bolsa da Fundação Ford para coletar os dados no Brasil e, portanto, tinha que me preparar para a viagem. Vendi a moto para um vizinho. Ela prestara diversos serviços e não aparentava qualquer vulnerabilidade. Pois não é que a caixa de marchas se autodestruiu no mesmo dia em que o novo comprador tomou posse? Se ele está vivo, estou seguro de que ainda me acusa de haver vendido um veículo mecanicamente condenado.

CATANDO DADOS NO BRASIL

Minha tese versaria sobre investimentos em educação no Brasil. Porém, em vez de um estudo descontextualizado, escolhi uma cidade pequena, onde eu pudesse estudar a sua sociedade, a sua história e tudo o mais. O questionário que desenvolvi para coleta de dados sobre o salário do entrevistado incluía algumas variáveis, como a condição de sua família. Ou seja, era um estudo etnográfico, dentro do qual haveria uma análise quantitativa rigorosa dos rendimentos pessoais de uma amostra de pessoas trabalhando.

Como havia morado seis anos em Itabirito, essa cidade era a escolha óbvia, inclusive pelo tamanho, com cerca de 30 mil habitantes. A primeira providência foi usar o mapa cadastral do Instituto Brasileiro de Geografia e Estatística (IBGE) para sortear as residências que responderiam à pesquisa. Mas minha informação estava errada; esse mapa não existia.

Custei, mas achei a solução. No aeroclube de Carlos Prates (Belo Horizonte), conheci alguém que precisava acumular horas de voo. Paguei, retiramos a porta direita do Paulistinha e decolamos para Itabirito. Sobrevoando a cidade, afrouxei o cinto de segurança, saí com a metade do corpo da aeronave, apoiando o pé na longarina. Nessa posição, fotografei a cidade com a câmera na vertical.

Chegando em casa, revelei o filme e ampliei as fotos. Consegui uma seleção de imagens que cobria toda a cidade. Com uma caneta, numerei as casas. Uma tabela de números aleatórios permitiu fazer o sorteio da amostra. Os enumeradores, em vez de uma lista de endereços, levariam à própria foto do bairro onde trabalhariam. Ao final, deu certo.

Tive a feliz ideia de contratar, para a coordenação do trabalho de campo, uma senhora, filha do mais antigo farmacêutico e esposa do dono da maior farmácia da cidade. Obviamente, conhecia praticamente toda a população de Itabirito.

De quando em vez, chegavam questionários truncados. Não sendo assinados, como identificar para serem corrigidos? Fácil: trabalha no curtume e o pai é fundidor? Só pode ser o Fulano. O filho dele deve passar aqui em alguns dias, aviso para ele. Em uma feita, diante de uma declaração de renda, obviamente, subestimada, pontificou: "Ganha muito mais, vou cobrar dele uma informação mais correta".

Para confrontar os dados e os resultados, resolvi fazer uma pesquisa de campo em Belo Horizonte. Naturalmente, apenas aplicaria os questionários e usaria uma amostra bem menor.

Nessa época, tinha excelentes contatos com vários alunos da Face, da UFMG. Em particular, havia uma sólida turma de primeiro ano. Convivendo com eles era fácil vaticinar que iriam terminar o curso, fazer mestrado e seguir para o doutoramento. Dentre oito, sete confirmaram a minha predição. Alguns tiveram carreiras de projeção nacional, até ministra houve (Dorothea Werneck).

Imaginei que um grupo tão brilhante era do que eu precisava para a minha pesquisa de campo. Não poderia estar mais enganado. Eram intelectuais! Andar a pé morro acima, buscar ruas que não existem, correr de cachorro bravo... Não foi produzido um só questionário utilizável. Durou pouco a tentativa. Funcionou melhor com um grupo de moços bem mais modestos, precisando de dinheiro. Fizeram um trabalho correto.

A consistência entre os resultados de Itabirito e Belo Horizonte aumentou a confiança na análise e nas conclusões. Questionários preenchidos, hora de transferi-los para os cartões perfurados, naquela época a única forma de inserir dados nos computadores. Na faculdade, havia máquinas de perfurar, utensílio por demais ubíquo. Na época, o símbolo da modernidade era perambular com caixas que continham cartões perfurados. Tratava-se de alguém que lidava com o "cérebro eletrônico", como eram inicialmente chamados os computadores.

Nesse momento, meu trabalho tomou dois destinos diferentes. Como o questionário gerava tabulações, logo queria cruzá-las. Por exemplo, quanto ganha alguém cujo pai é analfabeto. É educação cruzada com nível de renda. A IBM tinha umas máquinas enormes e barulhentas que faziam isso com os cartões perfurados. Muitos dias passei na sua companhia.

Mas havia que calcular taxas internas de retorno e proceder a uma análise de correlação e regressão. Para isso, apenas os computadores davam conta. Na UFMG, a Escola de Engenharia tinha um que permitia acesso a pesquisadores. Era um IBM 1130. Tinha 8k de memória e ocupava o espaço de um grande guarda-roupa.

Muito frequentei os corredores e salas de espera dessa máquina assombrosa. Uma alma caridosa, um monitor de Cálculo Numérico foi de grande ajuda. Na época, fazer regressão requeria juntar algumas sub-rotinas oferecidas pela IBM, trabalho impossível para um usuário. Esse monitor, Ivan Moura Campos, anos depois criou uma empresa que foi vendida para o Google, tornando-se a sua base de pesquisa e desenvolvimento (P&D) para a América Latina.

Porém o chefe do computador, professor da Engenharia, enguiçou com a minha presença. Pendurou cartazes proibindo a minha entrada. Jamais descobri as razões da sua birra. O remédio era pegar o carro e ir para São Paulo. A Economia da Universidade de São Paulo (USP) também tinha um

1130; aliás, um 1130 envenenado, com 16k. Foram sempre muito gentis e solícitos.

No final dos anos 1960, as movimentações estudantis geravam confrontações ruidosas com a polícia. Ocasionalmente, alguns levavam uma bordoada de um novo modelo de cassetete trazido pela Central Intelligence Agency (CIA), bem mais longo. A única arma dos alunos eram os estilingues.

Outro aspecto das batalhas é que não deixavam de ser lutas de classe. Marx fala do proletariado contra a burguesia. Mas ali havia uma inversão. O poder instituído era representado pelos soldados da Polícia Militar, todos proletários. E a ameaça a ele eram os estudantes universitários, a burguesia.

A VOLTA PARA A DEFESA DA TESE

Após um ano de trabalho, era hora de voltar para Vanderbilt. O que prometia ser um voo banal revelou-se um evento de grandes emoções. De roupas, não tinha quase nada para levar. Porém os cartões e as muitas resmas de papel ocupavam quase toda a mala. Eram o resultado de um ano de trabalho. Pois não é que a mala sumiu?

Sem mala, sem tese.

Após um período de tensão, ela foi encontrada na outra ponta dos Estados Unidos.

Recuperado da inesperada aventura, faltava apenas arrematar a tese. Quem sabe em um mês? Todavia, um erro clássico é subestimar o tempo. Chegando em Nashville, lá pelo final do verão, aluguei um quartinho barato bem perto do *campus*. Na ficha que preenchi para alugá-lo, estava escrito a lápis: *No heat*. Por não ter aquecimento, o valor do aluguel era modesto. Mas isso não me interessava, pois acreditava que em um par de semanas defenderia a tese e voltaria para casa.

O par de semanas foi virando meses, outono virou inverno e o *No heat* mostrou a sua cara. Um dia, o azeite de oliva congelou dentro da garrafa. Um tempo depois, foi a vez do óleo de cozinha. Acordei um dia descobrindo que a água no fundo da privada havia congelado.

Dormia em uma cama de campanha, com um cobertor elétrico dentro. Certa vez, em meio a uma nevasca, voltei para casa, sentei-me na cama e bati uma botina na outra para soltar a neve a elas presa. No dia seguinte, a neve caída no assoalho ainda não havia derretido.

Minha resistência física de ter que estudar de luvas, cachecol, sobretudo e chapéu acabou. Desisti. Fui morar na sala do apartamento de dois brasileiros que faziam mestrado. A casa era uma bagunça incurável, mas o ambiente era simpático. Como uma longa sequência de brasileiros viveu lá, os que voltavam para o Brasil tinham a quem doar os utensílios domésticos, formando uma coleção de pratos bem impressionante.

Tínhamos um trato: eu cozinhava – a essas alturas, minha culinária já era bem respeitável – e os outros dois se revezariam na lavagem da louça. Mas não deu muito certo. No dia de um lavar, ele resolvia comer na cafeteria. No dia seguinte, era vez de quem? Assim, os pratos sujos iam se acumulando, e o suprimento dos limpos era quase infinito. Só se materializava o impasse final quando os pratos ultrapassavam a altura da torneira, impedindo o seu uso.

Como ninguém transigia, não havia senão uma saída: um deles convidaria sua namorada para visitá-lo. Como não suportava bagunça na cozinha, ela começava a praguejar em um crescendo até que não aguentava mais e acabava lavando todos os pratos, praguejando ainda mais.

A casa operava em horários improváveis. Um só ia dormir depois de 2 horas da manhã. Outro esperava chegar o jornal da manhã antes de ir para a cama. Meus horários eram bem mais convencionais. Por volta da meia-noite, estávamos todos despertos. Em uma dessas ocasiões, após o jantar, conversávamos alegremente em torno da mesa da copa. Senti, então, alguém me tocando no ombro. Era um policial. A porta estava aberta, e ele entrou. De forma até amigável, disse que o velho da casa ao lado estava reclamando. Seria melhor falar mais baixo para evitar uma queixa formal.

A tese caminhava, mas tive que cortar um terço das páginas. Os três orientadores ajudavam, mesmo sendo inflexíveis nas suas exigências. De brincadeira, mostrei para eles uma notícia de jornal: um doutorando insatisfeito entra na sala da congregação com uma pistola e fuzila um de seus orientadores, pula uns tantos e fuzila o segundo. O fim se aproxima. Um dos orientadores queria aprovar logo, como estava. Outro, não. Acabaram brigando sério. Nunca mais se falaram.

***

Aqui vale um comentário sobre a diferença entre o estilo europeu e o norte-americano. Na Europa, a defesa é um grande espetáculo. Vai mãe, namorada, amante, tia e amigas. A eloquência é parte da liturgia. Pela tradição, os membros da banca não reprovam a tese. No máximo, alguns criticam, com discursos inflamados. Afinal, a defesa é apenas um momento teatral.

Nos anos 1980, participei da banca de duas teses de doutoramento, da Universidade de Lyon e da de Genebra. Ambas altamente respeitáveis. Não aceitaria qualquer das duas como dissertações de mestrado de meus orientandos, mas tive que engolir a farsa. Como me explicaram, eram latino-americanos. Estava bem para eles, seriam úteis no seu país. Mas, na verdade, a ruindade do trabalho resultava da falta de orientação. Na Europa, o tempo que os orientadores costumam dedicar às teses é muito curto.

A Europa vem de uma tradição em que o doutorado era uma prova, e não um curso. A ideia de haver um orientador é uma pequena concessão às modernidades. Em certa medida, o sistema europeu se americanizou, mas não tanto.

Em contraste, o sistema norte-americano é concebido como um curso, e não como um concurso. Começa com dois anos de aulas, e espera-se que a universidade ofereça um forte apoio ao aluno, com os orientadores trabalhando juntos desde o início da tese. Sendo assim, a defesa é anticlimática. Só ocorre quando está toda a banca de acordo. Se foi marcada a defesa, é porque está pronta e, informalmente, aprovada. A defesa é um evento aberto a visitantes, mas eles não costumam aparecer, pois é uma reunião chata e sem surpresas. Como espera-se alguma discussão, há uma troca de ideias despreocupada. Logo, assinam-se os papéis de aprovação.

O Brasil adotou o sistema norte-americano. Contudo, na defesa da tese ou da dissertação, ainda sobrevivem alguns traços europeus. Compareceu a família e são feitos discursos.

***

Aprovada a tese, hora de retornar à pátria. Na época, em 1971, o governo brasileiro, assustado com o *brain drain* de seus cientistas – apesar de pesquisas subsequentes terem demonstrado que o Brasil não estava perdendo cientistas – e para estimular o retorno deles, emitiu um decreto permitindo que os brasileiros trouxessem todos os seus pertences sem pagamento de imposto. A lei abrangia modestos doutorandos como eu. Pena, era pobrezinho o meu patrimônio.

Não podíamos trazer automóveis. Contudo, o documento do Itamaraty falava de autos, e não de motos. Na relação dos bens que traria para o Brasil, incluí uma motocicleta, então inexistente. Fiquei esperando. Em meados de 1971, uma semana antes do meu embarque, eis que chega o aviso do Itamaraty aprovando minha bagagem. Saí correndo para comprar uma moto usada. Comprei uma Suzuki 250cc, já prevendo uma crise na alfândega do Rio, pois havia listado uma Yamaha. Em um caixote bem grande, comprado de segunda mão, enfiei tudo lá dentro, moto inclusive. Chegando ao Brasil, a alfândega notou o engano e apenas retificou o documento. Essa Suzuki prestou bons serviços por longos anos.

Terminara minha carreira de estudante nos Estados Unidos. Interessante, por vezes sofrida, mas de utilidade indisputável na minha formação. Intelectualmente, me tornei outra pessoa. Exageradamente americanizado? Talvez.

Tinha uma mulher norte-americana, artista plástica e ilustradora. Veio comigo para o Brasil. Porém, em solo tropical, o casamento durou pouco.

A HERANÇA DAS MINHAS ESCOLAS

PARA ALGUÉM que pretende se dedicar aos misteres da pesquisa social e a dar aulas, o que me ofereceram as escolas que frequentei foi mais do que poderia esperar.

Como grande síntese, a minha dedicação aos estudos descreveu uma curva em forma de "U". Bom começo, com algum entusiasmo. Depois, descaso, desencanto. Na faculdade e na pós-graduação, volta ao empenho total, com e sem sofrimentos.

Comecei como bom aluno. No ginásio, fugi dos estudos. Tinha a vaga percepção de que ali me sonegavam a entrada no mundo fascinante das ciências. No científico (o ensino médio de hoje), um interesse apenas parcial por literatura e física. Reembarquei pela metade.

Em retrospecto, se minha carreira arribou, isso tem muitíssimo a ver com a minha família. Atualmente, fala-se muito da pressão exercida pelos pais judeus ou pelos asiáticos. Não foi meu caso. Não me lembro nem de pressões nem de perorações sobre a importância da educação. Era muito mais a emulação de membros da família, dedicados à história, ao teatro, à literatura e às artes. Foram as conversas ouvidas que fizeram a diferença. Poucas pessoas tiveram esse privilégio.

Por outro lado, essa distância da escola era mais do que compensada pelo meu mergulho nas ferramentas, nas oficinas, nos metais e madeiras. Com as mãos, via um mundo encantado. A escola era um ente subalterno. O que importava eram as atividades manuais, com suas permanentes demandas de atenção, pensamento e reflexão. Essa foi uma lição poderosa: existem atividades puramente manuais. Mas os misteres em que me envolvia exigiam também a cabeça.

Ao terminar o científico, virei a chave. Entrei para uma faculdade de economia efervescente e altamente motivada. Como bolsista, passava lá o dia inteiro. Mergulhei nas teorias dos economistas. Não obstante, continuei com minha oficina, construindo e consertando. Essa dualidade me seguiu pela vida.

A ida para os Estados Unidos foi fundamental. Aterrissei no centro nevrálgico da melhor vida intelectual daquele país. Aprendi muito, estudei muito. Porém foi penoso deixar de ser aquele aluno incensado pelo sucesso em meio à indisputável superficialidade vigente. Apanhei, quase soçobrei no sistema norte-americano. No entanto, do ponto de vista intelectual, renasci com mais respeito e apreço pela profundidade e pela dedicação ao cerne das explicações teóricas oferecidas. Voltei preparado para uma carreira de pesquisador e professor. Era isso que queria. O que mais me serviu foi a maior capacidade de aprender sobre múltiplos assuntos.

Olhando para os vinte e tantos anos que passei estudando, consegui superar as perdas sofridas por ter estudado em colégios fracos. Com considerável sacrifício, aprendi a ser mais assíduo nos estudos e a ter mais sucesso nas minhas renúncias ao lazer. A falta de disciplina pessoal foi um dos maiores escolhos na minha trajetória. Segui meus instintos nas sucessivas mudanças de carreira. Mergulhei no mundo das ferramentas e das manualidades, saindo com muitos aprendizados. Sem preço. Várias vezes, optei pelo que gostava e não pelo mais confortável ou lucrativo.

Mas é preciso considerar: sorte conta. Cruzei com uma moça que acabava de desistir da prova da FGV. Tomei o seu lugar. Naquele momento, mudou tudo. E, ao longo dos anos, estava no lugar certo e na hora certa.

Fui prejudicado por frequentar escolas fracas. Minha rejeição a elas trouxe uma perda adicional. Todavia, graças a uma família com consideráveis horizontes intelectuais, pude superar as perdas. A maioria dos que tiveram carreiras semelhantes à minha tinha origens mais modestas. Perante a eles, tive pouca vantagem. Se tive algum mérito, foi fixar objetivos que iam muito além daqueles encontradiços entre os que me cercavam. Aprendi várias línguas. Optei por um mestrado e, em seguida, um doutoramento, enquanto meus pares iam para empregos fartos e bem remunerados. Ou seja, colimei objetivos de longo prazo. Investi no futuro e renunciei a um conforto imediato. Disso, posso ter algum orgulho.

Em pé de guerra com a burocracia
PARTE II

Ao longo dos anos, sempre disse o que pensava, com poucos cuidados diplomáticos. Defendo aquilo em que acredito, não jogo para a plateia. No limite, cumpro um dever de impopularidade. É óbvio, ganhei muitas cartas de leitores furiosos ao ler meus ensaios na Veja. Algumas delas, no período Capes, pois lá me meti em controvérsias ferozes.

Quê isso, chefe! Não fique triste só por tem charme mas não tem nada no mundo ma que a paz de espírito e a tranquilidade realmente faz de você uma pessoa carisr Cláudio diretor, executivo, intelectua professor e outros bichos mais. Mas o motoqueiro, atleta, escultor, fotógra Cláudio gente. Agora, os dois lados frente, bicho!!! (Sem demagogia, hei
Carinho e ar

Setor de Comunic

Geraimar
Joana

JORNAL DO BRASIL   2

O dever da

Cláudio de Moura Castro

TODA sociedade tem pessoas que passaram muitos na escola. Leram muitos livros difíceis e gastam n tempo falando do que dizem tais livros. Mas, ao inve produzirem coisas mais tangíveis, passam seu tempo curando entender como funciona o mundo à sua volta. tanto, desenvolvem férrea disciplina de trabalho intelec Não é pois de espantar que tendam a ver melhor e mais cl nossa realidade, e que vejam antes o que pessoas ocupadas em outros misteres não percebem imediatam Trata-se dos intelectuais, da intelligentzia, dos sábi pesquisadores (de acordo com as circunstâncias, cada destes termos é encômio ou ironia).

Essas pessoas tiveram o privilégio da melhor e

Com relação às declarações do Sr Claudio Moura Castro, presidente da CAPES — Coordenadoria de Aperfeiçoamento do Pessoal de Nível Superior — órgão que hoje orienta e supervisiona a política brasileira de pós-graduação, publicadas no primeiro caderno de domingo, 11/4/82, p. 4, sinto-me no dever moral de contestá-las. Faço-o na qualidade de historiadora e professora universitária de História que teve parte de sua formação nos Estados Unidos e exerceu por cinco anos o magistério na França, como professeur associé de História Moderna e do Brasil. As referidas declarações suscitam apreensão por parte daqueles que temem o domínio tecnocrático sobre o ensino e a pesquisa no campo das Ciências Sociais em geral e da História, em particular. Por outro lado, elas traduzem um acentuado preconceito no que se refere ao historiador brasileiro, à universidade francesa e, sobretudo, aos critérios de validade do conhecimento científico, fazendo reviver o velho maniqueísmo Ciências Exatas versus Ciências Humanas, bastante demodé neste momento em que as próprias convicções sobre o

---

opularidade

se rigorosa, quase clínica, da realidade política e social, :ando o determinismo e focalizando a lógica das diferentes lades... Sua obsessão era conhecer... as relações entre o ecimento e a ação" (S. Hoffman). Era um homem impa- com "meias verdades e profecias baseadas em intuições rosas mas parciais".

Para Aron, o "intelectual deve lutar, senão por objetividaque pode ser inatingível — mas pelo menos por ser ctualmente correto, que é a arte de não deixar que nossos es prejulguem as conclusões ou dominem o processo de e". Sistematicamente, denunciava os que se comprometor causas sem analisar seriamente a realidade ou as suas quências. Sua missão era "traduzir a poesia ideológica na da realidade".

Eis uma amostra de Gramsci e Aron, ilustrando o conflito.

PESQUISADOR DO IPEA, NO COVIL DO GOVERNO MILITAR

NO FERIADO da Páscoa de 1964, quando estudava em Yale, parei a moto em um bar nos cafundós de Key West. Folheava o jornalzinho da cidade. Eis que leio uma notícia de apenas duas linhas: "Militares dão golpe e assumem o governo do Brasil".

Em meados de 1971, assumia eu uma posição nesse mesmo regime militar. Um governo que controlou o país por vinte anos não pode ser descrito em meia dúzia de parágrafos. Nem sequer tentarei.

Nesses assuntos, não se pode falar de isenção ou de uma "posição equilibrada". São questões ideologicamente polarizadas, sendo até desonesto proclamar neutralidade. Que fique logo dito, sou filho e sobrinho de oficiais do Exército Brasileiro.

Minha proposta é contar o que vi, ouvi e senti. Assumi uma posição no cerne do poder, no Ipea, órgão do Ministério do Planejamento. Descrevo que observava ali, mas reconheço que havia muitos outros brasis.

Fora desse meu universo limitado, o que chamava a atenção e reverberava eram as escaramuças entre a esquerda inconformada e o aparato de segurança. Eram bem conhecidas as pancadarias e algumas confrontações sangrentas. E, além de inúteis, foram bem feias a censura intelectual e muitas prisões descabidas. Menciono esses assuntos para não parecer que os escondo. No entanto, falarei de educação, saúde, ciência e tecnologia e gestão da economia, assuntos com os quais convivia.

Era comum mencionar que, recrutando a classe média para o oficialato, a alma dos militares refletia o pensamento da classe média brasileira. Situação diferente das de Chile e Argentina, em que tiveram protagonismo oficiais de origem bem mais aristocrática. Os oficiais brasileiros compartilhavam a mesma parca atenção para os assuntos de educação. Comparando o antes e o depois, os militares não alteraram o perfil das curvas de crescimento e não introduziram, nem mais nem menos, reformas estruturais na educação. Algo paralelo ocorreu na saúde.

A ciência e a tecnologia são um caso diferente. No mapa da geopolítica, por serem áreas estratégicas para a doutrina de segurança nacional, os militares apoiaram reformas no ensino superior e na pós-graduação. E deram ampla cobertura financeira para o crescimento de todas as áreas e subáreas das ciências e do desenvolvimento tecnológico – incluindo as "politicamente perigosas". Nunca esses setores avançaram tão rápido. A existência de muitos oficiais com sólidas credenciais acadêmicas ajudou muito a impulsionar o setor.

E havia as questões econômicas. Em matéria de políticas de governo, seriam as mais controvertidas. Contudo, já vinham de muito antes, dos governos civis. É uma controvérsia que jamais se resolveu a contento. De um lado, havia a tradição desenvolvimentista, que começara na Comissão Econômica para a América Latina e o Caribe (Cepal) e contaminou os fundadores do BND (futuramente, BNDES), sob a liderança de Celso Furtado. O Ipea, de forma moderada, embarcou nela, capitaneado por Reis Velloso. A palavra *estruturalismo* também era usada para identificar esse grupo, ainda que de forma vaga. Do outro lado do muro, estavam os monetaristas. A primeira geração incluía Eugênio Gudin e Octavio Gouvêa de Bulhões, economistas de primeira hora. Com seu indisputado brilho, Mário Henrique Simonsen foi o sucessor natural. Delfim Netto pendulou de acordo com o momento, mas seus instintos eram desenvolvimentistas.

Simplificando, tratava-se de optar por mais desenvolvimento, com as trapalhadas inevitáveis de déficits, inflação e outras mazelas conhecidas. Os desenvolvimentistas achavam que valia pagar o preço para ter mais crescimento. As reformas mais ortodoxas viriam posteriormente, com o país já mais rico. Os monetaristas pregavam maior disciplina em todos os indicadores macroeconômicos, custasse o que custasse. Para eles, no longo prazo, os resultados seriam um crescimento superior.

Por um tempo, os desenvolvimentistas prevaleceram, de fato, gerando taxas de crescimento mais do que espetaculares. Porém os desacertos foram se acumulando. Quando seria chegado o momento de adotar mais disciplina na gestão da economia? Obviamente, haveria que pagar o preço, como se viu no Chile. Seria um sofrimento maior ou menor se fosse postergado?

Bons analistas da economia brasileira lidaram com esse assunto, e não se pode dizer que chegaram a um consenso.

Os militares foram, claramente, desenvolvimentistas. Seguiram nas mesmas direções de antes: era crescer e crescer. A novidade foi a forte modernização administrativa, liderada pelo Ministério do Planejamento, começando com o Ipea.

Quando vacilaram os indicadores econômicos, relutaram em aplicar uma versão ortodoxa das medidas impopulares de contenção e o penoso controle da inflação, prescritos pela teoria econômica tradicional. Algo foi feito, mas de forma menos truculenta. Aliás, Mário Henrique Simonsen, um tempo depois, quando ministro da Fazenda, pediu demissão por não encontrar clima para impor as políticas duras que achava necessárias.

Com a chegada dos militares, exceto em umas poucas áreas, quase nada mudou. Tampouco ficou diferente após a saída deles. A sociedade brasileira, com os militares, tinha pouco apetite para fazer a grande faxina no Estado que fizeram os *chicagões* no Chile – também conhecidos como *Chicago boys*. Apoiados por Augusto Pinochet, impuseram grande modernização no país à custa de pancadarias, tiros e sofrimento da população. No Brasil, houve também reformas substanciais, mas apenas no Planejamento e nas áreas próximas a ele.

O principal foco de reforma foi a transformação radical no Ministério do Planejamento. Começavam a voltar do exterior os jovens economistas. Roberto Campos andou por lá, criando o núcleo do que acabou se chamando Ipea, no qual se reuniu um grupo de pessoas bem formadas e informadas. E com o idealismo da juventude. Ali se gestavam e acompanhavam as grandes orientações para a economia e as áreas sociais.

O primeiro grupo de desenvolvimentistas era o dos fundadores do BND, intelectualmente liderado por Celso Furtado. Eram da escola francesa, mais discursiva, ou seja, muitas ideias e poucos números. O Ipea foi o natural sucessor dos desenvolvimentistas. Seus membros eram menos engajados politicamente, porém mais quantitativos. Refletiam sua formação norte-americana, mas não mostravam radicalismos em qualquer direção.

Distante dos coloridos ideológicos, no Planejamento, a meritocracia reinava de forma explícita. Parentes, afilhados e apadrinhados não tinham vez. Era como se estivesse em construção uma burocracia weberiana, racional e técnica. Ou seja, arrostava-se o velho caciquismo entranhado na cultura brasileira.

Na sua volta de Yale, Reis Velloso havia desembarcado no Ipea. Com seu jeito modesto e sua disciplina, foi ganhando espaço e subindo na hierarquia. Quando cheguei, era ele quem dirigia o instituto. Logo virou ministro. Minha relação com Velloso era boa. Porém a minha ida para o Ipea se deu por outro caminho. No meu último semestre de Vanderbilt, coincidi com Aníbal Villela, então professor visitante, que havia ocupado um cargo na diretoria do Banco Mundial e era um historiador econômico de peso.

Nessa época, o Ipea já era formado pelos melhores profissionais do país. Villela foi convidado pelo Velloso para assumir o instituto, que estava relacionado tanto a planejamento quanto a pesquisa. "Nem pensar", respondeu Aníbal. Não se dispunha a governar um bando do que chamava de *bosteadores*. Ou seja, para ele, planejamento seria uma atividade diáfana, mal definida, atraindo gente de perfil dúbio.

Se fosse para assumir alguma coisa, seria um grupo de pesquisas. E assim o Ipea foi partido em dois: Instituto de Planejamento (Iplan) e Instituto de Pesquisas (Inpes). O primeiro, bem maior, era para planejar. O outro, com umas 20 pessoas, estava voltado para pesquisa. Alguns pesquisadores vieram de fora, como foi o meu caso. Hamilton Tolosa era o número dois do Aníbal. Edmar Bacha também fazia parte do grupo. Ali estavam os três primeiros PhDs em economia do Brasil. Na equipe, também havia muitos mestres de formação norte-americana.

Cada um dos pesquisadores do Inpes tinha um único projeto. Buscavam relevância e confiabilidade técnica nos seus estudos. Eram cabeças diferentes. O pesquisador preocupa-se com o rigor metodológico, com a qualidade dos dados e com a elegância da análise. Se vier a pesquisa a ser útil, tanto melhor.

Em contraste, os planejadores se conformam com análises aproximadas ou até capengas. O que importava era a aplicação das conclusões no mundo real. Mas esses quadros foram acumulando experiência preciosa. Conheciam não só os problemas como também as pessoas que com eles lidavam nos ministérios. O Ipea virou o grande depositário de conhecimentos sobre política econômica e funcionamento da máquina administrativa do país.

Estava o Ministério do Planejamento com Velloso, e o da Fazenda, com Delfim. Obviamente, havia rivalidades. Quando nada, era a USP contra a UFRJ. O Planejamento tinha uma visão clara dos problemas, bons dados e sugestões de política. Ademais, produzia bons relatórios. Pela natureza e pela tradição do órgão, a Fazenda não dispunha de informações suficientes nesses campos, mas tinha os recursos. Mandava e desmandava. Ademais, Delfim sempre soube e gostou de mandar. Dizem, mas não posso comprovar, que a equipe do Delfim comprava as publicações do Ipea para se informar e ter ideias do que fazer. Sem dar crédito, é óbvio.

O Inpes nasceu sob a batuta de Aníbal, um homem de uma lisura moral irretocável. Não transigia. Era também impaciente ao extremo. Logo que assumiu, providenciou para que um contínuo chegasse às 6 da manhã, abrindo o escritório para ele – com sete filhos, era demais para seus nervos assistir à operação matinal de prepará-los para o colégio.

Nos seus primeiros dias, precisou ir a Brasília para conversar com Velloso. Pediu uma passagem. Apareceu no seu gabinete o chefe da administração, afirmando não ser possível, pois sua posse não havia ainda saído no *Diário Oficial*. À queima-roupa, Aníbal fuzilou: "Seu trabalho é resolver problemas, não os criar".

Lembro-me de um casinho curioso. Entendamos, no Ipea mandava a tribo dos economistas. Porém um ou outro consultor de empresas passou por suas diretorias. Um deles contratou uma empresa para fazer uma reforma administrativa que permitisse controlar o tempo dos técnicos; a ideia era mapear como cada pesquisador, a cada meia hora, usava seu tempo. Em uma reunião, soleníssima, fomos apresentados ao imponente sistema, chamado ROCROQ, sigla que nunca me dei ao trabalho de decifrar. O ROCROQ se materializava em um conjunto de formulários, um preso ao outro. Puxando por uma ponta, desdobrava-se em uma tripa de uns 2 metros de comprimento. Fiquei encantado, pendurei-o no teto do meu escritório.

Não duvido de que fosse apropriado para, digamos, um escritório de advocacia que precisa saber quantas meias horas foram alocadas para o caso do sr. X que atropelou o cachorro do vizinho. No nosso caso, cada um de nós fazia uma só pesquisa, nada mais. Passados alguns meses, tivemos uma grande reunião. Nela, a empresa consultora mostrava muitos gráficos, especificando exatamente como alocávamos o nosso tempo.

Às horas tantas, pedi a palavra. Havia feito uma apreciação de que era apropriado gastar próximo de cinco ou seis horas na minha pesquisa. O resto eram atividades variadas. Então, para cada dia da semana, somava ou subtraía uma ou duas horas dessas seis, variando sempre o número, e completava o restante das oito horas fazendo conta de chegar, com reuniões, visitantes, etc. Fazia isso, por antecipação, para cada dia da semana. Enfadado pela tarefa repetitiva, ensinei à minha secretária como operar esse algoritmo. Pelo que soube, ela ensinou a todas as outras secretárias a minha fórmula de como preencher o formulário.

Ao terminar a minha fala, faleceu o ROCROQ. Mal a reunião terminou, e não se voltou a falar nele. Mas por um tempo o formulário permaneceu pendurado no teto da minha sala. Era uma "instalação" de arte contemporânea.

Antes de assumir, Aníbal queria garantia de que não desembarcariam no seu pequeno grupo apadrinhados ou pessoas que não fossem da sua escolha. Velloso, nada dado a tais derrapagens, prometeu que assim seria. Passam-se alguns meses, e Velloso pede a Aníbal que entreviste uma pessoa. O visitante foi bem recebido e convidado para um gentil almoço. Lá pela tarde, liga o ministro perguntando se tinha um lugar para ele. A resposta foi sem circunlóquios: "Claro que tenho um lugar, o meu". Nunca mais apareceu outro pretendente. Note-se que o visitante era um professor de engenharia respeitado, mas para Aníbal contava o princípio.

Não demorou muito para o Inpes publicar uma bela coleção de livros, capitalizando o que seus quadros produziam. Lançou, também, um periódico científico sério: *Pesquisa e Planejamento Econômico*.

Trabalhei, inicialmente, em uma pesquisa breve, mostrando que o acesso às universidades era fortemente determinado pela escola frequentada. Na época, isso não estava claro. Depois, me meti em um grande estudo sobre o Serviço Nacional de Aprendizagem Industrial (Senai). Coletei muitos dados no Rio de Janeiro e usei uma base de dados de São Paulo, organizada pelo sociólogo José Pastore. Em um dado momento, precisava falar com ele – já não me lembro mais sobre o que seria –, mas as tentativas se revelaram infrutíferas. Pois não é que me deparo com Pastore em Nova York, na Time Square?

Esse estudo foi meu primeiro contato direto e profundo com o Senai. Acreditava que era sério, embora não muito eficiente. Ao entrar e sair, conversar com gente de todos os níveis e escarafunchar seus arquivos, mudei de opinião. Primeira surpresa, as reuniões começavam na hora. Segunda, tudo estava sempre imaculadamente limpo, inclusive os banheiros. Pichações? Nem pensar! Os nossos números mostraram que investir na formação profissional, lá oferecida, gerava taxas de retorno muito expressivas. Sobre esse projeto, foram escritos dois livros.

Pelo trabalho lá feito, Roberto Guimarães Boclin, seu diretor regional, ofereceu-me uma condecoração. Fui ser entrevistado por ele para ser oficialmente anunciada a comenda. Após o convite, perguntei: "Boclin, já que o Senai está me dando um prêmio, será que não me daria também um curso de solda elétrica?". Tão brusca quanto a pergunta foi a resposta: "Amanhã, esteja na escola às 7h30 para começar a primeira aula". E foi o que aconteceu por toda a semana. Ao final do primeiro dia, terminada a aula, despedi-me do instrutor. Sua intervenção foi imediata: "Aonde pensa que vai sem arrumar e limpar o equipamento?". Duas lições aprendidas. A primeira foi a iniciação na solda. A segunda foi sobre a liturgia sagrada da formação profissional: aula terminada, oficina limpa.

***

O projeto mais atrapalhado em que me envolvi no Inpes – melhor dito, fui envolvido – foi sobre distribuição de renda. Não era minha área e teria sido melhor ter recusado, mas cometi o desatino de aceitá-lo.

Poucos se lembram hoje dos encontrões da censura com os jornais. De fato, isso ocorria. Quando tinha uma matéria censurada, o *Estadão* a substituía por um trecho de *Os Lusíadas*; assim, os leitores se davam conta de que uma colisão havia ocorrido. A censura de livros era o lado mais ridículo do governo militar. Segundo contavam, *O capital,* de Marx, passou batido, mas foi confiscado *O nosso homem em Havana*, de Graham Greene. Verdade?

Podiam-se publicar quase quaisquer críticas ao que acontecia ou ao governo, mas não se podia afirmar que era proibido dizer. Mostrar erros era aceitável, mas acusar a ditadura não era de bom alvitre. Tortura era assunto tabu.

À exceção desses assuntos melindrosos, tudo se discutia, livre e com grandes zangas. Por volta de 1972, começou a se alastrar uma grande controvérsia. Acho que posso resumi-la da seguinte forma: como é possível que o país cresça com as taxas de juros mais elevadas do mundo, ao mesmo tempo que a distribuição de renda se degrada? Que o país crescia muito rápido, não havia dúvidas. Até circulava o boato de que Delfim manipulava os dados, para baixo, visando minimizar o problema. Tenho dúvidas.

Afinal, a distribuição de renda piorava ou não? No Planejamento, torcia-se para que os dados não mostrassem mudanças para pior. Vários economistas faziam os cálculos, mostrando isso ou aquilo. Atualmente, essa discussão não teria lugar, pois melhoraram a qualidade dos dados, a velocidade de processamento e as ferramentas estatísticas, mas, naquele momento, tudo era mais precário.

A controvérsia não era supérflua ou artificial. Se crescíamos e estava piorando a distribuição, seria um erro do modelo adotado? Haveria outro melhor?

O Inpes não tinha alguém preparado para conduzir esse tipo de pesquisa, mesmo assim fui escalado. Os dados do IBGE estavam para sair, e, confidencialmente, circulavam algumas tabelas com os coeficientes de Gini (instrumento para medir a concentração de renda em uma população). Nesse dia, apareceu na minha sala um economista norte-americano que era um festejado brasilianista. Uma visita bastante rara. Suspeitei de que estivesse tentando ver se eu tinha as tabelas sobre a mesa. Era um dos que desejavam brilhar mostrando resultados antes dos outros. As análises teriam que ser feitas nos computadores do IBGE; pilotar um *mainframe* é uma profissão – e, certamente, não é a minha. Veio trabalhar comigo um jovem economista que, talvez, pudesse se entender com esses computadores. Todavia, teve um colapso nervoso e foi internado. Apareceu outra pessoa, ainda menos preparada para a tarefa.

No entanto, a pesquisa não parou. Algo saiu, mas muito confuso e indefinido. Até mesmo fugia um pouco do assunto. A bem da verdade, não ajudou nem atrapalhou. O *paper* que consegui escrever era bem fraquinho. Fazendo um balanço da minha *performance*, não me senti tão fracassado assim. Simplesmente recebi uma missão para a qual me faltavam conhecimentos. Pior, um assistente adoeceu e o outro não tinha o preparo requerido. O melhor que poderia ter feito era recusar a missão. Infelizmente, vacilei.

Morreu a pesquisa, sem conclusões. Mas ainda é vigente a pergunta: por que temos um modelo econômico que perpetua uma distribuição de renda tão ruim?

***

Voltando à revista do Ipea, com certa relutância, narro um incidente em que estive envolvido. Nessa época, surgem três teses de doutoramento em Economia da Educação: a do Samuel Levy, a de Carlos Langoni e a minha. As três avaliavam o rendimento econômico de investimentos em educação – vale salientar, todas mostravam excelentes resultados.

Por sugestão dos redatores da revista, preparei um artigo comparando os três trabalhos. Não contava vantagem sobre o meu e não oferecia nada cáustico sobre os outros. No caso do Langoni, mencionei que usava dados de autodeclaração de rendimentos, cronicamente frágeis. Até aí, nada grave, pois são os que existem, porém não poderia deixar de chamar a atenção para a vulnerabilidade dessa informação. Pois ele se enfureceu. Escreveu uma réplica tão zangada que a redação precisou intervir, pedindo que baixasse o tom. Diante dela, escrevi a tréplica. Nela, apenas reforcei meus argumentos.

Mas a fúria dele era incontível; como ouvi de segunda mão, não soube quais palavras havia usado. Ele questionava a reputação da universidade na qual me graduei, comparando-a com as glórias da sua. Porém, para seu azar, poucas semanas depois, fui convidado para ser professor visitante da Universidade de Chicago, na qual ele se graduou. Tornou-se um episódio embaraçoso. Um pouquinho antes, eu poderia ter sido seu professor.

Até aí, são palavras para cá e palavras para lá. Mas ele não se conteve e cometeu uma imprudência: escreveu para o chefe do departamento da Universidade de Chicago sugerindo que não me contratassem. A reação foi o oposto do que ele esperava. "Como ousa um rapazinho, quase imberbe, questionar o nosso julgamento?" A carta poderia ser uma invenção, mas não era. Lá a encontrei, largada sobre uma mesa. Será que meus anfitriões queriam que eu a lesse?

Em Chicago, substituí a professora Mary Jean Bowman na disciplina Economia da Educação. Já a conhecia dos tempos da minha tese. Era uma das grandes vestais no assunto. Meus planos eram ambiciosos, tinha uma lista de ideias de pesquisa que gostaria de preparar, porém tive uma grande surpresa: Mary Jean assistiu a todas as minhas aulas, de princípio ao fim. A sensação é de que, em cada aula, eu estava fazendo, novamente, a minha prova oral de doutoramento. Jamais ela me constrangeu, mas eu não queria fazer papelão. Era dia e noite preparando as aulas; não sobrou tempo para os artigos que pretendia escrever.

Entre esses artigos, merecem comentários as clivagens das várias tribos de economistas no que diz respeito às suas visões de mundo. Havia a visão do Ipea, descendente de um pensamento econômico majoritário, conhecido nos Estados Unidos como *mainstream economics*. Havia os *Chicago boys* ou *chicagões*, sólidos defensores da livre-iniciativa e de que o mercado resolveria tudo. Os *uspianos*, capitaneados por Delfim, não eram significativamente diferentes da turma do Ipea, contudo tinham muito *esprit de corps*; em caso de dúvidas, era a USP contra o mundo. Os *campineiros* eram descendentes da Cepal, desenvolvimentistas ferrenhos – na época, o grupo andava meio marginalizado do governo federal.

Quando Franco Montoro subiu ao governo do Estado de São Paulo, viu-se isolado, na oposição. Decide, então, enviar um emissário a Brasília para explorar uma *pax romana*. Sendo Delfim paulista, era a ponte mais promissora entre Brasília e São Paulo. Um assessor foi enviado ao gabinete do ministro, que, cauteloso, perguntou se haveria algum economista em São Paulo com quem ele estivesse disposto a conversar. No mais puro estilo delfiniano, vem a resposta: "Falo com qualquer economista da USP e com nenhum da Unicamp".

Voltando ao Ipea, progressivamente, o instituto se tornava a grande escola de serviço público do Brasil – sem sê-lo formalmente. Ao mesmo tempo, tinha poder e cabeças bem preparadas, uma escuderia de primeira linha, como o Brasil jamais tivera.

Como o Ipea participava ativamente da elaboração dos orçamentos, os primeiros choques culturais se davam nas discussões com cada ministério. A pessoa do instituto era tecnicamente preparada e conhecia as manhas do processo. Os ministérios chegavam, ingenuamente, de mãos abanando; chocavam-se com procedimentos que desconheciam e não defendiam bem as suas reivindicações.

Os educadores se horrorizavam com o tratamento economicista da educação. Achavam uma blasfêmia. Sentiam os seus princípios violados por uma tropa selvagem de economistas sem alma. Mas orçamento é território inimigo. Não adianta reclamar.

Essas relações assimétricas criaram um fenômeno bem interessante. Para se defenderem do Ipea – e dos *orçamenteiros* –, começaram a piratear seus bons técnicos para os próprios ministérios. Não apenas na educação, mas em várias áreas. Com algum exagero, podemos dizer que os emigrados do Ipea passaram a "colonizar" os ministérios, trazendo sua linguagem, seus critérios e seus cacoetes.

Repetindo, o Ipea foi o epicentro de uma grande onda de modernização administrativa – talvez, a maior. Não era uma escola de ensino. Era uma instituição burocrática, de verdade, que tinha poder e agia. Para os de dentro, o aprendizado se dava na prática do cotidiano. Para os de fora, era seguir as novas modas, vindas do núcleo de poder. Ou ser atropelado.

Nos estados, algo semelhante aconteceu, porém em escala mais limitada. Muitos técnicos voltaram para seus estados por vontade própria ou foram atraídos para operar a máquina administrativa, levando novas ideias e novos caminhos. Ademais, os estados precisavam ter gente capaz de fazer face à tecnocracia de Brasília, sendo mais um elo de irradiação da modernidade trazida pelo instituto.

Entre Ipea, Planejamento e Fazenda, havia centenas de doutores, mestres e ex-alunos, especificamente, dos mestrados brasileiros, que se expandiam em ritmo acelerado. O Ipea morava no olho do furacão orçamentário.

Esclareço que o Inpes era a perfeita torre de marfim sob a forte liderança do Aníbal. Não estávamos na linha de frente da ação. E não queríamos estar.

A equipe do Ipea era idealista e desenvolvimentista, e acreditava na meritocracia. A progressiva modernização do Estado brasileiro, que começou no governo de Getúlio Vargas, foi uma onda pouco expressiva, mas, a partir do Ipea, o primeiro grupo com massa crítica, surgiu uma visão moderna de governo. Era o grupo preparado nos Estados Unidos.

Vigorava um governo militar. E isso dava respaldo à nossa cabeça tecnocrática. Pensávamos que o problema tinha que ser tecnicamente examinado, com o cuidado devido. Essa análise iria sugerir o melhor curso de ação para o bem da sociedade – pelo menos, era em que acreditávamos. Portanto, esse rumo deveria ser tomado. Como o Ipea era muito prestigiado, as suas prescrições eram bastante respeitadas. Seria, realmente, a melhor decisão?

Para funcionários públicos dedicados e idealistas, o governo militar permitiu a vigência da tecnocracia. Permitiu materializar as melhores ideias do que deveria ser feito – é óbvio, podiam até ser péssimas ideias.

Fato é que a interferência política, o compadrio, a troca de favores não estavam na nossa agenda. Nisso, éramos puros, imaculados. E brigões. Do ponto de vista do trabalho, não tínhamos filas de políticos no gabinete sempre pedindo alguma coisa. Não tínhamos alguém acima de nós revertendo nossas decisões técnicas. Nesse ponto, os militares tendem a ser muito consistentes. As decisões delegadas a níveis mais baixos são respeitadas.

Não apenas isso, mas, afora nos quartéis e aparato de segurança, não havia militares no governo. As pouquíssimas exceções eram de gente que lá estava por sua formação acadêmica. Um exemplo foi o coronel Waldimir Pirró e Longo, vice-presidente da Financiadora de Estudos e Projetos (Finep). O que o levara para lá não foram as "gemadas" no ombro, mas seu PhD em metalurgia, obtido nos Estados Unidos.

Após o Ipea, não mais trabalhei para o governo. Mas, nas conversas com amigos ou assessorando ministros, é claro que se foram os dias da tecnocracia que todos acusavam com veemência. Para quem está atualmente no governo, em posição com responsabilidades: ai, que saudades daquela maneira de trabalhar!

Não quero me aprofundar aqui em uma discussão de tecnocracia *versus* democracia representativa, mas alguma coisa vale comentar. O tecnocrata tem algo de "déspota esclarecido". É bem formado, tem conhecimento profundo do problema e decide o que deve ser feito em nome do que acredita ser o interesse da sociedade. Porém sempre haverá um elemento de autoritarismo na tecnocracia. Na democracia, é o povo quem decide. No entanto, o povo em geral não entende de problemas complexos, a decisão pode refletir a pressão de certos grupos ou pode ser demasiado imediatista. Fujo do pesadelo de tomar partido no assunto, apenas registro que não há respostas simples.

Volto à proposta inicial do capítulo. Para pessoas como eu, trabalhar no Ipea durante o governo militar foi o melhor dos mundos. Liberdade de pensar, liberdade de manifestar opinião. E, para os que estavam no Iplan, de tentar implementar as propostas com autonomia de mover-se para onde julgavam correto. Estando muito próximo dos centros de poder, o Ipea tinha enorme independência para escolher seus temas de trabalho. Podia até criticar severamente as políticas públicas; éramos de casa. Ao contrário do que acontecia quando professores universitários criticavam: o aparato de segurança, muitas vezes, se punha eriçado.

Nisso, os papéis do Aníbal e o do Velloso foram essenciais. Eram nossos cães de guarda, nos protegendo de qualquer pressão ou ameaça. Eram dois puros criando uma casamata em torno de nós. Aqui ninguém entra, aqui os nossos meninos escrevem o que pensam!

Quanto às críticas ao que acontecia no Brasil, a maneira de formulá-las nas pesquisas foi uma preocupação inicial do Inpes. Criticar, sim. Mas como apresentar a crítica? A boa solução nos foi dada pelo Banco Mundial, onde Aníbal estivera. Ao contrário dos órgãos das Nações Unidas, sempre temerosos, o Banco ia a fundo nas suas críticas. Mas nada de adjetivação. Tudo muito sóbrio e sem hipérboles. Era mais um estilo de autópsia do que de púlpito.

Duas vezes, fui me apresentar em conferências na Escola Superior de Guerra. Naquele momento, era o lugar em que mais se preservava a completa liberdade de expressão, apesar de, no auditório, haver um aspecto em que se extinguia essa liberdade: o tempo alocado. Ao lado da mesa do conferencista havia três lâmpadas bem grandes. A verde, indicando que o conferencista tinha tempo disponível para continuar a falar. A amarela, anunciando a aproximação do término. E a vermelha, para quem ousasse se exceder.

Nessa época, recebi a visita da jornalista Fay Haussman, do *New York Times*. Ela cobria a América Latina. No meio da conversa, sapecou a pergunta, à qual ela mesma respondeu: "Você sabe por que o regime militar brasileiro é muito mais moderado do que o argentino e o chileno? É simples, esses dois países não têm a Escola Superior de Guerra". De fato, no Brasil, em dois anos de curso, oficiais de alta patente convivem proximamente com políticos e empresários. Segundo ela, o permanente e inevitável diálogo apara algumas arestas do regime. O comentário é pertinente.

Arrisco um passinho fora do Ipea. A vida cotidiana, minha e de meus parentes e amigos, não sofria influência ou atrapalhação pelo fato de militares estarem no poder. Era como se não estivessem.

As deficiências patentes do nosso aparato de controle de gente "perigosa" foram um poderoso fator de descompressão. Permitiram ao Brasil reabsorver, até no governo, gente que poderia estar por longo tempo sem paradeiro satisfatório e criando problemas. A memória curta do SNI foi uma das boas dimensões do regime militar. Não foi proposital – pelo contrário –, mas funcionou.

Lembro-me de uma conversa com um professor alemão sobre o Baader Meinhoff, um grupo terrorista que assustou a Alemanha. Segundo ele, dada a competência dos órgãos de segurança, seus membros não tinham como se perder na multidão. Diante disso, incomodaram por longo tempo. No Brasil, os nossos "comunistas" se esparramaram, muitos deles indo para o governo. Paulo Roberto Haddad, meu colega de faculdade, montou o Centro de Desenvolvimento e Planejamento (Cedeplar) da UFMG com fundos da Fundação Ford. Foi surpreendido por não obter o visto para ir aos Estados Unidos assinar o contrato. Vivas para a incompetência das agências de informação e controle social brasileiras!

Talvez as diferenças mais visíveis no cotidiano fossem as medidas de segurança nos quartéis e em outros lugares que poderiam ser visados. Eram muito maiores e mais ostensivas. Quando era aluno do Centro de Preparação de Oficiais (Cpor), em Belo Horizonte, as sentinelas dos quartéis jamais tinham munição nos seus mosquetões. Segundo os oficiais, era perigoso. No entanto, após o golpe militar, notei que passaram a portar armas embaladas.

Velloso, irredutível cinéfilo, assistia a seus filmes de arte no cinema de sua residência oficial. Pobres dos seguranças, ansiando por um filme de bangue-bangue, tinham que assistir a *L'année dernière à Marienbad* (O ano passado em Marienbad).

Nesse período de Ipea, apareceu um convite para um jantar que recepcionaria um grupo de músicos que chegaria ao Rio. Porém o avião com os músicos não chegou. Ficou para nós, brasileiros, a festa toda. Nessa noite, vislumbrei uma jovem senhora, muito atraente e bem-posta. Manobrei para que me sentasse ao seu lado no jantar. Conversa vai, conversa vem, fiquei sabendo que era pianista clássica. A conversa com Norah durou quase cinquenta anos. Virou minha mulher e inigualável companhia. De quebra, aí está nossa filha, Elisa.

Passo a uma última consideração deste capítulo. Todos têm seus medos: uns, de assombração; outros, de onças. O meu grande pavor era outro: temia uma oferta de promoção!

Trabalhava em um ministério cheio de economistas, quase todos meus conhecidos ou amigos. Com PhD em economia, o risco de ser convidado para dirigir algum departamento do ministério era deveras elevado. E já havia descoberto que minha vocação era a pesquisa, não a gestão – para isso, não tenho perfil nem o gosto.

Como evitar tal catástrofe? A fórmula que desenhei acabou por funcionar. Tinha que criar uma *persona* irreverente e cáustica. Até que veio naturalmente. Um dos episódios protagonizados por essa *persona* se deu quando Velloso reuniu os técnicos para mostrar uma série de folhetos sobre o Ipea. Em público, perguntei se essa era a sua "literatura de cordel" – justiça seja feita, ele não ficou com raiva. Ao fim e ao cabo, a estratégia funcionou. Vitória! Nem um só convite para ser chefe do que quer que fosse.

DEZ ANOS ENSINANDO NO RIO DE JANEIRO

PESQUISA E ensino eram a dupla inevitável no meu projeto de vida. Assim é que, logo, fui tangido para duas instituições respeitáveis: a Fundação Getulio Vargas e a Pontifícia Universidade Católica (PUC), ambas do Rio.

Na FGV, comecei a dar aulas na Escola Brasileira de Economia e Finanças (EPGE), ou seja, no meu antigo CAE. Após um ano, transferi-me para o recém-criado mestrado em Educação, o Instituto de Estudos Avançados em Educação (Iesae). Na PUC-Rio, fui direto para o departamento de Educação.

Ao sair da EPGE, estava deixando as ciências econômicas e entrando no pantanoso território da educação. Estava abandonando, para sempre, o ensino da economia. E, assim, murchava minha motivação para discutir temas econômicos.

Terá sido uma boa troca? Concordando com Amartya Sen, via os paradigmas de análise da economia como preciosos para entender assuntos de educação. Essa formação foi uma herança preciosa. Mas daí a ensinar economia vai distância.

PROFESSOR NA EPGE E CONVIVENDO COM MÁRIO HENRIQUE

Como funcionário do Ipea, era bem aceito que fôssemos, também, professores. Sendo assim, me apresentei ao Mário Henrique, na FGV. Fui bem recebido, sendo ex-aluno e pertencendo à primeira leva de PhDs do Brasil.

Comecei a ensinar dando um curso de Desenvolvimento Econômico. Por pura casualidade, viraram meus alunos alguns integrantes do grupo de mineiros que eu bem conhecia dos tempos da tese. Como previra, todos queriam não apenas o mestrado mas também o doutorado. Bom tempo gastei preparando e enviando cartas de recomendação. Era minha primeira experiência de inversão de papéis. Antes, escreviam cartas me recomendando. Agora, passava eu a escrevê-las. O grande enguiço eram os casais, como Dorothea e Rogério Werneck, que tinham que ir para a mesma cidade.

Diante de um pedido de recomendação, o que fazer quando o candidato era fraco? Havia três opções. A primeira era dar uma desculpa para não escrever. Escrevendo, adotar a versão brasileira ou a norte-americana? Na primeira, a carta elogia, mas há o risco de perder a credibilidade. Na segunda, dizemos a verdade, que pode não ser lisonjeira. Sempre tive tais conflitos. Tendi para um americanismo de político mineiro. Mas não era o caso com esse pequenino grupo de Minas. De fato, essa turma era excepcional. Quase todos terminaram o doutoramento.

Fiel à minha preocupação com o meio ambiente, um capítulo do meu curso era sobre ecologia, uma ideia ainda nebulosa no Brasil. Ao começar a falar do assunto, pontifica agressivamente um mineiro: "Ecologia é coisa de norte-americano!".

Registro um *post scriptum* curioso. Recentemente, pesquisando livros sobre meio ambiente, descobri que o redator de um livro das Nações Unidas era o mesmo comentarista irritado. Ainda vou pedir a ele satisfações pela sua intervenção desaforada.

Não levou muito tempo para que Edmar e eu tivéssemos as primeiras colisões com o Mário Henrique. O que foi ficando claro é que ele era totalmente distante de qualquer preocupação com o que pensam e ao que incomoda a outros. Não havia qualquer perversidade ou índole vingativa por parte dele. Apenas, é como se não existisse esse outro mundo, externo à sua vida pessoal ou à intelectual.

Logo de início, como não estávamos contentes com a organização interna da EPGE, perguntamos ao Mário se podíamos propor uma outra. Disse que sim. Depois, aprovou a nossa proposta. No entanto, passadas poucas semanas, eis que topamos com um velho professor da USP, ungido em vice-diretor da EPGE. Tudo que propusemos foi descartado sem que nem sequer tivéssemos ouvido uma explicação. Por que desabou na EPGE esse personagem *uspiano*? Era culto, mas fora de sincronia com o pensamento e o estilo acadêmico de todos nós – inclusive, os do próprio Mário. Quem plantou essa figura lá? Mistérios que nunca desvendamos.

Foi o princípio do fim da nossa carreira na EPGE. Ademais, chegavam para o quadro recentes PhDs de Chicago, também de outra tribo intelectual, diferente da nossa, que tínhamos o DNA do Ipea. Começou a sair faísca.

Diante de tais arranhões, Mário Henrique demonstrava seu supremo distanciamento de qualquer preocupação com o mundo que não era o seu – interno. O contentamento do grupo que ele liderava parecia um assunto diáfano e sem interesse. Veio à mente seu comentário, de anos atrás, quando dizia não possuir superego. Não tínhamos ouvidos na EPGE, que se tornava uma organização solta, conflitiva e sem personalidade. Hora de sair.

ENSINANDO NO MESTRADO DE EDUCAÇÃO DA FGV

Nesse mesmo momento, a FGV criava o seu mestrado de educação, bastante sólido e bem montado. A real gerência estava nas mãos de Julieta Calazans, veterana da educação permanente. O diretor do mestrado era o Raymundo Moniz Aragão, médico respeitado e ex-ministro da Educação. Provecto, tranquilo e com ampla autoconfiança, revelou-se uma boa escolha para figura de proa. Não sabia tanto de educação, mas lá havia quem soubesse.

Ao mudar de tribo, é pertinente comentar o salto que estava dando, não apenas nos assuntos tratados mas também na cultura dos dois grupos: economistas e educadores. Nessa matéria, sempre me lembro do A. Campino, professor de economia da USP. Por seu trabalho na educação, plantou raízes também por lá. Participava dos colegiados de ambos os departamentos. Contou-me que, na economia, as reuniões nunca chegavam a duas horas de duração; na educação, nunca tinham menos de quatro.

São dois mundos. Em 1849, Thomas Carlyle disse que a economia é uma *dismal science* (ciência lúgubre). Os seus praticantes eram sérios, pessimistas, sempre vendo o lado negativo e falando dos sacrifícios de fazer o que quer que seja. Exagero? Se a expressão sobreviveu por dois séculos, deve ter um fundo de verdade. No lado positivo, bons economistas têm capacidade analítica considerável, convivem melhor com números e têm espírito crítico mais afiado, porém tendem a ser algo simplistas nas suas análises das sociedades.

Já os educadores sonham, pregam e olham o lado humano. Mas têm mais dificuldades de ver através do véu ideológico. Deixam a emoção passar na frente da razão. E, sejamos francos, não investem em desenvolver suas capacidades analíticas. O diálogo dos educadores, por vezes, parecia confuso. Por trás do palavrório, custa a ver a mensagem.

Falo de forma muito genérica e aqui comparo os educadores com os meus colegas economistas do Olimpo *ipeano*. Com a infantaria dos demais economistas, jamais fiquei muito impressionado. Dou um exemplo. Fui a Belém ministrar um curso de uma semana, sobre Economia da Educação para economistas e um advogado. Na prova, o único que entendeu o assunto e acertou as respostas foi o advogado.

Voltando ao Iesae, encontrar um doutor em economia nos seus corredores era uma experiência um pouco sinistra. Sempre fui bem tratado, mas sinto que era percebido como um enviado de satanás. Estranhavam o estilo do discurso, além do que eu tinha a fama de crítico arrasador. Nos quase dez anos em que lá fui professor, não fui convidado para participar de uma só banca de mestrado. Acho que me viam como um animal selvagem que, inesperadamente, podia morder.

Sugeri a um excelente aluno, Genuíno Bordignon, que se candidatasse a uma bolsa de pesquisa do Instituto Nacional de Estudos e Pesquisas Educacionais (Inep) para financiar a sua tese. Seguiu meu conselho e iniciou a escrita de seu projeto. Passam-se as semanas. Finalmente, aparece ele com um avantajado maço de papel. Formosas introduções, citações abundantes, perorações frequentes. Do núcleo analítico da tese, menos de uma página. Reclamei, voltou com outra versão, igualmente plena de adiposidades. Mais uma vez, jejuna de explicitação do que pretendia fazer.

Vendo a mesma gosma analítica na versão seguinte, perguntei-lhe se tinha cópia. Desculpou-se, dizendo que não tivera tempo de tirar. "Ótimo", disse eu. E, sem mais delongas, atirei a tese, de páginas soltas, do sétimo andar! Quando ele chegou à janela, viu os ônibus passando por cima de sua amada proposta. Restavam-lhe três dias de prazo. Nesse tempo, tinha que redigir tudo, do marco zero. Pelo que entendi, sofreu. Mas não havia tempo para adiposidades. apresentou um documento curto e direto. Ganhou a bolsa e fez a tese.

Comecei ensinando um curso de Economia da Educação. Na época, era uma oferta usual nos novos mestrados. É revelador que, na transição ideológica desses cursos – para a esquerda –, tal disciplina desaparecesse. Em pouco Tempo, passei também a encarregar-me do curso de Método

Científico. Conhecia um pouco do assunto, mas fui aprendendo mais, mercê de muitas leituras. Pouco depois, escrevi um livro sobre métodos de pesquisa. Não foi *best-seller*, porém foi usado por muitos anos. Ministrar esse curso me foi de grande utilidade prática, pois, logo no primeiro semestre, identificava os alunos mais promissores.

Ao final do segundo ano de curso, os alunos tinham que pensar em suas dissertações e nos seus possíveis orientadores. Adotei uma política proativa. Ainda no primeiro ano, dirigia-me aos melhores e me oferecia para orientá-los. A condição era que a escolha do tema seria minha, a não ser que aparecessem com uma ideia convincente. Deu certo. Como tinha um portfólio completo de orientandos, não havia espaço para aturar os mais fracos. Até onde posso me lembrar, todas as dissertações que orientei foram publicadas em livros ou artigos. E entre meus orientandos está Fernando Spagnolo, que ganhou um prêmio nacional.

Como a legislação brasileira não permite teses em grupo, fiz alguns grandes projetos em equipe. Todos participavam, contudo, a partir de certo momento, cada um passava a cuidar de um pedaço do projeto, fazendo dele a sua dissertação. Funcionou. Cumpria-se a legislação e havia um bom período de trabalho em grupo.

É dessa época um artigo que redigi e que levou o título enigmático "Teoria da baleia". Havia lido sobre a biografia de prêmios Nobel, do renomado sociólogo norte-americano Robert Merton, que entrevistou essa tribo. Sua primeira constatação, notável, era a de que haviam sido professores de uma quantidade desproporcional de outros agraciados. O que estariam transmitindo aos seus alunos que aumentava tão dramaticamente as chances deles, também, ganharem um Nobel? Indagou e descobriu que não eram mais inteligentes do que seus pares. Não conheciam mais teoria do que os demais. Não eram melhores professores em sala de aula. O que estariam transmitindo de tão precioso?

O grande ensinamento deles era a percepção de quais ideias seriam mais férteis e promissoras de achados relevantes. Em suma, era escolher o tema certo, no momento certo.

A teoria da baleia é um gráfico que mapeia o grau de Dificuldades de um pesquisador noviço ao longo de seu trabalho. Obviamente, é uma representação imaginária, pois não há números para construí-la.

A princípio, é ler muito, especular, abrir horizontes. Nada muito difícil. Seguia-se o ponto mais alto do gráfico, o mais difícil: escolher o tema. Adiante, havia que definir métodos e procedimentos, um pouco menos difícil. Daí para frente, ia ficando mais fácil. Era pôr em marcha o planejado. No final, havia que redigir as conclusões, uma tarefa bastante delicada.

O gráfico correspondente era como se fosse uma baleia na superfície do mar. O topo bem alto da cabeça, seguido de um perfil inclinando-se para baixo. Ao fim do trabalho, subia. E, abruptamente, afundava, parecendo a sua cauda.

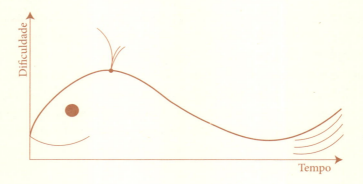

A implicação era óbvia. Em uma tese ou dissertação, pede-se ao aluno que tome a decisão mais difícil, escolher o tema, justamente quando está menos preparado para tal. Daí a minha proposta de que seria eu quem faria essa escolha. Ganharam os meus alunos, com trabalhos publicados e reconhecidos. E ganhava eu, dedicando meu tempo a bons alunos e temas promissores.

Os temas que propunha eram tão maravilhosos assim? Pelo menos, eram muito melhores do que os que tinham quase todos os alunos. Minhas ideias não me levaram e não me levarão ao Nobel, mas a experiência de pesquisador afina esse talento para antecipar o que pode ser uma boa ideia de pesquisa. Essa experiência, os alunos não têm.

Na época, fiz outro experimento curioso. Como já mencionei, na Europa a defesa é mediática. Nos Estados Unidos, há bastante ajuda durante o trabalho e, quando a tese chega à defesa, a banca já se manifestou e, informalmente, aprovou. O Brasil ficou no meio do caminho. O orientador ajuda, até muito. Na defesa, compareçam a sogra, a namorada e quem mais desejar. E, no estilo europeu, a banca é recrutada de última hora. Diante da liturgia pública, é embaraçoso não aprovar a tese, mas é indicado que seja consertada depois. É uma pena, pois mobiliza as boas cabeças da banca e não as utiliza plenamente.

Na minha variante, consultava os alunos. Se estivessem de acordo, combinaríamos que, provavelmente, a tese seria "aprovada com restrições" (é o termo usado). Convidava então os outros membros da banca para a defesa. Eles sabiam que a tese não estava pronta e que suas sugestões podiam ser incorporadas sem maiores embaraços ou correrias pelo prazo. E assim acontecia, sem choros e ranger de dentes. Roberto DaMatta participou da tese do Spagnolo. Que lástima se suas sugestões não pudessem ser incorporadas.

Um dos professores do Iesae estava, ao mesmo tempo, cursando o mestrado. Como tinha familiaridade com ensino técnico, acabei como seu orientador, pois esse era seu tema. Apareceu alguma coisa aceitável como dissertação. Estava bem, ainda que trouxesse poucas ideias novas. Mas apareciam, igualmente, afirmativas para as quais não tinha qualquer evidência. Eram gratuitas e revelavam a clássica ranhetice da esquerda. Exigi o saneamento: ou demonstra ou tira. Sem opções, tirou. Pouco depois, a dissertação foi publicada em forma de livro. Pois não é que todos os trechos banidos estavam de volta?

Esse mesmo professor ministrava sociologia. Em algum momento, queixou-se com a direção. Eu havia invadido o seu espaço acadêmico falando de assuntos sociológicos. Justiça seja feita, a direção simplesmente ignorou o protesto. Quem disse que os professores têm que se manter apenas dentro das suas disciplinas?

Meus alunos formavam um conjunto bastante heterogêneo. Havia padres. Altos funcionários do MEC, que chegavam em seus carros oficiais com motoristas. Mas seriam estudiosos e dedicados?

Como minha posição era estável no Ipea, não fazia o menor sentido transigir no ensino. Ou era para os alunos aprenderem, ou não valeria a pena dar aulas.

Minha experiência, como aluno, indicava que o professor pode ser simpático ou antipático. Não faz diferença. Os estudantes aprendem é com professores exigentes, qualquer que seja seu estilo ou personalidade. Quando nada, estudam para os docentes que cobram mais severamente. Se era isso em que acreditava, mãos à obra. Logo ao início do curso, fazia meu sermão. Que não esperassem moleza, não seria um curso fácil.

Adiantava pouco. Percebi que não liam a bibliografia. Apenas assistiam às aulas. Um dia, fui para a lousa. Fazia proposições, tirando conclusões do que escrevia. Enquanto falava, ia perguntando à turma: "Certo?". Todos concordavam. Mas, em certo ponto, errei de propósito. "Certo?" "Certo!"

Nesse momento, virei-me para os alunos e dei uma monumental banana. "Errado!", berrei. O trauma surtiu algum efeito, mas apenas por um tempo. Somente notas perigosamente baixas dão resultados definitivos.

Dada a minha personalidade contestadora para certos assuntos, tive os meus encontrões com a administração. Talvez seja melhor dizer que ela os teve comigo. Sempre achei que matar aulas no meu curso seria uma péssima ideia para os alunos. De fato, praticamente todos compareciam. Daí que jamais fiz chamada. Ao início de um semestre, ainda não estava disponível a caderneta de chamada. Imprevidentes, deram-me, então, uma folha impressa como solução provisória. Tomei o papel e, enquanto dava a minha aula, fui dobrando-o cuidadosamente. Ao soar a campainha, estava pronto o avião de papel. Encerrei a aula, me dirigi para a janela e soltei o pássaro. Nunca mais me puseram nas mãos uma caderneta de chamada. Problema resolvido.

Em uma reunião – chatíssima – do conselho de professores, não conseguia ficar acordado. Para combater o sono, comecei a fazer floreios nos lápis com meu enorme canivete espanhol. Mas, em algum momento, a discussão passou a me interessar. Falava animadamente, gesticulando com as mãos. Sou interrompido pela voz solene e de bom timbre do Raymundo Moniz Aragão: "Professor Claudio, o senhor está ameaçando a sua colega com uma arma branca". De fato, ainda tinha em mãos o canivete. Foi uma risada geral.

Havia se incorporado como coordenador um jovem recém-graduado em filosofia. Era culto, interessante e de bons bofes, porém verde em administração. Por isso, levava tudo a sério. Duas alunas minhas, pouco destacadas, não entregaram em tempo o trabalho de final de semestre. Esse moço se torturava, pois precisava das duas notas faltantes para sua prestação de contas. Insistiu comigo. Argumentei que aprenderiam algo com o exercício. Mas como nem as moças terminavam, nem eu dava a nota, foi queixar-se com o Moniz Aragão.

Diante de tal ridículo, redigi um ofício, em estilo seiscentista, com todas as ornamentações estilísticas da época. Comunicava que, breve, as moças iriam entregar os trabalhos. Esse documento, de estilo rococó-barroco, foi datilografado em papel higiênico e entregue ao coordenador noviço.

Falhou seu senso de humor. Foi queixar-se novamente ao Moniz Aragão. Indignado, irrompeu no seu gabinete, missiva em punho. Estava presente Julieta Calazans. Ao retirar-se o moço, Moniz Aragão, com toda a solenidade, comunica a ela: "Professora, não podemos perder esse professor Castro. Ele torna esta instituição muito mais interessante".

MEUS ANOS NO MESTRADO DA PUC-RIO

Quase simultaneamente à minha entrada na FGV-Rio, tornei-me professor da PUC-Rio, no departamento de educação, um dos cursos mais antigos e consolidados do país. Praticamente, ensinei as mesmas matérias do Iesae.

Vale falar algo sobre a PUC-Rio, pois ocupa um espaço improvável no conjunto das universidades brasileiras. Na avaliação do *Times*, de Londres, aparece em nono lugar entre as melhores do mundo. De resto, faz tempo que ocupa posições parecidas. Das dez melhores, é a única privada. E, como sabemos, essas avaliações colocam peso considerável na pesquisa.

Podemos fazer uma pergunta simples: como é possível sair-se melhor do que cinquenta das sessenta universidades federais sem dispor de orçamentos públicos como elas?

Nas públicas, quase todos os professores trabalham em tempo integral, financiados por um orçamento garantido. Como pode competir uma particular se a única receita previsível e estável eram as mensalidades? E como financiar os mestrados e doutorados, considerando que, em parte alguma, os alunos são capazes de arcar com seus reais custos (afora as áreas ditas "cuspe e giz", como administração, direito, etc.)?

Se é possível para a PUC-Rio, por que não o é para outras universidades privadas? Essas são charadas cuja solução não poderia deslindar no presente livro. Mas, pelo menos, temos algumas pistas. Com a criação da Finep, pela sua reputação, a PUC-Rio foi agraciada com recursos públicos muito substanciais por largo tempo, permitindo que o seu "Finepão" consolidasse vários programas nas ciências naturais (computação, matemática, física, etc.). Quando secou essa fonte, já estava solidamente plantada uma universidade robusta e agressiva. Com isso, tinha estofo e experiência para competir com seus projetos e conseguir recursos de muitas agências. Essa não é uma explicação completa ou satisfatória, mas arranha alguns fatores relevantes.

Na educação, tanto na PUC quanto na FGV, orientei muitas dissertações. No entanto, em nenhuma das duas faculdades fui convidado para uma só banca. Em dez anos, apenas participei de uma banca na PUC-Rio, porém foi na engenharia de produção. Isso aconteceu nos anos 2000, quando Francisco Creso Franco Junior era chefe do departamento. Note, Creso, antes do seu doutorado em avaliação, tinha formação em engenharia.

A PUC oferecia pós-graduação em direito. No entanto, os alunos deveriam também se matricular em alguma disciplina de outro departamento. Julgando que, em educação, as aulas seriam mais fáceis, matriculou-se um bando de advogados no meu curso. Todavia, tinham pouca ou nenhuma dedicação. Em uma ocasião, dei uma prova para ser feita em casa, para a qual os alunos deveriam ler certo trecho do livro de Mark Blaug. Havia na prova uma "pegadinha"; a resposta era anti-intuitiva, e isso estava explicado nas páginas indicadas para leitura.

Resultado previsível: ninguém leu, ninguém acertou nada do exercício. Um fracasso retumbante. Eu não sabia, mas meus alunos eram promotores, desembargadores e juízes, o que causou um alvoroço. Um deles me disse que, em toda a sua vida escolar, jamais havia tirado uma nota tão baixa. Debandada da disciplina. Nem me lembro se sobrou algum advogado. Os alunos do próprio departamento não podiam trancar, pois era um curso obrigatório.

Em retrospecto, conversando com ex-alunos, jamais ouvi alguém se queixar de alguma malvadeza ou tirania nos meus cursos. Confirma a minha hipótese de que professor bom é professor exigente.

Fiz, com os meus alunos da PUC, o mesmo experimento de pesquisas em equipe (inicialmente, trabalho em grupo; depois, separava os temas para individualizar as dissertações). Ao preparar a proposta da pesquisa para ser financiada pelo Inep, confrontei-me com a regra idiota de que deveria explicitar, já nessa etapa, os "quadros de saída" do relatório final. É uma exigência estapafúrdia, feita por quem nunca fez pesquisa de verdade. Desafiando as regras, redigi um parágrafo longo e teórico, descrevendo mecanismos de detecção de interação entre variáveis e reproduzindo as suas equações. Nem falava dos tais "quadros", nem deixava de falar. Não sei o que passou na cabeça da comissão julgadora, mas aprovou o projeto. Justifico até hoje o meu desafio a regras como essa. Alguém tem que fazer isso. No final, o projeto resultou em quatro teses respeitáveis. Reunidas e encadeadas, publicamos o livro *O enigma do supletivo*.[1]

Na PUC, tive a minha mais cruel experiência de orientar dissertações. Tive uma aluna que estudou com Piaget e voltou com uma fé religiosa nele. Proclamava que os testes da Secretaria de Educação do Rio de Janeiro discriminavam os pobres. Em contraste, o de Piaget seria neutro. Belo assunto para um mestrado. Combinamos que ela aplicaria os dois testes, o de Piaget e o da secretaria (uma derivação do Alpha, muito conhecido), em uma amostra de alunos. Feito isso, calcularia a correlação de cada teste com o nível socioeconômico dos estudantes. Aquele teste com maior correlação seria o que mais discrimina. Mãos à obra.

Cataclisma! Piaget discriminava mais os pobres do que o fustigado Alpha. Era exatamente o oposto de sua hipótese. Mas sua fé irredutível em Piaget a impedia de ver o que mostravam os números. O tempo foi passando. Havia um bloqueio emocional, não podia trair Piaget. Finalmente, o inevitável: venceu-se o prazo de entrega do trabalho e, com isso, foi-se pela janela o mestrado para sempre.

Poucos meses depois, em um evento em Paris, encontro-me com Jacques Vonèche, sucessor de Piaget na Universidade de Genebra. Contei-lhe o caso. Ficou sumamente interessado e pediu-me que lhe enviasse a famosa tabela. Essa moça tinha em mãos uma tese muito mais original e interessante do que podia pensar. Andando na contramão, seria publicável em periódicos científicos de primeira grandeza. Desafiava uma hipótese cara aos piagetianos. No entanto, na sua batalha mental, da razão contra a paixão, acabou por vencer a segunda. E perdeu ela.

---

1 CASTRO, Claudio de Moura *et al*. **O enigma do supletivo**. Fortaleza: Editora UFC, 1980.

***

Era meu colega de departamento, Durmeval Trigueiro. Inteligente, culto e de formação francesa. Conversávamos muito. De repente, um AVC. Perdeu a fala inteligente e andava com imensa dificuldade. Quase se foi. Felizmente, recuperou-se. Por um tempo, a PUC manteve o seu salário, mas estava por deixá-lo dependurado apenas no Sistema Único de Saúde (SUS) – acho que tinha outro nome –, o que seria sua ruína econômica. Comuniquei ao departamento que pediria demissão caso isso acontecesse. Ignoro se minha ameaça teve qualquer peso, mas o fato é que a PUC voltou atrás.

***

Nesses anos, criavam-se mestrados em ritmo industrial, e o MEC queria ver doutores nos quadros docentes. Então, se eu ficasse desempregado, não seria por muitos dias. O que contava não era o que sabia ou podia fazer. O objeto de desejo era apenas o diploma. Por que me preocupar com desemprego? Enfim, depois de ser muitas vezes acusado, sem razão, de ser impávido, agora me beneficiava de uma valentia que não era tão grande quanto se proclamava.

Em 1980, Isaac Kerstenetzky virou decano do Centro de Estudos Sociais da PUC-Rio. Cumprimentos para o reitor, o padre Viveiros, por indicar um judeu para uma posição destacada em uma universidade católica.

ECIEL: SERÁ POSSÍVEL COORDENAR PESQUISADORES LATINO-AMERICANOS?

VAMOS AOS antecedentes. A Brookings Institute é um *think tank* (laboratório de ideias) que abastece Washington com análises de políticas públicas sobre muitos assuntos. Um de seus projetos, o Eciel, iniciado em 1963 pelo professor J. Grunwald, consistia em congregar um bando de pesquisadores latino-americanos para que fizessem, conjuntamente, pesquisas sobre um mesmo tema econômico. Era uma forma criativa de formar pesquisadores, oferecendo financiamento, temática relevante e uma ajudinha metodológica aqui e ali.

Nas alturas de 1974, decidiu-se que, se era um projeto feito por latino-americanos, por que não sediar o escritório central em algum país da região? Nessa época, foi designado um coordenador chileno de grosso calibre: Felipe Herrera, cofundador do Banco Interamericano de Desenvolvimento (BID) e seu presidente por dez anos. Talvez outros dez ficasse, não fosse por uma moléstia grave e um desastre de avião. Parcialmente, recuperou-se, mas o peso do BID era demasiado para a sua saúde. Esse projeto latino-americano, em comparação modesto, permitiu a ele continuar trabalhando.

Com a mudança da sede, houve a decisão de introduzir, também, temas de educação. Afinal, os economistas de então proclamavam que esse era um motor do desenvolvimento. Havia que escolher a equipe para desenhar o novo projeto. Foram convidados o economista argentino Adolfo Canitrot e o chileno Ernesto Schiefelbein – curioso, anos depois, ambos viraram ministros em seus países. Alguém me incluiu no grupo.

Discutimos, trabalhamos e propusemos um projeto – ou melhor, dois. Em um deles, examinaríamos os custos da educação e os fatores que favorecem um bom desempenho na escola. No outro, pesquisaríamos o enlaçamento entre educação e mercado de trabalho. Circulamos as propostas, passando o pires. Conseguimos o apoio financeiro das fundações Ford e Rockefeller e de BID e Usaid. Pensando bem, isso seria hoje uma façanha impossível, mas, na época, havia muito dinheiro e poucos pesquisadores.

As principais instituições de pesquisa da região foram convidadas. Ficamos com universidades e institutos da Argentina, do Brasil, da Bolívia, do Equador, do Chile, da Costa Rica, da Colômbia, do México, do Paraguai e do Peru. Havia que escolher o coordenador para conduzir o Projeto Educação. Eram dois concorrentes, o cubano Jorge Sanguinetti e eu próprio. Empate técnico, ficamos ambos.

Na equipe técnica, havia três cubanos e um argentino, todos recrutados nos Estados Unidos. Apesar de os demais serem brasileiros, na prática a língua de trabalho era o espanhol. Daí que o nosso chefe era tratado como Dom Felipe, em linha com as tradições aristocráticas hispânicas.

Graças às boas relações de Dom Felipe com Delfim, foram emprestados, para o Eciel, dois apartamentos excelentes, um em Botafogo, e o outro, no Flamengo. Constava serem imóveis confiscados pela Fazenda.

Sanguinetti era o menos cubano dos cubanos. Economista, havia trabalhado na Junta de Planificação de Cuba com Fidel. Desgostou-se e foi permitido que deixasse o país. Nos Estados Unidos, trabalhou no National Bureau of Economic Research (NBER), uma organização de pesquisa tradicional e respeitada. Lá, encaixou-se bem nos seus rigores. Era extraordinariamente sério e disciplinado. Ainda assim, nos demos admiravelmente bem. Terminado o projeto, continuamos amigos, trocando *papers* e visitas. Atualmente, é dono de uma empresa de consultoria fundada após o Eciel.

Nesse período, a América Latina era um continente com níveis disparatados de maturidade em relação à pesquisa em educação. Na Argentina, no Brasil, no Chile, na Colômbia e no México já havia alguma experiência. Nos outros países, era tudo bastante precário.

No início da pesquisa de campo, tivemos o exemplo de uma perfeita correspondência entre a localização no tempo de uma crise e o nível de avanço da sociedade. Visitamos Buenos Aires. A equipe estava preocupadíssima, pois não havia recebido a cópia do programa estatístico SPSS, de que precisariam dentro de dois ou três meses. Na Colômbia, havia expectativa de um desentendimento com os enumeradores. Na Bolívia, já havia atrasos por causa de dificuldades de acesso aos locais da pesquisa. No

Paraguai, os enumeradores não haviam sido pagos, pois houve dificuldades com as transferências de fundos.

As preocupações, nos países mais maduros, estavam no futuro. Nos menos, as crises já estavam eclodindo ou já instaladas. Pode ser um achado meio óbvio, mas ainda assim foi curioso vê-lo ao vivo. Tínhamos que viajar muito para monitorar, resolver problemas e empurrar as equipes. Na verdade, nos anos anteriores, o descumprimento de prazos era endêmico, e foi sendo criada uma cultura de tolerância diante desses atrasos.

Com Sanguinetti, víamos como "missão civilizatória" a quebra desse ciclo de atrasos e inadimplências. Sermão não adiantava. Tomamos uma decisão: apenas mandaríamos as passagens para as reuniões periódicas após receber o trabalho combinado.

Em um continente onde o atraso é endêmico, essa medida ditatorial trouxe comoções maiores. De fato, tal grosseria anda ao arrepio das tradições latinas.

Em certo caso, até Dom Felipe foi levado a intervir, colocando panos quentes. Nos desautorizou, ainda que minimamente. Reclamou Sanguinetti, mais purista do que eu nessas matérias. Não sei que palavras usou, mas Dom Felipe entendeu que questionava suas credenciais acadêmicas. Não teve dúvidas, no dia seguinte, estavam pendurados no seu gabinete 25 diplomas de doutorados *honoris causa*.

Diante disso, senti que uma resposta à altura era devida. Pendurei meu diploma de Rádio Técnico do Instituto Monitor no meu gabinete. Considerando que é o único diploma que possuo atestando competências concretas, decidi que iria mantê-lo no meu escritório por todos os meus sucessivos empregos. Assim fiz, ainda está lá.

Estávamos diante de duas teorias de como convencer ou educar as pessoas. A nossa era a versão "traumatológica". A de Dom Felipe, a "suave". Qual das duas é a melhor? Achávamos que era a nossa. Mas como considerar as décadas em que Dom Felipe se moveu, com extraordinário sucesso, em burocracias nacionais e internacionais? Sua sabedoria nesses misteres era legendária. Talvez pudesse ser explicada por um antigo provérbio espanhol, por vezes, citado por ele: *Más sabe el diablo por viejo que por diablo*.

Justificam-se alguns comentários sobre o nosso grande chefe. Era um aristocrata chileno. Estudou na Alemanha e na London School of

Economics. Homem do mundo, movia-se com *aplomb*, embora precisasse de uma bengala. Conhecia as grandes figuras dos países mais importantes, bem como as dos menos. Discursava com elegância, sempre no velho estilo retórico e rebuscado.

Para vestir-se, como os chilenos, era mais do que conservador. Um tórrido domingo de verão, fomos vê-lo no escritório para tratar de algum assunto palpitante – não lembro qual era. Foi surpreendido com alguns botões da camisa abertos. Enrubescido, não sabia como se desculpar pelo indecoroso de seu vestir.

Tinha sempre o que dizer, não importava para quem. Ao receber um visitante cuja permanência se alongava, pedia desculpas dizendo que não queria tomar mais do precioso tempo dele.

Era prontamente recebido pelo Delfim. Mas, antes de chegar em seu gabinete, cumprimentava efusivamente o ascensorista e todas as secretárias que encontrava pelo caminho. No prédio do Eciel, havia um porteiro ranzinza que sempre reclamava da minha motocicleta, mas que se derretia em mesuras diante de Dom Felipe. Sobre a maneira de lidar com os outros, citava Truman Capote: não trate uma pessoa como um cachorro, pois ela pode mordê-lo. Embora fôssemos de gerações diferentes – portanto, estilos diferentes –, foi um dos homens que mais admirei. Que privilégio tê-lo como chefe.

Os recursos do projeto nos permitiram trazer, por duas semanas, Mary Jean Bowman e seu marido, Arnold Anderson, os quais, mesmo sem saber português ou espanhol, revisaram o projeto e ofereceram boas sugestões. Mostrei-lhes um gráfico de presença de alunos, por idade, nas escolas brasileiras e outro com estatísticas de evasão. Mary Jean fez um comentário curioso, dizendo que não pareciam compatíveis entre si. Naquele momento, registrei o problema, mas não avancei na compreensão da discrepância que ela apontava. Desse comentário nasce, dez anos depois, um grande *quid pro quo* estatístico acerca das estatísticas de evasão escolar. Vou explorar mais esse assunto adiante.

Éramos financiados por quatro fontes. Como se esperaria, periodicamente queriam saber como andavam os projetos. Usaid e BID tinham formulários complexos, tabelas e relatórios. Ford e Rockefeller não tinham nada disso. Chegava, para visitar-nos, um cavalheiro gentil e bem preparado. Por horas, conversávamos amigavelmente sobre os avanços e tropeços do projeto. Ocasionalmente, olhávamos uma tabela ou ele podia oferecer sugestões. Não cobrava nada. Agradecia e despedia-se. Eram boas reuniões entre colegas.

Quem controlava melhor o andamento do que fazíamos? Naqueles questionários complexos que preenchíamos, era tudo formal. Podia ser verdade ou não. Demonstrava-se que o dinheiro havia sido gasto nisso ou naquilo. Que a pesquisa de campo terminara. E por aí afora. Mas não permitia detectar dificuldades, fraquezas ou direções equivocadas da pesquisa. Ou mesmo se a pesquisa não seria uma total fraude, apesar da contabilidade correta.

Já o gentil cavalheiro, intelectualmente, nosso par era capaz de captar problemas, identificar impasses, avaliar se um erro era sério, e assim por diante. Ele, sim, tinha ideia clara dos avanços ou retardos do projeto. Mesmo se tentássemos, não haveria embromação que passasse pelo seu crivo.

Ao buscar financiamento, batemos também à porta do Banco Mundial. Fomos recebidos por um senhor muito respeitado lá. Era o decano dos educadores. Ao ver uma proposta cuja espinha dorsal se apoiava em resultados de testes de aproveitamento educacional, fechou-nos as portas do Banco. Segundo ele, era o caminho errado. Passam-se os anos, e o Banco Mundial torna-se o maior patrocinador e defensor desses testes, tão aficionado neles que, mais adiante, recuperou a base de dados do Eciel e reprocessou os resultados. Como se costuma dizer, não adianta estar certo antes da hora. Era o nosso caso.

Anos antes, no meu período de professor da EPGE-FGV, em conversa com Mário Henrique, ele mencionou que estava desenhando um programa de alfabetização de adultos, a ser financiado com os proventos da Loteria Federal. Algo tagarelamos sobre o assunto. Mas fui ficando de fora, pois um grupo ligado à Consultec havia recebido a missão de criar o programa, que se chamaria Movimento Brasileiro de Alfabetização, o Mobral. Mário Henrique era próximo dessa consultora, bem conhecida. De fato, já havia feito trabalhos lá.

O que montou essa empresa foi admirável do ponto de vista da qualidade das equipes e da sua agilidade administrativa. O contraste com as velhas e modorrentas burocracias da educação não podia ser maior. Produziram boas cartilhas e manobravam com competência os cursos e os professores, esparramados Brasil afora. Seu objetivo latente era mostrar números muito menores de analfabetos no censo demográfico do ano seguinte.

Ao longo dos anos, fui ficando um pouco irritado com as propagandas bombásticas do Mobral e de suas supostas proezas. Decidi pesquisar o assunto – sem qualquer conexão com o Eciel. Era um arroubo paralelo.

Das minhas leituras, formulei algumas hipóteses. A proposta do Mobral tinha um erro que não podia ser mais clamoroso: era inviável. Um curso de três meses não alfabetiza corretamente. Ademais, tem alta deserção. Pior, é muito alta a probabilidade de regressão ao analfabetismo, após formado, por falta de contato com materiais escritos. Sem prática, o aprendido desaparece. Do lado do recrutamento, a clientela potencial reluta em voltar para a escola, pois já se adaptou, funcionalmente, à sua situação. De fato, logo começaram a faltar alunos para os seus cursos. Daí a decisão de reduzir a idade de entrada, recrutando jovens, e não apenas adultos. O grande problema é que esses jovens haviam passado pela escola, portanto já eram contados no censo como alfabetizados. Não trariam os ganhos esperados.

Isso tudo começou a ficar claro para mim ao revisar o que havia disponível. Passaram a me incomodar as façanhas proclamadas sem que tivéssemos quaisquer análises, números ou evidências. Decidi seguir em frente com a pesquisa. Mobilizei minha assistente para me ajudar. Diante da ausência de dados, sugeri que fizesse uma visita à sede do Mobral para ver se pescava alguma informação. Era jovem, parecia ainda mais jovem, e graça não lhe faltava. Apresentou-se como estudante de economia, buscando dados para um trabalho acadêmico. Os moçoilos, queimados do sol do Arpoador, logo se entusiasmaram com ela. Deram acesso às mais preciosas informações. Porém cometeu um tropeço: fez uma pergunta inteligente. Fecharam-se as portas. Nada mais saiu dali.

Ainda assim, tínhamos já material para uma monografia minimamente convincente. Mostrava uma imagem bem menos rosa do programa. Encontrei um detalhe curioso e incriminador. Na biblioteca do Ipea, procurando leituras sobre programas semelhantes em outros países, deparei-me com um artigo – acho que era da Unesco (sigla em inglês da Organização das Nações Unidas para a Educação, a Ciência e a Cultura) –, mostrando que programas desse tipo estavam fracassando no mundo inteiro. Escrito a lápis e endereçado para o diretor do programa, algum funcionário chama a atenção para essas críticas. Isso pesou muito no meu julgamento. Quem montou e pilotou o programa sabia tratar-se de uma proposta julgada ser inexequível na literatura internacional.

Redigi um documento mostrando uma realidade diferente da apresentada pelo Mobral. Não era plenamente satisfatório, sob o ponto de vista estatístico, pela ausência de fontes adequadas, mas havia o suficiente para demonstrar uma incompatibilidade entre as proezas declamadas publicamente e os dados existentes. Enfim, uma crítica dura, porém, sóbria no seu estilo.

Obviamente, o *paper* não foi publicado. No entanto, circulou a portas fechadas, inclusive, foi lido pelo presidente do Mobral. Ficou furioso e fez com que uma nota de repúdio fosse lida no rádio, várias vezes por dia.

Todavia, minhas críticas eram válidas, e os números, sugestivos. Resultavam de constatações bem elementares. Tempos depois, o programa sofreu transformações profundas. Virou outra coisa. Se minha pesquisa teve impacto, não sei.

Voltando ao Eciel, a pesquisa foi chegando ao fim. Os dados e relatórios dos países iam chegando. A nossa vez se aproximava, pois, além dos resultados por países, deveríamos fazer a grande síntese, reunindo tudo em um bloco único.

Mãos à obra. Porém tive uma ideia. Meus alunos da FGV poderiam participar da empreitada de analisar e compreender os dados. Após certo momento, repartidos os assuntos em segmentos bem delimitados, poderiam ser suas dissertações de mestrado. E assim foi. Reuníamo-nos no meu gabinete no Eciel, inundado de papéis impressos. Longas horas, infindáveis mesclas de aula com discussão de temas que eram, em última análise, da minha pesquisa.

Sanguinetti participava sem ser professor. Até orientou teses, informalmente. Tinha eu uma aluna com graduação em pedagogia obtida em Alagoas. Para a sua tese, trabalhava com correlação e regressão, tema a anos-luz de sua formação. Apenas Sanguinetti teve paciência para a inglória tarefa de iniciá-la nessas técnicas. Chorava, a pobre, mas Sanguinetti insistia. Tudo deu certo, ela terminou a tese e foi para o doutoramento na Inglaterra. Lá teve uma carreira surpreendente.

***

Em paralelo ao Eciel, recebi um convite do então diretor do Senai-SP, Paulo Ernesto Tolle, para fazer uma avaliação detalhada da instituição. Havia ficado impressionado com o prefácio do nosso livro sobre formação profissional, dos tempos do Ipea. Ali, eu revelava que uma hipótese inicial do estudo – a de ineficácia da instituição – havia sido negada pela pesquisa de campo. Com José Pastore, empreendemos a análise solicitada. Pastore é sociólogo, e eu, economista. Não me lembro como combinamos, mas a parte sociológica foi feita por mim, e a econômica, por ele. A troca foi bem divertida. No todo, nossa análise mostrou uma realidade amplamente positiva para a instituição. Os cursos eram sérios, e exemplar o enlace com o mercado de trabalho. Mais ainda, o Senai-SP tinha um excelente departamento de pesquisa, que passava pente-fino no que faziam. Entretanto, nas conclusões do relatório, consideramos que a administração era pesada e lenta.

Apresentamos nosso relatório em uma sessão fechada, apenas para as chefias. Poucas horas depois, desaba uma tempestade maior, os antigos funcionários da administração ficaram furiosos com nossos comentários ao ler o que escrevemos. Tolle se viu obrigado a mandar recolher as cópias do relatório.

Ironia do destino, foram recolhidas todas, exceto uma. Pelo que fiquei sabendo, foi discretamente copiada e lida por muitos. O banimento deu publicidade instantânea ao trabalho. Provavelmente, o trabalho foi lido por muito mais gente do que se tivesse permanecido de livre circulação. É difícil imaginar uma forma mais eficaz de dar publicidade a um relatório técnico.

***

Volto ao Eciel. O projeto estava chegando ao fim. Faltavam alguns arremates, mas o que já tínhamos era mais do que suficiente. Enchi uma enorme mala com os livros publicados e *papers*. Tomei o avião para Washington. Triunfalmente, entreguei tudo aos financiadores. Dever cumprido, sucesso.

Ao visitá-los, nos lembraram de que a pesquisa deveria ter consequências no mundo real. Afinal, isso constava das propostas. Ou seja, além de relevante e correta na metodologia – e em tudo o mais –, esperava-se que mudasse ou influenciasse o mundo. Bem, todos desejamos isso. Contudo, o assunto é muito mais complicado.

Tomemos dois exemplos de sucesso, um inventado e um real. No primeiro, a Empresa Brasileira de Pesquisa Agropecuária (Embrapa) desenvolve uma variedade de eucaliptos que cresce 10% mais rápido. No ano seguinte, essa variedade será plantada. Impacto sólido e fácil de documentar.

Consideremos, agora, o enorme barulho que fez o Banco Mundial, propondo reformas nos sistemas de saúde. *Papers*, seminários, visitas e tudo o mais. Sucesso! Um país adotou o novo modelo e foi seguido de outros. Porém, entre a pregação do Banco e o primeiro caso, transcorreram mais de dez anos. Quem procurasse resultados antes chegaria à conclusão de que o esforço havia sido debalde.

Novas ideias e novos achados, na área social, pertencem a essa categoria de lenta maturação. Um solitário *paper* pode começar a minar as resistências, criando um clima intelectual que favoreça a eventual aceitação de alguma nova ideia. Mas é possível que tal não se concretize. Em geral, é a cumulatividade dos resultados de pesquisas congruentes entre si que acaba por ter consequências. Não é um único *paper*. Então, como esperar que, nas pesquisas da Eciel, fosse diferente? Alguma publicação pode cair no gosto e ser identificada com um achado estrondoso, mas não costuma ser assim. Se acontecer, não foi ela sozinha que levou a esse resultado.

No Eciel, tínhamos muitos fragmentos, como artigos de jornal ou comentários de algum ministro sobre nosso trabalho. Mas, previsivelmente, nada muito contundente. Tome-se o tema dos custos da educação no Brasil. Era um assunto totalmente fora do radar dos educadores e uma blasfêmia pensar nos custos de um bem tão sagrado. No projeto, calculamos os custos de muitas modalidades de escolas, assim como os custos na política educacional. No caso do Senai, a direção fechou cursos ao mostrarmos que eram caros demais.

Quem não quiser ter que conviver com essa indefinição, que busque outro ofício. É improvável achar alguma conexão clara entre pesquisa e alguma consequência. Não é que não tenha impacto, mas não conseguimos associá-lo a um único trabalho. Porém, no Projeto Eciel, havia outras consequências tangíveis. A interação entre pesquisadores trouxe benefícios claros. Por exemplo, a disciplina de participar de uma pesquisa bem monitorada e com apoio externo permitia contornar obstáculos ou acidentes de percurso. O modelo trouxe consolidação e institucionalização da pesquisa. Dever cumprido.

***

Estava também chegando ao fim outra aventura. Concluía-se a construção da minha casa, nas ladeiras do Cosme Velho. Foi feita com material de demolição de três casas de fazenda trazido de Minas, complementado com as demolições da rua do Catete. O (péssimo) construtor ficou doente e abandonou a obra. O mestre de obras, também. Sobrou uma família de carpinteiros, vindos de Sobral. Meu contínuo fazia a folha de pagamento, e eu, o resto. Foram três anos e meio de labuta, trapalhadas administrativas, assaltos à obra e sei lá mais o quê. Ao longo de três anos e meio, aprendi uma lição importante sobre construção de casas. Não adianta o construtor querer terminar. Casas têm vontade própria e só acabam quando querem fazê-lo. A duras penas, terminou a construção. Marquei a mudança para a semana seguinte.

Todavia, o domingo seguinte reservava uma surpresa. Manhã primaveril. Últimos preparativos antes de partir para o meu voo de asa-delta na praia do Pepino. Toca o telefone. Era Guilherme de La Penha, diretor da Finep. Perguntou, sem preliminares: "Claudio, você quer ser o diretor-geral da Capes?".

CAPES: VESTINDO A PELE DO INIMIGO

COMO RESPONDER? Meus temores diante da ameaça de uma promoção no Ipea não se materializaram. Mas ir para o ministério que era o principal alvo das minhas críticas? Contra tal temeridade militava também a minha aversão a cargos de gestão. E os três anos e meio sofridos com a construção de uma casa ficariam sem a recompensa de nela morar para me mudar para Brasília?

Há argumentos a favor? Um deles é ser a Capes a joia da coroa do MEC. Se algum dia tivesse que me submeter à infâmia de ir para o MEC, pelo menos que fosse para lá. Também havia um "experimento científico" possível. Não me cansava de acusar os gestores do MEC de serem tíbios ou covardes. Ora, por que não me colocar na posição deles e testar se, realmente, são pusilânimes ou ignorantes? Talvez não desse mesmo para fazer o que eu considerava certo. Arrogância da minha parte? Com certeza, mas quem disse que não tenho meus pendores nessa linha?

E há o outro lado. Não sou imune às vaidades humanas. Aos 40 anos, poderia dirigir um órgão prestigioso e lidar com as cabeças mais afiadas do país, mas daí a ser capaz de enfrentar as víboras da burocracia ia uma distância. Minha tia, Bárbara Heliodora, membro de um comitê assessor da Capes, apostava com Fredric Litto, da USP: eu ficaria no cargo uma semana? Ou atingiria um mês? De meu lado, estava disposto a testar o sistema. Iria fazer o que me pareceria o certo e queria ver quanto tempo duraria minha gestão antes de ser defenestrado. Foi assim que pensei. No final das contas, durei quase três anos, bem mais do que eu próprio pensava.

Por que havia sido convidado para ocupar tal posição? Pela minha reconstrução dos fatos, entrava Figueiredo na Presidência. Seu irmão, Guilherme, era um autor respeitado nos meios literários. Sugeriu para ministro o Eduardo Portella, seu colega do departamento de letras da UFRJ.

Parecia um bom nome, crítico literário reconhecido e exímio no uso das palavras.

Aceito o convite, Portella tinha que compor sua equipe. Para a Secretaria de Ensino Superior (SESu), pensou em Guilherme de La Penha, um professor de matemática que, ocasionalmente, lhe dava carona para mover-se no *campus* do Fundão. Estava, então, na diretoria da Finep – onde eu já me havia encontrado com ele. Virava vice-presidente da Finep Dionísio Dias Carneiro, bom amigo dos tempos de Vanderbilt. Penso que assim surgiu meu nome. Não sei se também contou, mas a editora Tempos Brasileiros, dirigida pelo irmão do Portella, havia publicado um livro meu.

Na minha primeira semana de trabalho, tive uma amostrinha do sabor da burocracia. Tomava posse a presidente do Inep. Na cerimônia, me encontrei com o secretário-geral do MEC (o cargo mudou de nome, hoje é secretário-executivo). Logo ao ser apresentado a ele, me despejou uma queixa: "A Capes não é mais a mesma. Imagine que um magistrado, uma figura que merece todo o respeito, pediu uma bolsa para o seu filho. E não é que foi negada?!". Não voltei a ver desnudados fragmentos tão crus da velha burocracia, mas esse bastou para ver que não estava mais no Inpes.

Esse caso andava na contramão da grande cruzada que empreendíamos na Capes: promover a meritocracia e banir os favores. Ainda assim, durante a minha gestão, ganhei uma rede, uma panela de *sukiyaki* e um pote de geleia de jabuticaba. Vieram de gente agradecida pela bolsa ganha. Todavia, se a nossa vaidade era decidir pelo mérito, esses mimos sugeriam que não passávamos essa mensagem. Pelo contrário, havíamos feito um favor, devidamente reconhecido pelos presentes.

A Capes era bem-nascida, iniciativa de Anísio Teixeira, em 1951. Foi sempre dirigida por gente respeitável. Com a brusca aceleração das universidades federais, seu porte cresceu, pois, junto com o CNPq (o então Conselho Nacional de Pesquisas), era quem financiava as bolsas de estudo para preparar professores.

Meu antecessor, Darcy Closs, com os fundos abundantes daquele período, pisou no acelerador. Mas eram recursos do Ministério do Planejamento (Finep), e não do MEC. Assim é que a Capes tinha uma vinculação meio ambígua. Era parte da SESu, mas tinha cordão umbilical, algo indefinido, com o Planejamento. Isso dava independência e abria espaço para a rebeldia.

Encontrei uma clivagem na funcionalidade das universidades federais. A graduação estava nas mãos da velha burocracia que com ela se criou. A pós-graduação nascia nas mãos das agências de fomento (Capes, CNPq e Finep), distantes do núcleo tradicional das universidades e do MEC e financiadas à revelia de reitores e seus burocratas. Eram corpos estranhos no tecido das burocracias universitárias. Afirma-se, até mesmo, que foi construído um prédio inteiro no *campus* de uma universidade sem que a própria administração tomasse conhecimento. O reitor só se deu conta ao ser convidado para a inauguração. Verdade?

Levou muito tempo até que houvesse uma real aproximação entre esses dois níveis de ensino. Mas, do ponto de vista da governança efetiva, o abismo era intransponível. A pós-graduação operava em um espaço altamente competitivo. Havia que brigar pelas bolsas e pelos fundos de financiamento das agências nos seus balcões de projetos. Pela lógica desses mecanismos, a qualidade era fortemente premiada. Em contraste, na graduação não havia prêmios ou punições. Não havia incentivos de espécie alguma. Como se costumava dizer, era a "casa da mãe Joana".

TOUREANDO A BUROCRACIA

Na composição do corpo de funcionários da Capes, havia três estamentos. Um, mais antigo, era formado pelos servidores vindos do Rio, quando lá estava a instituição. Mais formais e pouco intelectualizados. Porém sabiam tocar a máquina administrativa e conheciam as suas regras. Mais vibrantes eram os técnicos e professores universitários, encontrados circulando por Brasília ou emprestados das universidades federais. Naturalmente, as secretárias e os contínuos eram recrutados no mercado local. Tinham todos um elemento comum: torciam para a Capes, sendo dedicados ao extremo. Lá estavam ausentes os mais egrégios defeitos do serviço público. De longe, era o que de melhor tinha o MEC.

Ao tomar minha decisão final de embarcar, fui fazer uma visita à Capes, ciceroneado por Hélio Barros, substituindo o Darcy, que já havia partido. Tentando entender o emaranhado de formulários para bolsas de estudo no exterior, perguntei se o que tinha à minha frente não duplicaria outro formulário que já havia visto. Rapidíssimo no raciocínio, Hélio concorda. Naquele minuto, manda a funcionária eliminar um deles. Sucesso.

Mas meu primeiro dia de trabalho foi menos glorioso. Saindo do departamento pessoal do MEC, dirigi-me ao elevador da plebe, pois estava sem gravata. Uma alta funcionária, pressurosa, pegou-me pelo braço, conduzindo-me para o das autoridades. Vendo os meus trajes, sem mais conversas, o ascensorista fechou a porta. Voltando ao meu escritório, minha primeira providência administrativa foi mandar desentupir a privada do meu gabinete.

Quando estava namorando seriamente a oferta da Capes, minha primeira providência foi ler um livrinho de Peter Drucker sobre gestão. Segundo ele, um executivo não pode buscar a decisão mais acertada para cada caso. Tem que responder rapidamente, acertando e errando. Exceto em uma área: pessoal. Nesse assunto, nada de decisões precipitadas ou impulsivas. Com isso em mente, logo nos primeiros dias, promovi uma reunião com o pessoal mais sênior da organização, algo em torno de uma dúzia de pessoas. Pensando em Drucker, comecei dizendo que todos estavam confirmados no cargo.

Foi uma decisão mais do que acertada. A Capes não parou de funcionar por um só minuto. Foi um contraste imenso com a SESu, onde De La Penha dispensou todas as chefias e as substituiu por gente que não tinha qualquer memória do seu funcionamento nem redes internas de comunicação. Um ano depois, essa secretaria ainda claudicava.

Formulei um questionário para as lideranças perguntando o que achavam disso ou daquilo. Lendo as respostas, terminei com uma boa ideia do que poderia pedir a cada um. De todas as decisões que tomei, a mais feliz foi convidar Hélio Barros para continuar como vice-diretor. Hélio combinava uma bela formação acadêmica com dois talentos que me faltavam: sabia gerir a máquina administrativa; e tinha excelente faro político e uma inaudita capacidade para desfazer as pequenas e grandes crises provocadas por minha impetuosidade e irreverência. Sem ele, acho que logo teria sido expulso ou pediria demissão diante dos labirintos administrativos do MEC.

Uma inamovível complicação era o quadro de pessoal da Capes. O que vigia legalmente não permitiria à instituição operar. Por isso, dobramos de tamanho contratando pessoal. Era algo legal, mas justo na fronteira da ilegalidade. Por via de convênios com as universidades, elas contratavam quem precisávamos, e nós, em algum momento, as reembolsávamos. Tratava-se de uma operação delicada e arriscada. Se dependesse de mim, não tardaria um desastre. Ou foi milagre, ou Hélio foi muito competente, ou Deus torcia pela Capes. Escapamos do Tribunal de Contas em meio a amigos e conhecidos enrascados por irregularidades diminutas.

Se fosse apenas para administrar um portfólio de bolsistas, não iria para a Capes. Mas por circuitos convolutos, *de facto*, ela era a formuladora das políticas de pós-graduação no Brasil. Além disso, tinha uma interessante coleção de projetos, e, para minha surpresa, tínhamos autonomia espantosa para agir, perguntando ou não à SESu ou ao ministro sobre os caminhos que poderíamos tomar.

Tendo o Hélio para me cobrir, pude me dedicar a interpretar o momento e pensar em políticas para a pós-graduação brasileira. Ainda assim, havia tarefas que o titular não podia delegar. O serviço público tem uma peça chamada "processo". Sua existência material é uma pasta na qual se colecionam todos os papéis gerados em relação a um pedido qualquer. Confrontado com essa diabólica invenção, o diretor-geral precisava se manifestar: "Deferido" ou "Indeferido".

Logo começaram a aparecer processos que deveriam ser decididos em nível mais baixo. Era um grande estorvo aliviar subordinados da responsabilidade por tais decisões. Decidi por uma solução herética. Diante de processos irrelevantes ou bobos, escrevia de próprio punho: "E eu com isso?". Tal comentário, por escrito e assinado em um papel oficial, trazia um grande embaraço. Logo, tais decisões pararam de chegar à minha mesa.

Nesse ínterim, havia as questões práticas de mudança e vida no Planalto. Herdei o apartamento funcional do Darcy. Correto, mas não cabia minha marcenaria. Guilherme De La Penha estava em um enorme, sozinho naquela imensidão. Propus a troca, e ele aceitou. Minha mudança estava chegando do Rio, e faria todo o sentido ir direto para o grande. Chega o caminhão. Mas eis que o porteiro declara, peremptoriamente, que não poderia haver mudanças sem autorização oficial. Tentei achar alguém importante no MEC, mas não conhecia ninguém. Na tentativa de uma "chave de galão", não encontrei "galões" que me ajudassem.

Minha filha, com poucos meses de idade, tinha suas mamadeiras e fraldas no caminhão. Perguntamos se era possível, pelo menos, levar as malas. Era contra os regulamentos. Levar algumas coisas nas mãos? Sim, isso podia. Começou a faina dos transportes, peça a peça. Mas apareceram uns baldes na mudança. Balde pode? Como não estava nas regras, podia. Dessa maneira, foi executada a mudança.

Instalamo-nos antes que partisse De La Penha. Pelas manhãs, a empregada dele servia-lhe o café em uma ponta da mesa. Na outra, tomávamos o nosso, com equipamentos totalmente separados. Felizmente, durou pouco.

Recebia, com certa frequência, reclamações de que cartas de bolsistas, angustiados com crises de saúde ou dinheiro, ficavam vários dias retidas na sala de triagem de correspondência. Lembremo-nos, não havia fax, e telefonia internacional era complicada e caríssima. Mandei um funcionário verificar a causa da demora. Voltou dizendo que não descobriu nada errado. Um diretor voltou com o mesmo diagnóstico.

Um dia, ao chegar, passei pela salinha de triagem. Resolvi investigar, eu mesmo. Sentei-me diante de uma grande mesa e pedi aos jovens contínuos que me ensinassem a fazer o trabalho deles. À medida que ia aprendendo, confirmava-se o diagnóstico que havia recebido: nada errado. Saí, meio frustrado.

Porém, milagre! Desse dia em diante, não houve mais atrasos. Eram jovens humildes fazendo um serviço subalterno. De repente, estão ensinando ao diretor-geral como trabalhar. Sentiram-se valorizados. Daí seu maior empenho. Atirei no que vi, acertei no que não vi.

Tínhamos um time de vôlei em que jogavam eu, Spagnolo, alguns outros técnicos e os contínuos. Acho que isso consolidou minha liderança interna. Com o passar do tempo, os funcionários menos afins com os novos estilos foram saindo por iniciativa própria. Para preencher as vagas, recrutei alguns dos meus melhores alunos da PUC-Rio e da FGV. Nessas indicações, acertei bem. Revelaram-se produtivos e motivados. Dentre essas recentes aquisições, havia uma excelente funcionária, também cara amiga. O que mais chamava a atenção na sua presença era o fato de, ocasionalmente, vir a cavalo para o trabalho, atando o seu cabresto no poste em frente ao prédio.

Com uma equipe jovem, cevada nos costumes da academia e altamente motivada, meu estilo de liderança era informal. Tínhamos um Conselho de que participavam vários diplomatas do Itamaraty. Em uma ocasião, ofereci uma explicação para algum assunto. Fui contestado por um dos meus técnicos. "Claudio, não é nada disso. Sua explicação está errada." Em seguida, ofereceu a sua versão. Nada de estranho, dados os estilos da casa. De fato, sempre insisti que, ali, pecado mortal era não dizer o que se tinha na cabeça. Terminada a reunião, um diplomata comenta: "Que maravilha trabalhar em uma organização em que os subordinados podem contestar livremente os chefes!". Vitória para o meu estilo de gestão.

Tempos depois, o prédio alugado em que operávamos estava pequeno para nós. Buscamos um corretor de imóveis para mostrar-nos alternativas. Fomos os três, Hélio Barros, Domingos, nosso diretor-financeiro, e eu. A cada imóvel que visitávamos, percebia-se a angústia do corretor. Domingos, penteado, alinhado, vestindo um terno elegante. Hélio mais falante e perguntador. E eu, bem malvestido, sem paletó ou gravata. O corretor presumia ser Domingos a maior autoridade, mas Hélio falava mais. Porém, ocasionalmente, os dois me consultavam. Quem seria o chefe? Quem deveria bajular?

Domingos, impecável na aparência e na sua competência no cargo, era da velha geração carioca. Passava os fins de semana no Rio e costumava trazer uma caixinha de bombons para a diretora de orçamento do MEC. Graças a isso, recebia dela algumas inconfidências muito úteis para a Capes. Por exemplo, ao saber que um projeto no ensino básico que estava encalhado seria cancelado, Hélio eu nos reuníamos para formular um novo projeto, no mesmo horizonte financeiro. Íamos ao Portella apresentar a ideia, decantando as suas excelências. Ele se entusiasmava, porém dizia logo que não havia fundos, que ligasse para a dama do orçamento e perguntasse. De fato, *orçamenteiro* não gosta de quem não opera bem, não termina no prazo e não sabe prestar contas. E ela bem sabia que a Capes era o oposto disso. Em geral, saíamos do gabinete com o projeto aprovado.

NAS ENTRANHAS DO SNI

Fiquei sabendo apenas depois: não fui a primeira escolha para dirigir a Capes. O antropólogo Roberto Cardoso havia sido sondado, mas exigiu que fosse eliminado o veto ideológico da seleção de bolsistas feito pelo SNI.

Como isso estava fora de cogitação, recusou a oferta. Aceitei o cargo sem saber desse percalço.

Compreendi a importância da sua exigência ao começarem a pipocar casos de candidatos aprovados pelos consultores, mas negados pelo SNI. Era óbvio que não podíamos admitir isso. O mal-estar era inevitável, e a imprensa alimentava a discórdia. Conversando com De La Penha, ele logo disse que o problema era simples, bastava falar com o então coronel Nini (assim os íntimos chamavam Newton Cruz), o número dois do SNI e considerado o belzebu da repressão. Duvidei do sucesso da empreitada.

Foi marcado o encontro. Acompanharam-me consultores da Capes. Estacionei minha moto dentro do quartel, e fomos recebidos pelo coronel, com toda a gentileza. Estávamos diante de uma boa pilha de processos referentes à seleção de bolsistas. Abriu o primeiro e leu sobre a longa carreira de ativismo político e visível hostilidade ao governo do candidato. Repetiu a ação com o segundo e o terceiro. Para ele, que sentido haveria em dar uma bolsa a um comunista contumaz? Pior, iria para o exterior e iria falar mal do Brasil.

Argumentei que eram quase todos professores de universidades federais. E continuariam sendo. Diante do veto, passariam o resto da vida falando mal dos militares. Ganhando a bolsa, iriam para universidades, onde nem teriam tempo para tais diatribes, nem plateia. Estariam angustiados pela pressão acadêmica. Sendo assim, concedendo a bolsa, o governo escaparia do desgaste de anos de sua ranhetice.

O coronel descartou meu argumento e seguiu mostrando os processos. Foi-se uma boa hora nesse desfilar de conflitos dos candidatos com os órgãos de segurança. Pensei cá comigo: caso perdido. Subitamente, retornou os processos à pilha e disse: "Castro, o senhor está equivocado. O SNI não veta os candidatos, apenas recomenda que não sejam concedidas as bolsas. Vamos combinar o seguinte: continuaremos a agir como sempre, mas, quando aparecer uma recomendação negativa, ignore. Mande assim mesmo. Avisarei ao nosso representante no MEC que esse é o acerto". E assim foi. Terminados os embaraços com o veto ideológico. Acho que sou dos poucos que tem uma dívida de gratidão para com o coronel Nini.

Seguiu-se apenas um acidente de percurso. Mudaram o ministro e o chefe de gabinete. O novo pousou em sua sala deparando-se com a Capes enviando, para o exterior, um candidato vetado pelo SNI. Estava de férias quem conhecia o acerto. Veio o mundo abaixo. Tivemos que correr para o gabinete e explicar a situação.

A GEOPOLÍTICA DAS BOLSAS NO EXTERIOR

O Brasil sempre patrocinou bolsistas para estudar no exterior. José Bonifácio, Intendente Câmara e Carlos Gomes são exemplos conhecidos. Mas eram um pinguinho. Tudo muda na metade do século. Com o salto na educação superior, houve uma grande expansão das bolsas, visando criar uma pós-graduação séria. Apenas assim poderíamos ter bons professores e pesquisas.

Pioneiros foram os esforços de duas fundações norte-americanas. A Rockefeller apoiou a agricultura, e a Ford as áreas sociais. Tais programas buscavam os melhores candidatos e os enviavam para as melhores universidades dos Estados Unidos. Em um cenário de Guerra Fria, a Usaid logo multiplicou o número de bolsistas, aplicando os mesmos critérios de seleção das duas fundações. Aliás, no início dos anos 1960, estive eu no rol dos seus bolsistas. CNPq e Capes entraram no circuito, progressivamente, substituindo as outras fontes. Ambas herdaram os critérios meritocráticos na seleção. Era uma revolução em relação ao "toma lá, dá cá" que existia antes.

A seleção dos candidatos era feita por grupos de cientistas, e as duas agências acatavam as recomendações. Dentre os critérios da avaliação, pesava consideravelmente o prestígio acadêmico da universidade de destino. Ou seja, era um sistema duplamente meritocrático.

O Brasil enviou ao exterior seus melhores candidatos para estudar nas melhores universidades do mundo. Não conheço um estudo sistemático avaliando o impacto dessa política. Porém sugere-se o impacto gigantesco desses bolsistas na sociedade brasileira. Foram os dólares mais bem gastos pelo governo norte-americano.

Nas ciências econômicas, houve uma revolução. Em poucas décadas, fizemos uma completa "substituição de importações". Os brasilianistas continuaram sendo bem-vindos, mas não indispensáveis. O mesmo aconteceu na ciência política. Nas ciências agrárias, nem se fala. Um esforço parecido foi feito na educação, mas, por razões difíceis de explicar, gorou. Quantidade, houve. Porém algo azedou.

Mas vale a pena notar um efeito colateral negativo dessa política. Nossas melhores cabeças foram para as grandes universidades e voltaram prontas para criar uma pós-graduação e pesquisa pujantes. No entanto, apenas sabiam da vida universitária na elite das escolas norte-americanas. Ao voltar, refugiaram-se nas melhores instituições que tínhamos no país e passaram décadas papagueando o mantra sagrado da "indissociabilidade do ensino e da pesquisa". Correto, de onde vieram e onde estavam. Mas adquiriram uma visão equivocada do ensino superior.

Aí residia o pecado. Dentre as cerca de 4 mil instituições de ensino superior dos Estados Unidos, apenas cem ou duzentas são universidades de pesquisa. O restante é ensino. Com frequência, estão voltadas para uma multidão de alunos mediocremente preparada. Sendo assim, operam sob outras regras.

Tomemos o meu próprio caso. Era aluno de instituições de elite. Onde estavam os amigos que visitava? Em Harvard, Stanford e UCLA. Apenas quando virei diretor da Capes é que descobri o outro mundo da educação daquele país. Há milhares de outras instituições, as *community colleges*, reconhecidas como a mais brilhante invenção norte-americana no ensino superior, devotadas apenas ao ensino.

Semelhante à minha experiência, enclausurado na torre de marfim das universidades de elite, assim foi a de centenas de mestres e doutores brasileiros. Só conhecíamos esse ínfimo universo. E julgávamos tudo como se fosse igual a ele. Quando se intensificou o fluxo para Europa, o padrão se repetiu. Em breves palavras, o ensino superior brasileiro, em grande medida, é governado por gente que desconhece, nos países onde estudou, a variedade do seu ensino superior. As percepções se limitam apenas ao topo da sua hierarquia de instituições.

Voltando para a Capes, tínhamos que pensar no país para o qual enviaríamos os nossos bolsistas. E, nesse assunto, alguns conflitos espocaram. Em nenhum deles, a crise foi mais grave do que na França.

Como quase toda a Europa, a pós-graduação francesa era concebida para poucos, mas invadida por muitos. O contraste com os Estados Unidos não poderia ser maior. Não havia os dois anos de curso, e o apoio aos alunos era muito precário. A orientação de teses era mais do que rala. Os alunos operavam quase que por conta própria. Era óbvio que isso prejudicava a qualidade do trabalho. A defesa consistia em uma cerimônia formal, com nula repercussão sobre a qualidade do trabalho apresentado. Não era de bom-tom mandar reformular a tese a partir de comentários da banca.

Pior de tudo, os bolsistas eram encaminhados para o Doctorat de Troisième Cycle, um curso mais curto e de pouco prestígio no próprio país. Tanto que não era um diploma nem aceito para a docência nas universidades francesas. Para ensinar em universidades, apenas servia o Doctorat d'État, muito mais longo e exigente. Seria um diplominha para a plebe do então chamado Terceiro Mundo?

Muitas universidades federais brasileiras passaram a não aceitar esse diploma como equivalente ao nosso, que era bem mais nutrido por ser inspirado no modelo norte-americano. As colisões legais se multiplicavam, e a Capes estava no olho do furacão. Enviar um aluno para fazer um curso cujo diploma não é aceito na própria universidade de origem?

De nosso lado, espicaçávamos o governo francês, e, possivelmente, esse problema já fermentava dentro da burocracia daquele país. Mais adiante, a França substituiu os dois doutorados por um único, bem parecido com o norte-americano. Já ouvi rumores de que as nossas brigas teriam tido peso nessa decisão. Não tenho como comprovar.

Naturalmente, os grandes estrondos não estavam nas bolsas em veterinária ou em física. Eram nas áreas sociais, e em Paris. Tive uma reunião lá, com 160 bolsistas brasileiros. Alguém pediu a palavra, mas foi interrompido por outro que negava ao primeiro o direito de representar os bolsistas. Bom tempo transcorreu com muitos se engalfinhando, com rancores e alfinetadas. As colisões ocorriam também aqui. A imprensa brasileira se regozijava com as disputas, sendo eu acusado disso ou daquilo pelos entrevistados.

Em um primeiro momento, vendo o crescimento do número de estudantes brasileiros na França e de vários programas institucionais, o governo francês estava entusiasmado. Concedeu-me uma condecoração importante, a Ordre des Palmes Académiques. No entanto, com as confrontações, minha imagem diante do governo francês foi ficando abalada pelo que eu dizia em entrevistas. Porém a medalha já havia sido formalmente concedida a mim antes de me tornar "inimigo" da França. A entrega foi a portas fechadas, quase secreta, embaraçosa e sem qualquer anúncio.

A França não era nosso único grande programa institucional. Cultivados pelo Darcy, e cuidados por Gerhard Jacob, os programas na Alemanha eram muito volumosos e complexos. Ambos de ascendência alemã, eles souberam capitalizar na prodigalidade do país para programas de educação e intercâmbio, que, ao contrário dos da França, eram milimetricamente executados.

Negociar com os alemães era diferente das pelejas com os franceses. Com os germânicos, era preciso combinar a mesma coisa várias vezes. Quando parecia que estava tudo acertado, perguntavam de novo. O lado negativo é que ficavam totalmente desorientados quando o outro lado não cumpria à risca o acertado. O encarregado da cooperação alemã, o DAAD (sigla em alemão de Serviço Alemão de Intercâmbio Acadêmico), era um brasilianista simpático e fácil de negociar.

Presente em algumas visitas estava o Itamaraty, pois na área da física nuclear havia um acordo de cooperação por ele acompanhado. Os diplomatas sabiam do que estavam falando e estavam habituados a essas negociações. Mas o estilo era bem mais formal. No almoço, o embaixador declarava: sentem-se informalmente, não há protocolo para escolher os lugares. Inútil: automaticamente, todos se sentavam dentro do mais estrito protocolo – aprendido em um livrinho do Itamaraty.

Antes da minha gestão, as autoridades alemãs convidaram a delegação brasileira para um jantar, bem formal, em um restaurante elegante de Bonn. De repente, o silêncio reinante foi quebrado por uma gargalhada estrondosa. Era a marca registrada do Ubirajara, um técnico da Capes. Não fazia isso para se mostrar, era parte de si. Todos ficaram constrangidos. Minutos depois, o garçom me entregou um papelzinho com uma mensagem escrita. Achei que seria uma reclamação. Quem estaria reclamando? Pois não é que alguém pedia mais uma risada! Sem dificuldades para ele.

O brigadeiro Piva, doutor em voos supersônicos, era peça importante no acordo com os alemães. Contou-me ele que recebeu uma condecoração importante da Alemanha em formato de cruz. Ao embarcar de volta, passa a sua mala pelo raio-X do aeroporto. O guarda alfandegário, ao ver a medalha no monitor, toma posição de sentido e bate os calcanhares. É duro abandonar uma tradição.

Em paralelo a esses grandes embates, tínhamos o nosso varejinho de pequenos assuntos. Aqui vai um. Tínhamos um princípio geral: bolsas de estudos eram concedidas apenas para pessoas que fossem estudar em universidades de primeira grandeza. Vendo recusada a sua candidatura para uma instituição menos conhecida na Flórida, um professor quis me ver pessoalmente. Explicou que era meteorologista, estudava o clima do Nordeste, cuja origem climática era no Golfo do México, e que os pesquisadores daquela universidade eram as lideranças no tema. Aceitei a explicação, e ele ganhou a bolsa.

Apesar de estarmos em um governo militar, ocasionalmente apareciam políticos. Alguns pediam para relevar a perda de prazo de entrega da documentação. Aceitávamos, pois não era uma transigência nos critérios de escolha. Outros pediam bolsas para os seus apaniguados. Apenas concordávamos em aceitar o pedido e o instruíamos a preencher os papéis para serem processados. Iam para a mesma pilha de todos os demais. Isso não criava problemas. De fato, para os políticos, o importante era a vitória inicial. O que acontece depois era irrelevante.

Recebíamos, também, pedidos dos gabinetes do ministro da Educação e do ministro Golbery do Couto e Silva. Hélio achou uma fórmula. Juntávamos todos os pedidos e íamos falar com o próprio ministro, levando os processos. Perguntávamos, então, se havia algum que ele realmente quisesse atender, seja lá qual fosse a razão. Resultado? Nenhum era pedido do ministro, mas apenas de gente de seu gabinete usando o seu nome. Se me lembro bem, não atendemos a um só pedido desse tipo.

O TERMÔMETRO E A SANTA CRUZADA DA QUALIDADE

Na gestão que me precedeu, houve uma correria para aproveitar a janela dos recursos abundantes e o ímpeto de fazer crescer a pós-graduação no Brasil. Nisso, Darcy foi exímio. Intensamente germânico, como um trator, conseguia recursos e investia na expansão da pós-graduação. Era isso o que deveria ser feito naquele momento. Se fosse eu o diretor, a lógica indicaria a mesma direção. Mas duvido que conseguisse me mover com a velocidade do Darcy.

Quando cheguei, o quadro já era diferente. Menos recursos, e a presença dos frutos do inevitável crescimento atabalhoado. Havia muitos programas ruins, e não precisávamos de mais mestrados precários. Alguns atingiam padrões internacionais, outros seguiam trôpegos.

Minha visão era a de que, nesse nível de ensino, apenas quantidade era pouco. Ou se cria um núcleo de ensino e pesquisa respeitável ou deve haver coisa melhor para fazer com os recursos. Não nos esqueçamos, são cursos caríssimos. E pesquisa "mais ou menos" não serve para nada.

Foi assim que defini a cruzada da qualidade. Entrevistado pelos jornais, não poupava adjetivos para os cursos ruins. Eram um "entulho" indesejável. Porém as palavras foram distorcidas, e fui chamado pelo ministro para explicar por que tinha dito que a pós-graduação de certa universidade era um "entulho". Respondi que não particularizava a dele.

Criar um curso e oferecer aulas em um conjunto de disciplinas era fácil. Porém o cardápio é duplo: as pesquisas também entram no banquete. E elas não acontecem com a mesma facilidade. Clima, liderança intelectual e os meios materiais são essenciais. Leva tempo. Talvez uma década para criar um núcleo de pesquisa produtivo e maduro. Chamava de "modelo trapiche" a fórmula usual. Importava-se um navio de PhDs, vindos de quaisquer países, e ajuntavam-se todos em um grande armazém. Isso dá ensino, mas não pesquisa.

Visitei um mestrado. Quis ver a biblioteca, mas ninguém sabia onde estava a chave da sua porta. Um outro curso, de farmácia, estava fazendo o perfume Chanel nº 5.

Visitei um no Amazonas. No laboratório de águas, explicaram-me que, em cada lugar, a chuva tem uma composição química diferente. Estavam estudando isso. Não objetei, mas me perguntava por que o dinheiro do contribuinte deveria financiar um bando de "malucos" examinando a composição química da chuva aqui e acolá. Alguns anos depois, li sobre os "rios voadores", ou seja, como as chuvas de um lugar são importadas de outro por meio das nuvens. Boa proporção da chuva no Centro-Sul vem da Amazônia. As repercussões práticas desse achado são enormes. Não teriam sido os mesmos "malucos" que descobriram isso tudo? Esse caso nos remete a uma das grandes perplexidades da ciência. Muitas decisões de alocar recursos para a pesquisa são tomadas por gente que quer ver resultados concretos. No entanto, ao visitar o laboratório de águas, não vi qualquer vestígio de utilidade no que estavam fazendo.

A máquina da ciência é como se fosse um caça-níqueis. Enfia-se a moeda, puxa-se a alavanca, e as imagens giram. Pode coincidir que as imagens de todas as colunas se alinhem. Então, a máquina buzina, piscam luzes e sai um resultado importante. Mas isso não acontece sempre. A despeito do claro exagero na metáfora, há um elemento aleatório sempre presente na pesquisa. Em um número desconfortável de casos, não é possível antecipar seu impacto.

Minhas visitas criavam certa perplexidade na cabeça dos reitores. Em uma ocasião, cheguei levando minha asa-delta. Amarrei-a à capota do carro do reitor. Outros me esperavam engravatados, mas eu chegava de jeans e tênis, para melhor carregar a asa-delta. Arrependimento pelas travessuras? Nem tanto, até que eram divertidas.

A BATALHA DA AVALIAÇÃO

Com o súbito aumento no número de bolsas no país, a equipe da Capes era ridiculamente pequena para selecionar milhares de candidatos para elas. Meu antecessor e Hélio Barros decidiram que melhor seria distribuir cotas de bolsas para os cursos e deixar que eles decidissem a quem conceder. Afinal, são os maiores interessados em ter bons alunos.

Bela ideia, mas dar a mesma quantidade de bolsas para cursos ruins, médios e excelentes? Não fazia sentido. Os melhores deveriam receber mais bolsas. Uma solução, mas criava então o problema de descobrir quais eram esses melhores.

Foram criados conselhos de pares, um para cada área do conhecimento. Cada grupo se reunia e avaliava os programas existentes, dando notas de "A" a "D". Funcionou bastante bem. Assim foram distribuídas as cotas de bolsas.

Entro eu em cena, substituindo o Darcy. Encontro um arcabouço sadio, porém ainda improvisado. Transformar esse bom princípio em um sistema de avaliação passou a ser a minha maior tarefa na Capes.

Chegavam os minicomputadores. Transcrevemos neles as informações sobre cada curso. Dessa forma, a cada ano, apenas reportavam as mudanças. Organizamos as informações pedidas. Definimos as regras para a circulação dos consultores a fim de evitar endogenia ou quebra na memória institucional.

Com Gláucio Ary Soares, fizemos um modelo estatístico para verificar se os critérios de qualidade propostos pelos consultores explicavam as notas atribuídas. De fato, assim era.

Por prudência, mantivemos a política de meus antecessores de sigilo para as avaliações. O próprio curso recebia a sua nota. Todos os cursos de nível "A" eram publicamente identificados. Para os demais, segredo.

Isso permitiu que o processo de avaliação pudesse ser refinado, e os erros mais egrégios, eliminados. Em contraste, o CNPq fez um exercício estatístico de avaliação dos cursos e, logo, divulgou os resultados. Inevitavelmente, tinha ainda muitos ruídos e equívocos. A barulheira foi tanta que jamais o exercício pôde ser repetido.

Sem que tivéssemos muita clareza em nossas cabeças, acabamos por criar um mecanismo de incentivo à qualidade e à pesquisa. É tão poderoso quanto incomum no mundo. De fato, jamais ouvi falar de algo semelhante, onde quer que fosse.

Os pares avaliam os cursos, examinando a qualidade do ensino e da pesquisa. A nota resultante, mecanicamente, vai determinar o número de bolsas concedidas. E as bolsas são essenciais para os cursos. Sendo assim, boas notas são um incentivo robusto para melhorar a qualidade.

Tanto quanto sei, aqui e ali, pode haver ambiguidades, ruídos e desencontros nas avaliações. Porém nunca a seriedade do processo foi questionada. Apesar da lisura dos processos, percebem-se quatro tipos de dificuldades.

A primeira é ilustrada por um exemplo. Os professores da economia da PUC-Rio se queixavam de obter nota menor que a economia da UFRJ. Segundo eles, publicavam em revistas mais prestigiosas, ainda que menos artigos. Reivindicavam ter mais qualidade. Quem tem razão? Ou seja, na margem, há conflitos insolúveis.

Uma segunda dificuldade eram as áreas complicadas ou conflagradas. Na época, direito era uma grande confusão. Arquitetura estava em pé de guerra com urbanismo. Em filosofia, havia um conflito entre os que acreditavam em uma filosofia brasileira e os que defendiam a sua inexistência. As avaliações refletiam tais ambiguidades.

Reuníamos os consultores na Capes, durante uma semana inteira, para julgarem os pedidos de bolsas no exterior e procederem à avaliação. Lembro-me de entrar na sala da física, lá pelo fim do segundo dia. Tudo pronto, serviço feito, preparam-se para voltar para casa. Perguntei se gostariam de visitar algum curso sobre o qual tivessem dúvidas. A resposta foi brusca: "Conhecemos todos".

Lá pelo penúltimo dia, fui à sala da educação. Ainda estavam discutindo se cabia fazer essa tal avaliação dos cursos. Não se punham de acordo. Que tão fidedignas serão as notas nessa área?

Em outras palavras, se os bons figurantes da área não se põem de acordo acerca do que é bom e do que é ruim, a avaliação pouco informa. Portanto, em algumas áreas, há clareza. Em outras, não.

O terceiro conflito são as notas fracas para programas em regiões pobres e de poucas tradições educacionais. Quantas vezes recebia a visita de alguém dizendo: "Mas, professor, o nosso Estado é pobre, como avaliar com o mesmo critério dos mais ricos?". Para eles, tinha uma resposta pronta: "Meu senhor, o termômetro tem que ser o mesmo. Pessoas muito febris não recebem um termômetro mais camarada. Isso não quer dizer que o diagnóstico e a terapia terão que ser iguais".

A quarta restrição é o fato de que a avaliação, até certo ponto, tira a liberdade dos cursos para experimentar com modelos e assuntos.

Alguns pró-reitores de pós-graduação, por decisão própria, divulgavam todas as notas que recebiam da Capes. Bela iniciativa de transparência, mas criavam-se algumas perplexidades. Como comparar o "A" de serviço social com um "B" de odontologia? Esse segundo curso operava em um setor muito mais competitivo, e as exigências eram amplamente superiores. A resposta é simples: a comparação é sem sentido.

Em retrospecto, a Capes criou um sistema de avaliação da pós-graduação com padrões equivalentes aos dos países desenvolvidos. De resto, mesmo nesse nível, são poucos os que têm um sistema tão bem estruturado.

Esse é um aspecto que merece comentários. As avaliações dos países mais destacados em ciências podiam ser frágeis. Nos Estados Unidos, as avaliações existentes vêm de sociedades profissionais e científicas, cada uma usando os critérios que lhes parecem corretos. Na França, a única avaliação era feita pelo jornal *Le Monde* – como fazia a revista *Playboy* brasileira, antes de o MEC entrar em cena. Alemanha e Inglaterra tinham sistemas informais e pouco transparentes. Na América Latina, rigorosamente, nada havia. Ou seja, pelo menos nessa época, o Brasil tinha uma posição ímpar no mundo.

Não obstante, isso também tem o seu lado negativo. Se o sistema criado pesa muito na lógica da instituição avaliada, isso significa que erros embutidos nele terão consequências graves.

Nessa linha de raciocínio, um problema egrégio se manifestou anos após minha saída. Por razões históricas, toda a regulamentação dos mestrados foi inspirada nas tradições científicas; nesse caso, beberam das regras da biofísica da UFRJ. Porém as áreas profissionais têm diferentes lógicas e tradições. Seu objetivo é ensinar a fazer, e a não escrever e publicar *papers*, como nas ciências. Para os professores, é muito mais importante a experiência prática naquilo que é a essência da profissão. E os melhores mestres estarão no mercado, trabalhando. Não se espera que disponham de muito tempo para aulas ou orientação de alunos. Aqueles que ensinarão disciplinas acadêmicas, então, que tenham os diplomas, mas não bastam apenas diplomas, a prática tem que contar. Dissertação ou tese virou assunto para quem vai ser pesquisador ou ensinar, não de quem vai executar, coordenar, administrar.

Tudo isso foi sacrificado pela imposição dos padrões acadêmicos das ciências nos cursos profissionais. Esse erro está entranhado no sistema. Até hoje não foi erradicado. O chamado "mestrado profissional" é mais farsa do que algo fiel à palavra. De fato, exige muitos doutores em tempo integral e mais a dissertação. Já me cansei de escrever sobre essa distorção. Debalde.

Termino descrevendo o evento mais explosivo na avaliação da Capes, acontecido depois da minha partida da instituição. Como dito, as avaliações sempre foram confidenciais. Encontrei assim e deixei assim. Prevíamos uma divulgação gradual. A coleção completa de notas estava em um livro conhecido como o "livro negro" das avaliações. Esse era o tesouro cobiçado por qualquer jornalista. Pois não é que uma repórter do *Estadão* foi presenteada com uma cópia? Até hoje, não sei quem a furtou, mas tenho as minhas suspeitas.

Edição de domingo, na última página do primeiro caderno, sai a matéria sobre os cursos de nota "E" da USP, os piores. Entrevistados, os seus coordenadores desqualificaram a avaliação. Não era séria, não dizia nada. Porém, o pró-reitor de pós-graduação da USP era presidente do comitê de Química da Capes. A resposta foi breve e contundente: "Se ganharam nota ruim, é porque mereceram". Não apenas isso, a essas alturas, mais de 200 professores da USP já haviam trabalhado nas avaliações, avalizando a sua seriedade. Morreu aí a discussão. Desse dia em diante, a avaliação se tornou pública. Diabruras da história.

O VAREJINHO DO COTIDIANO

Como em muitas agências desse tipo, há espaço para experimentação e há dinheiro para executá-las. Na Capes, havia uma boa coleção delas. Além disso, havia fundos para enviar cientistas ao exterior ou até propostas menos convencionais.

Recebo a diretora do departamento de bolsas e financiamento de visitas ao exterior. Vinha indignada. Estava com o pedido de alguém, solicitando uma passagem para ir a um congresso de pacifismo na Holanda. A justificativa dizia que, na volta, passaria pela Universidade de Wageningen para pegar umas mudas, acho que eram de repolho. Suspeitei quem seria. Para surpresa da funcionária, autorizei a viagem. Tratava-se Warwick Kerr, notável geneticista e criador de instituições de primeira linha. Tenho certeza de que as descendentes das plantas que trouxe estão atualmente sendo vendidas.

Aposentado, foi para a Universidade Federal do Maranhão. Passeando com o reitor, em um sábado, uma funcionária nossa se depara com uma barraca na feira, com Warwick atrás do balcão e uma plaquinha da universidade. Vendia verduras para financiar seu laboratório, acho eu. O reitor se escandaliza. "Onde já se viu barraca de feira de universidade federal?" Ao que responde ele: "Sem problemas, tiro a plaquinha".

Recebi um convite para a cerimônia de entrega de prêmios do Programa Jovem Cientista. Não pude ir, mas pedi a meu assistente que tabulasse todos os prêmios e menções honrosas e que marcasse no mapa do Brasil os estados dos escolhidos. Olhando o mapa, quase tudo estava concentrado em São Paulo. Algo havia no Sul. Acima do paralelo 20, metade do território brasileiro, apenas dois projetos, no Maranhão. Quem orientava? Em ambos os casos, Warwick Kerr.

No aniversário de 30 anos da Capes, faríamos uma grande festa e criaríamos a medalha Anísio Teixeira, em homenagem ao seu fundador. Não era para cientistas, mas para cientistas e professores que criaram instituições. O brigadeiro Montenegro era uma escolha óbvia pela criação do Instituto Tecnológico de Aeronáutica (ITA). Alberto Luiz Coimbra criou a Coordenação dos Programas de Pós-Graduação e Pesquisa de Engenharia (Coppe), mas foi punido por não seguir à risca as regras imbecis do serviço público. Havia um matemático da UnB e mais gente. Pensamos no Warwick. Todos concordaram com o merecimento, mas julgou-se que poderia esperar o próximo julgamento. No caso do Coimbra, havia uma censura formal da UFRJ ao nome dele, no entanto, na iminência do prêmio, a universidade federal cancelou tal execração. Com certeza, fariam papel de bobos, punindo quem estava sendo premiado. O crime deixou de ser crime apenas porque alguém homenagearia o criminoso. Presidi a cerimônia de pé engessado e bengala, fruto de um incidente infeliz na minha asa-delta.

Pouco antes de entrar para a Capes, havia sido residente no Centro Bellagio da Fundação Rockefeller. Lá passei duas esplêndidas semanas trabalhando na redação dos dois livros de síntese do Projeto Eciel. O lago de Como é o mais lindo do norte da Itália, e Bellagio é o pedaço mais maravilhoso dele. O Centro é um palácio renascentista, com jardins estrelados no Michelin e uma vista maravilhosa. Quem está terminando um livro pode candidatar-se a duas semanas de tranquilidade absoluta, intercalada de boa cozinha e bons vinhos.

Meu sonho era de que a Capes criasse um centro nessa linha. Um refúgio para quem precisasse terminar trabalhos acadêmicos ou artísticos. Fui apoiado pela equipe, e saímos em busca de um local. Em Bananal, entre Rio de Janeiro e São Paulo, encontramos uma fazenda de café, recém-reformada pelo Instituto do Patrimônio Histórico e Artístico Nacional (Iphan). Linda e do tamanho certo. Fizemos o projeto e combinamos a cessão. Pois não é que, no último momento, o Iphan fez uma contradança com o Estado de São Paulo e nos deixou na mão?

Uma segunda tentativa foi o convento de Igarassu, perto de Recife. Lindo edifício, do século XVII, e perfeitamente conservado. Talvez um pouco pequeno, mas aceitável. Começamos a fazer as gestões, mas as freiras não quiseram sair de lá. Nada as moveria. A terceira tentativa não houve, pois perdi meu emprego. Pena.

Ao narrar minha vida universitária, falei das bolsas de estudo em economia criadas pelo professor Yvon. Ao me formar, acreditava ser uma solução brilhante, justificando a sua replicação. Saí pregando, tentando vender a ideia. Reitores, diretores, de escolas públicas e privadas. Nada. Fracasso total.

Mas eis que me vejo na Capes, caneta em punho, pronto para assinar qualquer temeridade. Pensei, se ninguém faz, faço eu. Juntei a equipe, meu entusiasmo foi contagiante. O programa foi batizado como Programa de Educação Tutorial (PET). Escolhemos alguns cursos. Na PUC-Rio, a economia tinha vários ex-bolsistas. Não havia que dizer uma só palavra, o PET andaria sozinho. O ensino de direito vivia dias difíceis. Sob a batuta de Tércio Sampaio, criamos um no Largo de São Francisco. Silvicultura era uma área nova, por que não?

O programa começou sem tropeços. Tudo funcionou. Porém saí da Capes e, francamente, amnésia total. Isso foi no início dos anos 1980. Em meados de 1990, enquanto trabalhava no BID, eu voltava periodicamente ao Brasil como assessor do ministro da Educação, Paulo Renato. Sou então surpreendido com a notícia de que o programa não havia morrido. Quando me distanciei da Capes, o PET tinha uns 100 bolsistas. Agora, havia crescido para algo como 11 mil! Quem diria, boas notícias.

Havia um diretor da Capes que, sabe Deus por quê, detestava o programa. Tentou cortar as verbas. Porém lutava contra um bando de meninos brilhantes, ágeis, que, com a ajuda de computadores, conseguiram uma emenda parlamentar para financiar o programa. Diante da derrota, mandou o programa para a SESu. Um caminho para o PET acabar morrendo.

Nesse momento, Maria Helena Guimarães de Castro assume a SESu. Era uma amiga próxima e tinha simpatia pelo programa. Contei-lhe o caso, e ela se convenceu com meus argumentos. PET salvo, no último minuto. Está vivo até hoje. Mudam as regras, muda a filosofia, mas acho que, no mundo real, não muda quase nada. Um bando de gente brilhante, com lugar para estudar junto e uma dinâmica criativa, é receita muito robusta para o sucesso. Pena que não foi ainda avaliado como merece.

Em Brasília, com frequência, convidava para a minha casa as gentes que ia encontrando pelo caminho, umas até importantes. Muitas dessas pessoas, burocratas convictos e enfarpelados, ficavam surpresas com a minha sala de entrada. De fato, ali estava a minha oficina de marcenaria, com amplo sortimento de ferramentas. Por vezes, havia obras em curso, embora a serragem houvesse sido varrida antes de sua chegada.

Nessas épocas, sobrou um privilégio dos tempos heroicos de arrancar funcionários do Rio e levar para a poeira da capital federal em construção. Eram as chamadas "mordomias". No caso do meu cargo, tinha direito a móveis para o apartamento funcional. Precisava de poucos, mas saí buscando pelas lojas o que me agradava.

Tudo tinha que ser comprado com licitação. Sendo assim, abria-se uma para "mesa medindo 195 cm por 129 cm, com altura de 83 cm". Com tal descrição, havia apenas uma nas lojas de Brasília. Por coincidência, era a que escolhera. Tal procedimento era uma amostrinha dos jeitos da capital.

No caso da estante de livros, foi diferente. Procurei em vão. As que havia eram profundas, refletindo a tradição de abrigar os processos. Diante disso, a Capes comprou-me umas tábuas de mogno, e eu mesmo construí a que me atendia. Aliás, ficou bem formosa.

Ao sair da Capes, tentei devolvê-la. Afinal, era propriedade do Ministério da Fazenda. Mas havia um problema. Apenas se pode devolver algo que está no inventário – com uma plaquinha colada –, o que não era o caso, porque não existia uma nota fiscal de compra de estante. Após longas tratativas dos burocratas, finalmente, chegaram a uma solução. A Capes havia comprado madeira e, pelas normas legais, madeira era um bem "consumível". Portanto, havia sido consumida. Nunca existiu uma estante. Até hoje, está na minha sala.

ECOS DO MEC E A VINGANÇA DA BUROCRACIA

O ministro Eduardo Portella tinha muitas virtudes, sobretudo aquelas em que uma língua afiada podia fazer a diferença. Mas conhecia pouco de serviço público, não compreendia a Corte de Brasília nem tinha um repertório de bons nomes para os cargos.

Logo ao tomar posse, foi seduzido por um guru da educação. E permitiu que esse formulasse planos para sua gestão. Nesse papel, de umas dez páginas, dava prioridade completa para o ensino básico. Mal falava do universitário e ignorava a existência da Capes e da pós-graduação. Até que eu concordava com tais prioridades, no abstrato. Mas o MEC não era isso. A melhor equipe, de longe, era a da Capes. A SESu, embora confusa, tinha boas cabeças, muita ação e muito dinheiro. Mas os tripulantes do Departamento de Ensino Básico contrastavam com as figuras olímpicas da SESu e da Capes.

Com essa composição de pessoal e o seu correspondente porte político, a proposta era ridícula. Se fossem tirados recursos da SESu para o ensino básico, duas consequências seriam previsíveis. A primeira é que o Departamento de Ensino Básico não conseguiria sequer formular os projetos a serem financiados com os fundos disponíveis. A segunda é que, politicamente, o mundo da educação superior criaria uma monumental crise.

Difícil dizer quanto tempo foi perdido nesse *quid pro quo*. O curto prazo não permitia senão o que acabou acontecendo. SESu continuou engolindo o orçamento do MEC, e a Capes, sorrateiramente, agindo nos interstícios do poder e do dinheiro.

Algum tempo depois, vindo do mesmo autor, apareceu uma diretriz para a SESu. Era uma coisa disparatada, sem sentido e, do que dava para entender, até contraditória. É convocada uma reunião, com o estado-maior da SESu, uns 15, talvez.

A reunião se arrasta, ninguém se entendia. A tendência era de dizer que dava para conviver com aquela porcaria. Dava para contornar. Ninguém ousava dizer diretamente que aquilo era péssimo para o funcionamento do órgão, apesar de ser isso que pensavam. Fui perdendo a paciência. Não resisti e entrei na discussão: "Pelo que ouço, vocês estão dizendo que esse papel só serve para limpar a bunda?". Após a minha curta alocução, a reunião acabou. Não sei o que se passou depois, mas parece que a SESu não mudou nada.

Já mencionei a figura do secretário-geral. Não conseguiu se ajustar aos anos que corriam. Durante uma viagem do Portella para o exterior em que se tornou ministro interino, preparou um pedido de reforço de orçamento e partiu para o gabinete do Delfim. Simplesmente dobrava o orçamento do

MEC. Um aumento de 1% pode ser uma luta renhida, mas aumentar 100%? Não sei como foi a visita, mas fico pensando nas risadas do Delfim e de seus assessores depois da partida do pobre homem.

Nessa linha de pedir reforço orçamentário, tive um casinho curioso com a Secretaria de Planejamento do MEC, o órgão que cuida das finanças do ministério. Fui visitar o secretário para ver se rapava alguma coisa, já que alguns projetos fracassam e os fundos não são desembolsados. Sem sucesso, embora fosse tratado muito gentilmente por ele. Uma semana depois de deixar a Capes, estava eu chefiando a área de política social do Ministério do Planejamento. Lá, recebo a visita do mesmo secretário de Planejamento do MEC. Os papéis haviam se invertido, era ele que pedia reforço de caixa para o seu ministério. Tampouco eu podia ajudá-lo. Mas ficamos amigos. Assim é a vida na Corte.

Guilherme de La Penha era um excelente matemático e foi um bom diretor na Finep. Mas a SESu era um ninho de víboras, e ele não tinha a prudência e o *savoir faire* para lidar com elas. Some-se a isso uma equipe tripulada por gente de fora, pouco afeita aos mistérios que escondem os porões do MEC. Assim é que se desgastou e foi substituído.

Muito se falava, à época, de uma reforma nas universidades federais. Com as melhores intenções e pouco conhecimento das manhas da política universitária, Portella propôs que se discutissem diferentes modelos de reforma. Encomendou três propostas e esperava uma discussão acadêmica.

Mas os ânimos já estavam exaltados, e os projetos foram vistos como o "pacotão" que o Portella queria impor sobre as universidades. Em vez da discussão produtiva que propunha, houve total execração das propostas e do ministro. Acho que poucos as leram. Olhando friamente, a própria palavra "pacotão" era imprópria, pois os três projetos eram bem diferentes e até contraditórios entre si. Um propunha alguma coisa, outro defendia o oposto. Eram apenas palpites costurados por professores universitários independentes.

Por alguma razão, estive em seu gabinete nesses dias tão pouco serenos. Na inspiração do momento, disse a ele: "O ministro que consertar o ensino básico irá para a história, mas quem derruba ministro é a universidade".

Fiquei meio surpreso, pois ele anotou a frase em um papelzinho. Aliás, não sei por quê, tinha uma caligrafia um pouco trêmula. Momentos após a sua queda, um par de meses mais adiante, uma jornalista da *Veja* entrou no gabinete e, evento improvável, encontrou o papelzinho. Logo publicou seu conteúdo.

Virou ministro o general Rubem Ludwig, um militar muito respeitado no Exército e com alguma proximidade da educação. Foi execrado pela imprensa, com críticas ácidas à ideia de um general logo no Ministério da Educação.

Estive com ele várias vezes. Sereno, culto, autoconfiante, examinava os problemas e dava boas soluções. Iniciou seu mandato em plena crise política nas universidades. O principal problema era o que fazer com os auxiliares de ensino que não haviam prestado concurso. Nesse momento, foi mal assessorado, pois a incorporação que ele permitiu não era politicamente necessária. Mas, afora esse escorregão inicial, pôs alguma ordem no ministério com o auxílio do diligente e simpático coronel Pasquali. Como Ludwig tinha total apoio da Presidência, conseguia fazer muita coisa. Na minha presença, disse mais de uma vez: "Vocês é que sabem de educação, no que precisarem, contem comigo, até para mudar as leis". Foi sucedido por Esther de Figueiredo Ferraz, professora de direito. Diante de um problema, pontificava: "Vejamos o que diz a lei". Mundos diferentes.

Ludwig não ficou tanto tempo no cargo. Foi chamado para o Planalto. Na sua saída, foi organizada uma festa de arromba. Gente em penca. Entrou execrado, saiu festejado.

Após quase três anos de Capes, eu colecionava fãs e desafetos. Nunca consegui fazer a contabilidade de um ou outro, mas os desafetos estavam em posições mais importantes. Com a SESu, trocávamos farpas, nada de muito grave. Só imagino que eu não seria a figura mais admirada lá. Se tinha inimigos, seriam os reitores das universidades cujos cursos desanquei. Com o CNPq, tive alguns encontrões ocasionais com o presidente, nada sério. Ademais, na estrutura de poder, estava longe da Capes. Pelo meu juízo, estava minimamente seguro. As ameaças não pareciam graves.

Um belo dia, recebo a notícia de que perdera meu emprego. Até hoje, não entendi o porquê. Além do desgaste com os reitores, não havia maiores contenciosos. Uma hipótese é de que precisaram de minha posição para permitir a volta ao MEC de um quadro muito estimado e cujo mandato, no seu Estado, havia terminado. Pode ser.

Saí da Capes incapaz de desvendar três mistérios. Quem me indicou para dirigi-la? Quem deu o "livro negro" da avaliação para a repórter do *Estadão*? E quem me pôs para fora? Mas saí com uma confortável sensação de haver feito o que me propusera. Saí, também, como constava já dos meus planos iniciais, defenestrado.

Minha hipótese era de que, com desassombro, pouco amor pelo cargo e esforço obsessivo, seria possível vencer muitas batalhas. Em alguns casos, enfrentei tabus sagrados e saí vencedor. Algumas batalhas, perdi. No todo, pelo que concluí, minha tese foi confirmada: com tais atitudes, dá para fazer muita coisa.

CNRH: VÍTIMA DO SEU PRÓPRIO SUCESSO

QUANDO SAÍ da Capes, estava deveras cansado, em parte fruto das tensões das últimas semanas. Além disso, convalescia de uma doença misteriosa que me afetava as articulações. Fui tomar uns banhos quentes em Caldas Novas. Bela ideia, longe de tudo, apenas próximo das piscinas bem quentinhas.

Porém a paz durou pouco. Liga-me o Savasini, responsável pelo Iplan entre 1979 e 1983. Atirou à queima-roupa: "Claudio, quer ser secretário-executivo do CNRH?". O desemprego durou uma semana.

PARA QUE SERVIA O CNRH?

Na época da sua criação, o "E" do Ipea significava "Econômica". A instituição não cuidava das áreas sociais. Diante desse espaço vazio, em paralelo, foi criado o Centro Nacional de Recursos Humanos (CNRH). Fiel ao nome, dedicava-se à educação. Mais adiante, o órgão passou a cobrir todas as áreas sociais.

Como o Ipea, sua equipe reunia figuras de destaque. No entanto, ao contrário do Ipea, alguns não eram economistas. Na verdade, eram cabeças bem diferentes dos educadores tradicionais. Confortáveis no mundo das estatísticas, liam a literatura internacional e operavam no que hoje chamaríamos de "educação baseada em evidência" – com as ressalvas de que a evidência era mais precária e os microcomputadores não existiam.

Junto com o Iplan, o CNRH mudou-se para Brasília. Também como o Iplan, a instituição foi sendo desgastada pela presença de gente de escassa preparação, recrutada com critérios pouco rígidos. Na maioria dos casos, eram indicações políticas. Ou seja, havia um grupo coeso de técnicos competentes. Mas, a eles, foram somados alguns incompetentes ou desmotivados. Ainda assim, em Brasília, ninguém mais atingia o seu nível de qualidade nos seus campos de atuação. Como o Ipea, formulava políticas e reagia às ideias e modas que circulassem na capital federal. E, obviamente, palpitava na feitura do orçamento da União – até com algum sucesso.

Quando assumi a Capes, Savasini, meu contemporâneo de Vanderbilt, então dirigindo o Iplan, era *uspiano*, gravitando em torno do Delfim, empossado no Ministério do Planejamento. Naquele momento, pediu a mim sugestões de um diretor para o CNRH. Sugeri um economista que havia conhecido, tinha PhD recente e me deu boa impressão. Parecia ser um nome promissor, mas o futuro mostrou que foi uma péssima indicação. Foi para o passivo das minhas realizações profissionais – em Brasília, uma indicação errada perde pontos na bolsa do prestígio pessoal.

Sabe-se lá como, mas meu indicado foi se indispondo com a equipe, sempre muito coesa. Quando sentiu sua impotência, diante de um grupo unido por anos de trabalho, promoveu uma reforma. Separou as pessoas próximas. Debalde, as coisas azedaram ainda mais. Chegou a um momento em que ele não mais falava com os técnicos. Tudo era intermediado pelo chefe de gabinete. Além disso, apenas ele tomava o "elevador das autoridades".

Diante desse clima conflitivo, Savasini fica sabendo da minha saída da Capes. Célere, veio o convite. E por que não? Era a volta à família Ipea, terreno bem mapeado e de honrosa reputação. Já que morava em Brasília e gostava da vida lá, era bem mais cômodo ficar.

REMENDANDO O CNRH

Junto do Ipea, o CNRH sempre foi cuidadosamente zelado e protegido pelo Velloso. Mas nunca foram superadas a suspeição e a má vontade *vis-à-vis* à sólida e pragmática equipe do Delfim. Após anos de convívio com a clivagem Velloso *versus* Delfim, esse último virou ministro do Planejamento. O inimigo virou chefe.

Para minha equipe, ir ao gabinete de José Flávio Pécora, secretário-geral, era como visitar o covil do inimigo. E devo confessar que eu próprio não estava livre de algum preconceito. No entanto, com o tempo, fui descobrindo que era bem fácil conviver com o grupo do Delfim. Não percebi, vindo da banda de lá, qualquer antagonismo ao Ipea. Era um temor infundado.

Para a equipe, o meu antecessor havia se tornado um declarado desafeto. Isso até facilitou a minha aceitação. Por ser "da casa" e conhecido, automaticamente estava do lado amigo; acho que nem tanto pela minha pessoa, e mais pelo alívio de ter alguém menos hostil chefiando o bando. Não percebi qualquer indício de rejeição.

Logo ao entrar, comecei a mapear a situação. A equipe estava amarga, fruto de dois fatores. O primeiro era ter um chefe hostil e mal digerido. Assunto encerrado. O segundo era a inevitável perda de espaço e poder do órgão ao longo dos anos.

Como interpretei, o Ipea e o CNRH haviam tido incomensurável poder, fruto da ausência de outros entes com igual capacidade de análise e formulação de políticas. Mas o inevitável acontecia. Ainda que fosse apenas para peitar, os ministérios foram se fortalecendo. Tornaram-se mais capazes de conduzir um diálogo de igual para igual.

Como sempre dizia à equipe, não adiantam as lamúrias diante do fato consumado. Usava a seguinte metáfora: em uma briga, um dos contendores leva um soco, recua, leva outro soco, recua. Está sempre recuando, na defensiva. É preciso parar de recuar e capitalizar no espaço restante, que, nesse momento, não era pouco. Afirmava, com frequência, que os tempos passados não iam voltar. Deveríamos ser realistas, ainda tínhamos algum espaço e certo poder. Cumpria tirar partido disso e não se esvair em lamúrias.

Ao me familiarizar com a equipe, descobri Dorothea Werneck, meio abandonada, cuidando de assuntos pouco palpitantes. Convidei-a para ser minha vice. Foi inestimável a sua contribuição. Como Hélio Barros na Capes, éramos complementares. Ela lidava magistralmente com números, movia-se bem na administração, e sua animação dava vida à instituição. Porém não tinha paciência para discussões teóricas.

REMEXENDO O ORGANOGRAMA

Virando e revirando o organograma, dei-me conta de que meu antecessor havia conseguido desfazer os grupos existentes e criar uma organização propositadamente desestruturada. Com outros me ajudando, batalhei para elaborar uma nova organização. Na verdade, acho que acabei com algo parecido ao que existia antes das alterações do meu antecessor.

Promovi uma reunião com toda a equipe para apresentar a minha obra. Todos ouviram em silêncio e sem qualquer sinal de hostilidade. Ao terminar, fiz a pergunta inevitável: "Gostaram?".

Levantou-se um, arvorando-se em representante do grupo. Admitiu que eu havia proposto algo bem razoável, mas eles próprios haviam preparado uma proposta alternativa. Apresentou-a com os detalhes necessários. Era bem parecida, e não pude encontrar qualquer defeito maior. Acrescentou que propunham também que as chefias intermediárias fossem escolhidas por votação do grupo, ou algo assim.

Se era isso que queriam, por que objetar? Concordei com tudo, mas com uma ressalva. Eu teria direito de veto na escolha das chefias intermediárias. Tudo resolvido. Mais adiante, não fiz qualquer objeção aos chefes escolhidos por eles.

Poucos dias depois, recebo o grupo proponente do novo esquema. Era hora de remanejar os escritórios, já que quem trabalhava junto deveria permanecer próximo. Nesse momento, tive uma inspiração salvadora. Ora, se vocês propuseram a reforma, agora terminem, rearranjando as pessoas. Bendita luz. Quando deixei o CNRH, anos depois, nem um só técnico havia mudado de sala. As recusas de deixar a sua sala se multiplicavam, e os impasses não tinham solução. É um dos paradoxos do ser humano. Todos se punham de acordo para dividir bolos gigantescos de dinheiro do orçamento, mas eram incapazes de chegar a um acordo para trocar de sala.

COMO LIDAR COM A IDEOLOGIA E OS IMPRODUTIVOS DO GRUPO?

Progressivamente, torna-se nítido o maior dilema que tive durante toda a minha gestão. Havia próximo de 55 pessoas na equipe técnica. Comecei a perceber que uns quinze tinham "fogo no rabo". A maioria trabalhava e produzia, ainda que em ritmo moderado. Em contraste, havia uns dez ou quinze cuja produtividade eu suspeitava ser próxima de zero. E havia um ponto fora da curva, um PhD da Universidade de Stanford, brilhante, simpático e de porte elegante. Sempre nos entendemos bem, mas acho que ele tinha um pacto consigo mesmo de não colaborar com um governo militar. Redigia textos inteligentes comentando artigos científicos que circulavam. Além disso, nada saía.

O que fazer com o bando de improdutivos? Gastar meus cartuchos para botar esses malandros para trabalhar? O custo era óbvio, muito tempo perdido nessa inglória tarefa. A alternativa seria ignorar a sua existência e investir naqueles altamente motivados, maximizando a sua produtividade. Optei pela segunda alternativa. Não me arrependo. Esse pequeno time respondia, e pudemos tocar o CNRH com boa velocidade de cruzeiro. Mas, com certeza, jamais superei o desconforto de permitir que muitos subordinados meus recebessem um salário apesar de não produzirem nada. É um clássico dilema.

Até que não me surpreendeu, mas o grupo da educação era complicado. Ideologias e visões de mundo labirínticas, dúvidas existenciais. Havia de tudo. Julgamos que era boa hora para produzir um documento de política para a educação. Passam-se as semanas. Finalmente, vem o papel. Um horror! Do que me lembro, era solto, vago, conspiratório e pouco factual. Pensei em como reagir. A primeira inspiração foi de dizer o que pensava. No entanto, em um espocar de sabedoria, resolvi enviar o dito papel para Guiomar Namo de Mello e pedir que viesse ao CNRH para apresentar seus comentários. Era conhecida, respeitada, levemente de esquerda e não tinha papas na língua. Funcionou. Com sua mescla de graça e agressividade, não deixou pedra sobre pedra. O fracasso dessa primeira versão levou a uma nova, um documento vastamente superior, e não tive que me engalfinhar com os meus profetas da educação. Aliás, gente experiente e de muito bom nível, porém com seus clássicos cacoetes.

No grupo da saúde, três deles eram de primeira linha. Dois eram bem ponderados e havia uma inflamada. Pertenciam todos à chamada "esquerda sanitária", que havia invadido o Ministério da Saúde. Mas, fossem quais fossem suas persuasões ideológicas, eram dedicados, produtivos e conheciam os problemas de saúde pública melhor do que ninguém – incluindo as equipes do Ministério. Tampouco eram avessos a um diálogo inteligente.

A GRANDE CONFLAGRAÇÃO: FUBÁ *VERSUS* FORMULADOS

Nesse território da saúde, havia uma área conflagrada: a merenda escolar. Nela, a polarização entre direita e esquerda era nítida. A direita era a favor dos alimentos formulados, ou seja, industrializados e com proteína de soja e complementos de vitamina e sais minerais. Os outros contendores defendiam uma merenda com alimentos "naturais", comprados de pequenos produtores.

Um argumento subjacente nos meios da saúde era a hipótese de que pobre, se tendo dinheiro, vai se alimentar bem. O time do CNRH torcia para esse segundo grupo – não seria surpresa. Mas não se recusavam a uma discussão animada e inteligente.

Como a minha vocação é de pesquisador, e não de babá de pesquisador, resolvi me meter nessa briga. Redigi um curto texto, alinhando os argumentos de cada lado: "Fubá ou formulados?". Em seguida, sucessivamente, ia mostrando o *paper* para cada um dos lados, pedindo comentários ou refutações. De um lado, estava meu pessoal. Do outro, dois fabricantes de formulados que iam sempre a Brasília.

À medida que o ensaio ia ficando mais extenso, três questões despontaram como centrais na controvérsia: (1) formulados seriam mais caros ou mais baratos? (2) Como argumentado, haveria uma rejeição desses alimentos por parte dos alunos? (3) Haveria um ganho de saúde em reforçar a dieta com tais suplementos?

Fizemos muita ginástica para estimar qual seria a alternativa mais cara. Afinal, essa era uma parte central da controvérsia. Finalmente, ficou claro: a comparação era impossível. A composição da merenda com alimentos naturais podia variar enormemente. Se tivesse muita carne, seria bem mais cara que os formulados. Com pouca ou nenhuma carne, seria mais barata. Como não se poderia saber como cada merendeira prepararia as refeições, não havia comparação possível. Resolvida a controvérsia.

Sobre o paladar, saí do CNRH antes de ter uma resposta. Mas, logo em seguida, ainda trabalhando sob o guarda-chuva do Planejamento, consegui uma proeza bem interessante. Edmar Bacha, então presidente do IBGE, concordou com minha pesquisa. Philip Fletcher andava pelo Ipea e sabia pilotar um *mainframe*. Extraiu uma amostra aleatória de quinhentas escolas, com seus endereços. No Apple II em que trabalhava, fizemos um questionário. Cópias dele foram postas no correio para a agência do IBGE mais próxima da escola sorteada. Incluía instruções para o seu encarregado. Deveria visitar a escola no horário do almoço, provar a merenda e perguntar aos alunos o que achavam dela. A se registrar, foi uma pesquisa a custo zero.

Os resultados foram suficientemente claros. O agente do IBGE achou a comida aceitável. Mas registrou que os alunos gostavam e comiam com prazer. Formulados ou não formulados, ficavam igualmente contentes. Cancelado o grande mito da rejeição aos formulados.

Havia me chamado a atenção o elemento ideológico influenciando a percepção do sabor dos formulados. Segundo ouvi, a maior rejeição era à proteína texturizada de soja. Seria detestada pelos alunos. Porém essa farinha nem tem cheiro e nem sabor. Pelo contrário, adquire o gosto do que quer que com ela seja misturada. Se não tem gosto, não há como ter ojeriza a ela.

Faltava o terceiro tema: pobre come bem se tiver os recursos para decidir e comprar o que escolher.

A evolução recente da população brasileira sugere uma epidemia de obesidade nos pobres. Ao se tornarem suficientemente prósperos para comprar o que querem, estão ganhando peso e criando um vasto problema de saúde pública. Em outras palavras, não parece que basta ter dinheiro para comer de forma apropriada.

Quanto ao *paper*, nem sequer foi amplamente circulado, pois prestou seus serviços, exatamente pelo processo da sua construção. Eu servira como intermediário, tão neutro quanto possível, na troca de argumentos. Deve ser um caso raro de um trabalho (quase) acadêmico que foi utilíssimo enquanto estava sendo elaborado. Ao terminar, estava pacificado o campo. Não tinha mais utilidade.

Ainda nesse assunto da saúde e nutrição, havia pouco que a Nestlé tinha sido acusada de estimular o desmame precoce, substituindo o leite materno pelo leite em pó – que tanto lucro lhe traz. Revelada a impropriedade, voltou atrás e passou a comportar-se corretamente. Mas, para a minha esquerda sanitária, Nestlé era pecadora impenitente.

Em um encontro com gente ligada ao laticínio e a bacias leiteiras, nos deparamos com um produtor de leite, cliente da Nestlé. Meu pessoal queria ouvir dele as barbaridades cometidas por essa empresa. Pois não é que a figura era deslumbrada por ela? Onde não havia nada, criou uma bacia leiteira, oferecia apoio técnico a veterinários e comprava o leite. Por muito que insistisse a minha equipe, não houve maneira de obter um só fragmento de crítica.

Nessa época, a soja era o alimento mágico. Transbordava proteínas e trazia igual transbordamento ao bolso dos agricultores. Diante do entusiasmo reinante, a Embrapa produziu uma "vaca mecânica", de aço inoxidável, para transformar os grãos de soja em um leite altamente nutritivo.

Com grande fanfarra, o presidente Figueiredo é convidado para a inauguração do aparelho, em uma escola da periferia de Brasília.

Nosso estimado presidente nunca se notabilizou pela diplomacia ao lidar com situações delicadas. Durante a cerimônia, recebeu a caneca do leite para provar. Não gostou e cuspiu, revelando seu julgamento da beberagem. Ali mesmo, morreu a vaca mecânica. Morte prematura, antes mesmo de ser usada. No dia seguinte, exultava o meu pessoal da esquerda sanitária.

Passa o tempo, é anunciada a visita de Fidel Castro. Nas tratativas, ele manda dizer que gostaria de ganhar as vacas mecânicas brasileiras, já que estavam ociosas. O que disse o meu pessoal? "É, a vaca mecânica até que não é uma má ideia."

Por trás desses meandros da administração pública está um conflito nada superficial. Um funcionário público é escravizado de dois senhores. É escravo da razão, mandando-lhe usar todo o rigor analítico para lidar com seus problemas. Em alguns casos, é mister aplicar o método científico. Mas também é escravo de valores e atitudes. Presta serviços à sociedade, e isso requer certas crenças e percepções. No limite, não é impróprio falar em uma ideologia que colore a interpretação do que vê à sua frente.

Porém os dois senhores podem mandá-lo em direções conflitivas. Meus seríssimos funcionários do CNRH eram movidos por idealismo. Entretanto, o corolário de suas crenças conflitava com a realidade observável. Nos casinhos citados, acreditavam em teses frágeis e que não resistiram ao teste da realidade. No meu caso, por estar distante dos conflitos de ideias na saúde, pude conduzir o assunto, puramente, no reinado da razão. De uma forma ou de outra, esse conflito reaparece em inúmeras situações, com frequência, de forma mais contundente.

O CASO CURIOSO DOS ALUNOS QUE NÃO DESAPARECERAM

Naqueles anos, as estatísticas do MEC eram claras: metade dos alunos se evadia da escola entre o primeiro e o segundo ano do ensino básico. Ministros repetiam isso, eu próprio citava esse número. Porém eu sentia um desconforto que vinha de uma rápida conversa com Mary Jean Bowman, de anos atrás. Algo não se encaixava.

Eis que aparece na minha sala Phillip Fletcher. Eu o havia conhecido quando fazia a sua tese de doutoramento sobre o Mobral, e eu, o meu estudo, muito mais modesto, sobre o mesmo assunto. Ele pleiteava um financiamento para continuar o trabalho. Porém eu julgava o assunto ultrapassado nas discussões brasileiras. Em um impulso do momento, perguntei se não gostaria de trabalhar nos números de evasão no início da escolarização, afinal sabia de sua competência e de sua seriedade. Ficou interessado, mas eu não tinha recursos para trazê-lo de Stanford, onde ele trabalhava, após o término da tese. Não sei como nem por quê, mas o escritório da OIT tinha fundos ainda sem destino, como nos disse o seu representante.

No entanto, havia um problema delicado. A Unesco lidava com educação; a OIT, com formação profissional. Nessa época, as fronteiras entre esses dois assuntos eram belicosamente defendidas. Decidimos, então, contratar Fletcher para um estudo de força de trabalho, perfeitamente enquadrável no território da OIT. Mas, sem constar do contrato, ele faria o estudo da evasão. Na verdade, o primeiro estudo era pouco mais que um exercício de fachada. O sério era o segundo.

E, com tal contrato, veio Fletcher para o Ipea, com seu reluzente e invejado microcomputador IBM – ainda raro entre nós. Começou a escarafunchar a literatura técnica. Descobriu Giorgio Mortara, o grande estatístico italiano que havia fugido para o Brasil, durante a Segunda Guerra, por ser judeu. No IBGE, tutelou Mário Augusto Teixeira de Freitas nas artes de modelagem demográfica. Em um dos artigos desse último, entra em cena um modelo de fluxo de alunos.

Aplicando a esse modelo os dados brutos existentes, Fletcher recalcula a evasão. Em um par de meses, me procura com os primeiros resultados – que não mudaram mais. Em vez de 50% de evasão, o novo percentual era de 0,7%. Virava tudo de cabeça para baixo. Como o português dele ainda estava vacilante, depois de anos morando nos Estados Unidos, redigimos conjuntamente o primeiro artigo sobre esse surpreendente achado.

A explicação para a discrepância era simples. Os estatísticos do MEC comparavam o número de alunos do primeiro com os do segundo ano. Como caíam para a metade, a conclusão parecia óbvia: metade se evadiu. Porém não era nada disso. Havia uma monumental repetência no primeiro ano. Na prática, dobrava a matrícula. Sendo assim, havia o dobro de alunos.

O modelo de fluxo mapeava o que acontecia com os alunos na sua trajetória escolar. Entravam no primeiro ano, repetiam uma vez e quase todos passavam para o segundo – apenas 0,7% se evadia.

Mas quem diz que os estatísticos do MEC aceitavam a explicação? Pelo jeito, não queriam dar o braço a torcer. Fica, então, a educação do país com duas explicações monumentalmente diversas para o que acontece no início da vida escolar. E o tempo ia passando. Irritado e querendo atear fogo na fogueira, João Batista Araujo e Oliveira, dileto amigo e diretor do Cendec-Ipea, foi conversar com o senador João Calmon. Convence-o de procurar o ministro da Educação e instá-lo a pedir uma perícia técnica sobre o assunto. Afinal, não poderíamos conviver com dois números tão distantes.

Ruben Klein, presidente da Sociedade Brasileira de Estatística, é convocado como árbitro. O assunto é tão elementar que lhe custa quase nada de esforço para entender o desacordo. Obviamente, o modelo de fluxos dava a solução correta. Curioso é que ele se baldeou para as estatísticas educacionais após essa consulta.

Mas nem isso convenceu os estatísticos do MEC. O assunto só morreu com a chegada de Paulo Renato Souza ao ministério, que convocou uma física da USP para assumir as estatísticas do MEC. Tampouco ela precisou de muito tempo para entender a querela.

Pensando bem, é um caso curioso. Gastei alguns minutos olhando duas tabelas com Mary Jean Bowman. Mas me enrolei em sua intepretação. Dez anos depois, alguém bate à porta do CNRH querendo estudar o Mobral. Em vez disso, sai com uma pesquisa estatística sobre repetência. Essa pesquisa foi financiada graças a uma peraltice da OIT, que patrocinou um estudo de educação e, assim, invadiu o território da Unesco. O MEC não aceita os resultados. Apenas com a mudança de governo a controvérsia desaparece. Parece coisa de opereta.

Costumamos conviver com controvérsias alimentadas por visões ideológicas conflitantes acerca de como é o mundo. Esse caso não tinha ideologia. Era um velho senhor, havia muito, casado com a sua explicação. Seria embaraçoso admitir que defendeu números equivocados. Ou, então, também para defender sua autoestima, recusava-se a examinar friamente a questão. Sempre me chamou a atenção a intromissão das emoções nos julgamentos científicos. É uma praga eterna e ubíqua.

AS RELAÇÕES INTRICADAS DO CNRH COM OS MINISTÉRIOS SOCIAIS

Aos poucos, comecei a entender a complexidade das relações da minha equipe com os respectivos ministérios. Com certeza, no início – tal como ocorreu no Ipea –, para os ministérios em que operavam, eram vistos como ogros. Viam tudo apenas de fora e eram temidos.

Com o passar do tempo, vai mudando a situação. Estabelecem vínculos de trabalho e amizade com os "seus" ministérios. Não sei se exagero, mas podiam ser vistos tanto como representantes dos ministérios dentro do CNRH ou representantes do CNRH dentro dos ministérios. É um papel que pode até ser conflitivo. Passam de um lado para o outro e sabe-se lá quando defendem ou atacam. De fato, podem haver sido recrutados da equipe própria do ministério. Ou do CNRH migraram para os ministérios. Alguns foram e voltaram. É confuso e ambíguo, mas não pareceu disfuncional essa dupla militância.

Uma das missões tradicionais do CNRH era discutir as propostas orçamentárias das áreas sociais. Tínhamos o conhecimento dos assuntos e bem mais imparcialidade do que os ministérios. De fato, desse outro lado, o argumento é simples e monótono: queremos mais recursos.

Nas reuniões de orçamento, estavam Delfim, Pécora (secretário-geral) e o *orçamenteiro-mor*. As pilhas de papel iam sendo vencidas com extraordinária velocidade. Diante do tamanho do orçamento, cada pedaço tinha apenas segundos para ser discutido. O ritmo era estonteante. Com minha incompetência mórbida para somas e subtrações, não conseguia acompanhar. Quando enfim entendia, Delfim já estava no item seguinte. Para me ajudar, levei a campeã dos números, Dorothea. Ela acompanhava, mas não havia tempo para me explicar. Dei a ela a liberdade para fazer os comentários que tivesse. Funcionou, porém virei uma peça inútil no palco da discussão orçamentária. Nada a se fazer.

Um belo dia, Savasini me chama. Havia sido criado o Fundo de Investimento Social (Finsocial), um tributo para financiar a área social. Corrigidos para os dias atuais, estávamos falando de muitos bilhões de dólares. Ele queria que propuséssemos uma alocação para os fundos, por área social e por projetos. Saindo dali, reuni meu povo e declarei que não acreditava que uma alocação técnica fosse prevalecer. Com tanto dinheiro, era impossível que a politicagem não entrasse. Mas tínhamos que dar o nosso melhor.

Mãos à obra. Com seu talento para números, Dorothea teve papel preponderante. Em duas semanas, levei a papelada para o Savasini, mesmo acreditando ser trabalho perdido. Grande choque cultural! O Planejamento aceitou, *ipsis litteris*, tudo que havíamos proposto. Como era possível?

ENTREOUVINDO O CASO DO FMI

Na minha posição, não despachava regularmente com Delfim, mas ouvia o que me contavam os meus amigos próximos que frequentavam seu gabinete. Naqueles momentos, os fundamentos macroeconômicos do Brasil estavam periclitantes. Faltando alternativas, recorrer ao Fundo Monetário Internacional (FMI) era a embaraçosa rendição que todos temiam.

No capítulo em que relatei minha experiência no Ipea, mencionei o eterno contencioso de desenvolvimentistas *versus* monetaristas. Delfim queria continuar crescendo, porém as contas públicas haviam se deteriorado além do aceitável. Não dava para insistir mais nessa linha, embora fosse também cara aos militares, refletindo até certa propensão da sociedade brasileira. De fato, diante de uma crise, nossa sociedade tem grandes dificuldades para tomar medidas radicais e impopulares, como é a direita monetarista. Mas não houve como escapar. Era necessário pedir a ajuda do FMI. Era a grande rendição. Anuncia-se a chegada próxima do seu funcionário para iniciar as primeiras conversas. A equipe se prepara. Delfim sugere um artigo altamente teórico, na *Econometrica*. Marca uma reunião para a madrugada. Entreouço os resmungos de que não haviam entendido nada do tal texto.

Chega o técnico do FMI, reúnem-se todos e apresentam a ele uma planilha resumindo a proposta do Brasil. Todos, ansiosamente, aguardavam uma discussão teórica monetária. Porém, ao receber a tabela, o funcionário puxa a sua calculadora HP e confere as contas. Desastre, encontra logo um erro na soma! Nenhum prejuízo para as finanças brasileiras ou para as negociações com o FMI, mas lembro-me perfeitamente da desolação relatada pelos presentes quando me encontrei com eles.

Era a vitória, pelo menos parcial, do pensamento monetarista. Havia que remendar as contas públicas. No entanto, nunca embarcamos seriamente na férrea disciplina de um ajuste profundo. O pêndulo vai e volta, até os dias atuais.

HAVIA MINISTÉRIOS DO PLANEJAMENTO?

Aos poucos, fui entendendo o estilo do Delfim. Ele tinha duas *personas*, um intelectual puro e sofisticado e, também, um operador competente e pragmático. Diante disso, havia dois ministérios. E havia a hora de um e a hora do outro.

O Ipea era o reinado dos puros, dos pesquisadores, da ciência e dos grandes princípios. Éramos jovens, idealistas e mergulhávamos nas pesquisas até o âmago do nosso ser. Éramos também tecnocratas, no mais radical nível.

Mas isso não faz andar o mundo real. Alguém tem que mandar e tomar decisões. Na prática, requer transigir e, até mesmo, se equilibrar na fronteira da legalidade para conseguir operar. Tanto quanto pude saber, jamais houve qualquer benefício pessoal para as equipes desse outro ministério. O objetivo era obter votos para um projeto, evitar obstruções às obras e outras coisas do mesmo naipe.

Era um governo militar. Mas vale a pena lembrar: em praticamente todos os azimutes, trabalhava dentro do marco legal que sempre existiu. Ministro não mandava e desmandava nas pessoas ou instituições. Tinha que obedecer às mesmas leis que existiam antes.

Meu antecessor tinha, além do que herdei, um fundo bem flexível para financiar projetos variados. Quando se foi, ficou decidido que ele levaria o fundo para o Planejamento e se ocuparia da distribuição dos seus recursos.

Enfim, era algo para ocupá-lo, uma vez que não deixaria o ministério. Era norma do Delfim não abandonar seus auxiliares.

Tempos depois, meu antecessor é despachado para um território longínquo com a missão de assessorar o governo local. É óbvio, ficaria em Brasília o fundo. Diante disso, sugeri a Savasini que o CNRH deveria receber essa carteira de volta. Ele achou procedente a minha reivindicação e ficou de falar com o Planejamento. Uma semana depois, comunica-me: nada feito. Se voltasse para o CNRH, nós iríamos alocá-lo segundo critérios puramente técnicos, e isso não era possível, pois o Planejamento precisava desses recursos para cumprir outras missões mais delicadas.

O curioso é que nós, os anjinhos bobocas do Ipea e do CNRH, não tínhamos conhecimento sequer da existência desse outro ministério. Com o José Teófilo Oliveira, superintendente adjunto do Iplan, fomos convocados para uma reunião com o secretário-geral. Também participariam seu chefe de gabinete e o diretor do orçamento. Retido por alguma razão, o esperamos por mais de uma hora. Durante esse tempo, o *orçamenteiro* e o chefe de gabinete conversavam animados. Ao terminar a reunião e sairmos da sala, Teófilo vira-se para mim e diz: "Claudio, você ouviu o que eu ouvi?".

Nas entrelinhas daquela longa conversa, vislumbramos esse outro mundo, de nós desconhecido.

A MINHA GRANDE DESVENTURA NO CAMPO DE CIÊNCIA E TECNOLOGIA

Tinha um prato cheio de acepipes intelectuais no CNRH. Porém a minha encarnação de ciência e tecnologia, dos tempos da Capes, ainda pairava no ar. Um contemporâneo meu de Vanderbilt era assessor do Delfim e tinha ideias de como virar de cabeça para baixo todo o sistema de financiamento de ciência e tecnologia. Não eram as mesmas que tinha eu, mas tão diferentes não seriam. Conversamos muito. Ele escreveu uma nota que me coube reescrever, introduzindo muitas das minhas ideias. Chegamos a um acordo. Antes de tudo, queríamos evitar os sustos de financiamentos e, para isso, analisávamos projeto a projeto, algo muito desgastante.

Pergunta esse assessor: "Vamos implementar isso, vamos reescrever o financiamento da pesquisa?". Proposta, no mínimo, arrogante. Por pura temeridade, aceitei o desafio, ficando sozinho na peleja, pois ele estava ocupado com outros misteres. Vejam o atrevimento de alguém que nem posição tinha para bulir nesses assuntos e que ia virar o oráculo de uma nova era no financiamento da pesquisa.

Continuo afirmando que as minhas ideias eram boas. Propunha aumentar o apoio institucional dos bons programas de tal forma que dependeriam menos dos financiamentos, projeto a projeto, sempre voláteis e traumáticos. Seria algo ao estilo do Centre National de la Recherche Scientifique (CNRS), da França.

Mas a bondade das minhas ideias revelou-se irrelevante. O que prevalecia é estar o Delfim por trás daquele funcionário que propunha loucuras. E, se vinha do Planejamento, por definição, não poderia ser coisa boa. Havia sido decretado que Delfim não gostava de ciência.

Foi fulminante a reação desse ser inconsútil chamado de "comunidade científica". Todos eram radicalmente contra. Centenas de telegramas de repúdio. As vacas sagradas da ciência brasileira saíram de seus tranquilos pastos para chifrar quem vos escreve. Tive uma reunião no Rio e outra em Brasília com a tal "comunidade". Não percebi qualquer disposição para entender ou discutir o mérito da proposta. Para aquele público exaltado, ela não podia deixar de ser uma invenção diabólica a ser varrida do mapa.

Diante dos decibéis gerados, Delfim mandou cancelar tudo. Fim da minha missão redentora. Ficou a lembrança de que a tal "comunidade científica" tem amplos decibéis e sabe usá-los. Se bem ou mal, nesse caso particular, abstenho-me de comentar.

Quando volto a pensar nesse episódio, fico abismado. Como é possível que um ministro nos tenha permitido embarcar em uma aventura tão temerária. E sem saber muito o que propúnhamos. Talvez não nos déssemos conta, mas tínhamos imensa liberdade de manobra. Claro, muito mais do que em um governo civil. De longe, esse foi o meu mais estrondoso fracasso profissional. Nada sobreviveu da iniciativa, e saí queimado.

Não faz tanto tempo, um físico renomado voltava a fustigar a minha iniciativa e execrar o meu nome.

A GLÓRIA E O OCASO DO CNRH

Governo civil, governo militar, governo no meio do caminho? O que viria nesse início da década de 1980? Como a alternativa militar perdia força, nos defrontaríamos com um civil na Presidência. Quem quer que fosse, tomaria posse sem a mais remota orientação para as políticas sociais. Aí estava uma bela oportunidade de brilhar no cenário nacional, pois ninguém melhor do que o CNRH para planejar os rumos das áreas sociais.

Conversamos, parlamentamos, e a ideia ganhou força. Mais uma vez, não pedimos permissão, não consultamos, não informamos a ninguém. Surpreende a autonomia que tínhamos.

Ao cabo de meio ano, ficou pronto um belo pacote de orientações e propostas para o novo governo. Nesse ínterim, era claro que seria civil. Acompanhamos a transição e, como todos, ficamos chocados com o desfecho. O documento não foi para quem pensáramos. Mas quem o recebeu fez bom uso. Grande sucesso, ainda que discreto, para o nosso grupo.

De fato, a penúria de orientações era substancial, e o nosso projeto supria esse vácuo. Não sei se era muito bom. Mas ruim não era. Porém, após minha saída, se armava uma cilada para o CNRH. Era a época do *slogan* "tudo pelo social". No entanto, nos ministérios sociais, quem iria interpretar, soletrar e implementar as políticas propostas?

A resposta era óbvia: vai fazer isso quem concebeu tais orientações. No caso, o CNRH. A instituição foi pirateada como jamais. E, obviamente, foram-se os melhores. Tão grave foi a sangria que o Ipea aproveitou a crise para extinguir – na verdade, incorporar – o CNRH. Mas foi-se a velha marca sob a qual tantas cabeças privilegiadas trabalharam. Condenado pelo seu próprio sucesso! Riscado do mapa, seu pecado foi haver feito tudo certo, na hora certa.

Com a mudança de governo, terminava o meu mandato. Enquanto não decidia minha vida, precisava de uma sala para trabalhar. Saí do meu escritório, com ambientes enormes, bem decorados e com três secretárias. Fui dividir uma salinha com uma técnica, uma das menos destacadas do grupo. Escolhi de propósito. Queria uma situação algo constrangedora para todos.

Uma coisa logo descobri: ela não trabalhava. Não fazia nada que não fosse pessoal, como cabeleireiro, compras e outros afazeres. Confirmou minha decisão correta de não quebrar lanças para obter um resultado mais do que duvidoso desse tipo de funcionário. Mas sempre me perguntava: como uma pessoa com tal perfil chegou ao CNRH?

Tinha na memória o Inpes da época em que trabalhei lá, limpo, desinfetado e homogeneamente produtivo. Não era isso o que via. O Ipea e o

CNRH ainda eram peças poderosas e atuantes no serviço público federal. Ainda eram capazes de proezas surpreendentes. Mas não eram mais puros, esterilizados. Haviam sido, parcialmente, contaminados pelas práticas da velha burocracia dos favores, da flacidez e da capitulação diante de pressões políticas. Que fique claro, essa vulnerabilidade se restringia ao recrutamento. Tanto quanto pude perceber, a operação nunca foi contaminada.

Quero insistir, minha posição tinha extraordinária autonomia de ação, no que fazer e no que não fazer. É inacreditável essa liberdade. Em contrapartida, tinha que engolir novos figurantes na equipe, sem que fosse consultado ou pudesse recusar o presente. De resto, os que chegavam tendiam a não ter o perfil para a posição, mas, como eram fracos e malandros, não atrapalhavam.

De corrupção no Ipea, jamais ouvi falar. Tampouco de quaisquer práticas arranhando a lei. Em suma, continuava como uma das burocracias mais sérias e competentes do Planalto. Apenas os critérios de recrutamento haviam sido maculados.

Visto de outro ângulo, operávamos dentro de um regime militar. Porém, em nosso universo de trabalho, não havia qualquer sinal da presença deles. Nunca paramos para refletir acerca do que os milicos iam achar disso ou daquilo que estávamos fazendo, por nossa própria decisão. Somando meu tempo de Inpes e CNRH, jamais encontrei um militar no meu ambiente de trabalho ou recebi "ordens superiores".

Voltando ao CNRH. Logo ao chegar, havia notado na equipe uma nostalgia dos seus tempos todo-poderosos. Registrei certa tendência para a lamentação em vez de aproveitar o espaço ainda existente. Vi também que uma boa organização, sofrendo uma crise de governança, pode se recuperar rapidamente, uma vez que se instale uma nova liderança menos hostil. Mas suspeito de que isso apenas foi possível porque sobreviveu uma cultura organizacional robusta e que não foi destruída pelo curto intervalo de conflitos com a chefia.

Na salinha compartilhada com a moça, a cada momento, ela lembrava-me dessa chaga do CNRH. Felizmente, durou pouco o meu incômodo.

CONFORTAVELMENTE REFUGIADO NO CENDEC

MEU AMIGO e parceiro de *papers* João Batista Araujo e Oliveira foi indicado para dirigir o Centro de Treinamento para o Desenvolvimento Econômico e Social (Cendec), um braço do Ipea que prepara recursos humanos para o planejamento, seja federal ou estadual. Operava em um prédio modesto, na Asa Norte, em Brasília. Ao tomar posse, ofereceu-me pousada lá, em troca de acompanhar o trabalho e dar palpites ocasionais. A solução funcionou muito bem. Evitei o constrangimento de ser um ex-chefe que permanece dentro do mesmo espaço.

Nesse momento, estavam surgindo os primeiros microcomputadores – no caso, cópias dos IBM ou dos Apple II. O Ministério do Planejamento queria que suas secretárias aprendessem processamento de texto, bases de dados e planilhas eletrônicas (Visicalc, antepassado do Excel). Foram oferecidos diversos cursos, com professores falantes e entusiasmados, mas no início os resultados foram pífios. Nos cantos dos escritórios, jaziam abandonadas as impressionantes máquinas.

Já no Cendec, João Batista havia comprado um Apple II, que ele próprio manejava. Eu havia feito o mesmo. Mas as secretárias não tinham nem cursos nem computadores. Inferência? Computador era coisa de chefe todo-poderoso. Pela natureza humana, virou objeto de desejo. Por conta própria, a secretária do João aprendeu a usar. As outras queriam também computadores e, progressivamente, os foram recebendo. Logo, uso universal por parte delas.

Sucesso no Cendec e fracasso no ministério. Moral da história, as nossas secretárias emulavam os chefes. As do ministério ganhavam um curso voltado para secretárias, apenas. Como essas coisas pesam!

No novo pouso, escrevi um livro sobre computação na escola, tema que me pareceu fascinante e promissor. Mas, pouco depois, a educação mergulhou em uma crise ideológica e existencial. Computador era o que menos importava. Com isso, o livro foi um grande fracasso de vendas. Em retrospecto, acho que tinha boas ideias e péssimas previsões.

Participava de eventos, conferências e conselhos no MEC. Certamente, não trabalhava menos, mas havia me livrado da tensão, da eletricidade dos corredores do Planalto.

Brasília é uma cidade em que os quadros dirigentes se esfalfam de trabalhar. Qualquer lugar é bom para trocar informações, fazer convites ou ouvir intrigas. Uma gôndola de supermercado é um local apropriado para uma conversinha animada sobre os últimos boatos. Quem caiu, quem foi indicado, quem conseguiu fazer seu sucessor? Aliás, uma das vitórias de um bom burocrata é ter sucesso na indicação de alguém para uma posição. É mais um bom aliado na roleta da Praça dos Três Poderes.

Dentre as atividades de que participei, havia um conselho do MEC para discutir as escolas técnicas. Desde o início da década de 1970, havia chamado a minha atenção o elitismo dessas instituições. Ofereciam um ensino acadêmico de altíssima qualidade. É óbvio, seus custos elevados facilmente explicam isso. Sempre foram um ótimo lugar para estudar. Afinal, é ensino bom e gratuito. E, diante de "vestibulinhos" para selecionar os alunos, era inevitável que fossem aprovados aqueles com melhor preparo acadêmico – na prática, os filhos das elites econômicas.

Porém, nessa clientela majoritária, o interesse pela profissionalização é ínfimo. Estão lá para se preparar para os mais árduos vestibulares. Sendo assim, ficam de fora os jovens de origem mais modesta, potenciais interessados nas profissões ensinadas. É o pior dos mundos. Educação gratuita para quem pode pagar e não quer aprender uma profissão. Acesso bloqueado para os que teriam interesse em se profissionalizar.

Propus então que fossem separadas as duas vertentes, a acadêmica e a profissional. Com isso, os jovens com ambições universitárias optariam por não cursar a profissional, deixando as vagas para os realmente interessados. A reação foi fria. Nem sei se ignoraram ou discordaram da proposta. Nem se deram ao trabalho de comentar. Voltarei a esse assunto em um contexto inesperado.

Havia sido convidado para dirigir a Capes em um domingo pela manhã. Em meados de 1986, também em uma manhã de domingo, recebo um telefonema do José Pastore, professor de sociologia da USP. Havia sido contatado por um brasileiro, o chefe de gabinete do diretor-geral da OIT. Estava aberta uma posição bem interessante e buscava candidatos. Dessa vez, a mudança não era apenas de cidade, mas de país e de língua.

Formation professionnelle, training, educación

PARTE III

Training policies in the World Bank

Putting the act together

Claudio de Moura Castro*

The Editor of *Prospects* asked me to comment on the World Bank' policy paper on vocational and technical education and training. To go straight to the point, this is a paper which I endorse to a very large extent.[1] I only wish I had written it myself. In what follows I will try to indicate some issues that deserve further comment and a few minor points where we disagree. My references are to the original paper rather than to the summarizing article by Adams, Middleton and Ziderman presented in this journal.

Drawing the lines and taking sides

Training policies are not an explosive or taboo subject. But this does not mean that there is always agreement among the different tribes of the training world. The paper takes sides and deals directly with the major controversies. It is pertinent to note that some of these classical divergences also surface inside the World Bank.

The world has many vocational trainers, educators and economists who disagree strongly on many issues. Some vocational trainers swear

4.2 Claudio de Moura Castro[1], CINTERFOR/OIT

"EDUCACION VOCACIONAL Y PRODUCTIVIDAD"

¿Alguna Luz en la Caja Negra?

Se ha escrito muchísimo sobre las modalidades de educación vocacional y técnica. Aunque en menor proporción, existe un número significativo de esfuerzos serios para evaluar sus resultados[2]. Los ensayos más detallados nos permiten recuperar de manera razonablemente confiable las consecuencias de dichas modalidades de educación sobre el desempeño en el mercado de trabajo. Sin embargo, la mayor parte de los estudios toma como caja negra a todos los procesos mentales que llevan a dichos resultados. O se explicitan modelos simplistas en el caso de las ocupaciones más bajas o casi todo queda por ser dicho y entendido en las ocupaciones más complejas. El presente ensayo es un intento de especular justamente sobre los mecanismos que se encuentran en la mitad del camino entre la instrucción y el cambio comportamental que resulta de ella. En otras palabras, se busca elucidar los procesos mentales que conectan enseñanza a desempeño diferenciado.

> *A sede da OIT está na Suíça e seus estilos refletem a personalidade desse povo. O Banco Mundial tem seu lado imperial, mas adora duelos intelectuais. O BID respira América Latina, no que tem de bom e de menos bom.*

OS SUÍÇOS, A OIT E A FORMAÇÃO PROFISSIONAL

Embarquei para Genebra para assumir a chefia de um grupo dedicado às políticas de formação profissional. Uma bela empreitada. Um novo cenário à minha frente. Ia ser funcionário de uma organização das Nações Unidas e morar em um país bem diferente.

TENTANDO ENTENDER OS SUÍÇOS

Tratando-se de Genebra, não há como evitar algumas divagações sobre a Suíça, um país tão cheio de peculiaridades.

Nas Américas, rigorosamente, todos os países foram colônias de metrópoles europeias e acabaram por ficar independentes, ainda que culturalmente atrelados às suas raízes europeias. A Suíça está no extremo oposto de tal monotonia histórica e cultural. Estando no meio do caminho de muitas sociedades, por milênios foi invadida e ocupada por todos os vizinhos, próximos e longínquos. Viveu um entra e sai constante de gente incômoda.

Tal situação parece haver gerado duas reações que, ainda hoje, se revelam poderosas. A primeira foi desenvolver a sua competência militar para defender-se. Nesse embalo, foi criado um exército mercenário de reputação indisputada. Não é por outra razão que, de meio milênio para cá, a guarda do Vaticano é suíça. É um país tão armado e tão bem defendido que, apesar das tentações, os alemães não se atreveram a tentar uma invasão, fosse na Primeira ou na Segunda Guerra Mundial. Nos dias de hoje, em poucas horas, a Suíça pode mobilizar 600 mil soldados, bem armados e sabendo o que fazer.

A segunda consequência foi uma decisão delicada de se aproximarem os cantões uns dos outros e colaborarem eficazmente. Era uma providência pragmática. Não obstante, cada um deles manteve, teimosamente, a sua independência e sua identidade cultural. Com certa licença poética, ouve-se que ficaram juntos porque nas planícies se produz trigo, e nas montanhas, o leite. São complementares.

Essa confederação começou há setecentos anos. O nome *Confoederatio Helvetica* é em latim para não ferir as suscetibilidades de um país com três línguas oficiais. Podemos tomar as línguas como exemplo da radical autonomia dos cantões. O governo federal não poderia dizer a Genebra que ensinasse alemão nas suas escolas. Nem para Zurique que ensinasse francês. Isso violaria a autonomia. Na prática, é preciso que os dois combinem para que um ensine a língua do outro.

A Suíça jamais aceitou a entrada na União Europeia. Uma das razões é que isso daria um poder inaceitável ao governo federal. Na cabeça de um suíço médio, Berna é temível. E, apesar de ser Genebra a sede das Nações Unidas (conjuntamente com Nova York), não era membro dela até 2002.

São preconceituosos e xenófobos? Sim e não. Em um jantar, conversava com um senhor, provecto e conservador. Segundo ele, mesmo morando no Cantão de Genebra há mais de vinte anos, no seu bairro ainda era considerado um estrangeiro. O detalhe é que vinha de Vaux, um cantão a menos de 20 quilômetros de distância.

Não obstante, apesar de zelosamente cultivarem seus preconceitos, isso não compromete o trato urbano a todos e a total disposição para agir de forma racional no que diz respeito ao bem comum. Os cantões cooperam no que interessa para promover o bem-estar da Confederação. E, nas horas vagas, falam mal uns dos outros. Também, por razões históricas, consolidaram-se no país as práticas democráticas que o tornam uma das democracias menos imperfeitas do mundo. A se notar, as leis são duras e têm grande legitimidade.

Anos depois de eu sair da OIT, em uma breve visita ao país, estava sendo aprovada uma lei que prescrevia que estrangeiros condenados por algum crime lá cumpririam as suas penas. Ao sair da penitenciária, seriam automaticamente expulsos do país. Sem apelação. Que outro país europeu teria tal lei?

Muitas questões importantes são decididas em plebiscito. Ótimo. Mas há sustos. Algumas dessas consultas poderiam ter consequências trágicas. É o caso de uma que proibia a construção de linhas de alta tensão ao longo do lago Léman. Se aprovada, criaria uma crise energética na região.

tensão ao longo do lago Léman. Se aprovada, criaria uma crise energética na região.

Outro exemplo de impasse legal é o caso da travessia do rio Ródano, dentro de Genebra. As pontes existentes são insuficientes para o tráfego. A alternativa seria construir outra ponte ou um túnel. O problema já existia em 1986, quando lá cheguei. Até hoje, não houve consenso entre uma ou outra solução. Por isso, nada se construiu.

Lendo os jornais, temos ideia de como anda a estabilidade de uma nação. Inflação descontrolada, ameaças ao regime, catástrofes, tudo isso enche os jornais de muitos países. Na Suíça, lia sempre a *Tribune de Genève*. Uma semana após a minha chegada, vejo uma notícia sobre uma vaca que caiu na piscina. Outras, da mesma gravidade, se seguiram ao longo dos meus anos lá.

De fato, o sistema legal nos traz também o pitoresco. Em Bex, alguém consegue uma injunção, proibindo o vizinho de manter os cincerros nas suas vaquinhas que gostam de pastar durante a noite. O ruído estava abalando a saúde mental da família. Proibir uma tradição cultural centenária se revelou inaceitável para a nação, provocando uma passeata de caráter nacional. Por acaso, eu passava por lá quando ocorreu.

Outro caso foi de um casalzinho jovem, habitando um edifício de apartamentos. Para os outros moradores, as manifestações sonoras de suas atividades íntimas estavam abalando a tranquilidade do prédio. Falhando as tratativas ensaiadas, ficou decidido que o juiz iria se postar no apartamento vizinho para decidir se os decibéis eram "normais" para um casal ou "fora dos padrões esperados". Não cheguei a conhecer o veredicto.

Na mesma linha do silêncio sagrado, nos domingos não se permite o uso de máquinas a gasolina para cortar a grama. Igualmente, quem mora em apartamentos está proibido de tomar chuveiradas ou dar descarga após as 10 da noite.

Na Europa, os suíços são conhecidos como pacientes, responsáveis e perfeccionistas. Chegam a ser teimosos. São fervorosos na limpeza e na arrumação. Para alguns espíritos de porco, os suíços percebem a França vizinha com o início da barbárie. O exagero é óbvio, mas sublinha traços muito visíveis.

Em algum momento, decidi comprar um carro, um Honda. O anúncio de um, bem promissor, incluía o nome do mecânico (prática comum nos anúncios de carros usados). Resolvi ser esperto e pedir a esse mesmo mecânico que fizesse uma revisão no carro, pois já o conhecia bem. Recusou-se, pois havia feito uma recentemente. Não via razões para fazer outra.

Ao chegar à sua oficina, ínfima, estava retirando a roda de um carro. Ao puxá-la, o pó das pastilhas de freio salpicou o chão da oficina. Levantou-se, pegou um *spray* e borrifou o cimento do solo. Em seguida, esfregou o chão, cuidadosamente, com toalhas de papel. Só então veio me atender.

Os suíços têm também reputação de serem chatos e sem imaginação. Essa percepção, contudo, choca-se com o fato de terem a maior taxa de patentes *per capita* do mundo. Via ocasionalmente, no clube, um jovem piloto de asa-delta. Um dia, ele aparece com um anemômetro de sua construção. Aliás, muito bem-feito. Comprei um que me serviu por anos. Hoje, esse moço se tornou um dos maiores construtores mundiais desses aparelhos.

Nesse país, tão peculiar, fui trabalhar. Procurando moradia, logo descobri que os aluguéis na França são mais modestos – tudo é mais caro na Suíça, os mesmos medicamentos custam o dobro. Encontrei uma bela casa de fazenda, toda de pedra, a uns dez ou quinze minutos do meu escritório. Estava situada na França; nesse país vizinho, está a continuação de uma Genebra que continua crescendo. Voltaire tinha uma bela casa em Ferney-Voltaire, dando para a fronteira suíça. Era muito conveniente, pois em suas frequentes colisões com o governo francês por vezes precisava escapar do país. É tudo tão perto que o aeroporto de Genebra tem duas portas, uma para a Suíça e outra para a França.

Todos os dias eu cruzava a fronteira duas vezes. Cheguei a escrever um artigo para o *Jornal do Brasil* com o título "O sociólogo da fronteira". De fato, observando a casinha da polícia suíça e a, igualzinha, da polícia francesa, podia entrever sólidas diferenças culturais. Tempestade de neve, vento uivando, lá estava em pé o guarda suíço, todo encasacado. Do lado francês, vivalma do lado de fora, todos trancados.

Os suíços queriam saber se levávamos vinho, manteiga ou carne além da cota – tinham uma balança para verificar. Contaram-me o caso de um professor suíço que tinha casa de campo na França e que voltou com manteiga acima da cota. Não podia passar com ela. Ofereceu então ao guarda.

Nem pensar! Foi para a outra casinha e ofereceu aos franceses. Aceitaram de bom grado.

Os guardas franceses eram bem menos afeitos ao trabalho regular. Só se deleitavam em parar e fiscalizar carros com placa de Paris. É a clássica antipatia contra a arrogância dos parisienses. Nessas guerrilhas, iam à forra. Mas, de quando em vez, embirravam com os autos locais. Em uma ocasião, queriam saber se o motorista havia trocado o óleo na Suíça. E se tinha recibo de compra do rádio do carro.

Chegava o inverno, comprei um par de esquis, já que Genebra é um dos locais mais invejáveis para esquiar. Há, talvez, uma centena de pistas de esqui em um raio de 100 quilômetros. Da minha casa, podia ir a pé para a mais próxima.

Pela primeira vez, ia cruzar a fronteira com os esquis no bagageiro. O guarda suíço me para, indicando que estava tudo errado. Essa não era a maneira correta de atar os esquis ao carro. Mandou estacionar mais adiante e passou a explicar a maneira correta de fazê-lo.

Poderia me alongar, contando histórias pitorescas da minha convivência cotidiana. Porém não é o escopo deste livro.

PARA QUE SERVE A OIT?

Falo agora de quem me ia empregar, a Organização Internacional do Trabalho (OIT), cuja data de fundação é 1919. Dois anos antes, eclodia a Revolução Comunista na Rússia.

Coincidência? Em definitivo, não. Karl Marx previa tal revolução nos países capitalistas mais maduros. Errou, surgiu na Rússia, ainda semifeudal. Mas o perigo de a moda pegar estava logo ali na esquina, resultante da péssima convivência, ao longo dos anos, entre os capitalistas e o proletariado. Assim, juntam-se os países capitalistas para criar uma organização que promovesse um melhor entendimento entre esses dois contendores. Era preciso aparar as arestas cruéis de um sistema de mercado impiedoso. Era preciso melhorar o diálogo e encontrar soluções mais suaves para essa convivência. Por boas razões, era o oposto do que Marx queria.

Nasce a OIT, com sua proposta de poder tripartite. Seria um fórum apropriado para promover o entendimento entre trabalhadores, empresariado e governo. A ferramenta de trabalho criada eram as suas normas, plasmadas nas resoluções acertadas entre as partes, e os países signatários deveriam ratificar as normas votadas e respeitá-las. Deu tão certo que, em 1969, a OIT ganhou o Prêmio Nobel da Paz.

Pouco após minha chegada, tive a oportunidade de sentar-me na sala em que uma nova norma estava sendo discutida. Apresentava reparos ao texto um inglês com um sofisticado sotaque de Oxford. Retruca um outro elegantemente, formulando algumas objeções, também com sotaque de Oxford (ou seria Cambridge?). Pouco depois, se puseram de acordo. Surpresa! Um representava o empresariado, e o outro, os trabalhadores. Ambos, plenamente educados na língua inglesa.

Sucesso da empreitada da OIT. Um diálogo produtivo, inteligente e respeitoso entre as partes. Pelas crenças marxistas, jamais se poriam de acordo. Por tudo que sei, a OIT teve papel crítico em desativar a bomba-relógio de uma segunda Revolução Comunista na Europa.

Esse era o estamento legalista da OIT. Ali, todos pensavam como advogados ou promotores de normas. Com o passar do tempo, duas outras OITs surgiram: uma delas era a dos estudos do trabalho; a outra estava voltada para promover a formação profissional. Era para essa última que eu entrava, na unidade que estudava as políticas apropriadas para a preparação de mão de obra pelo mundo afora.

Com certa licença poética, eram três OITs que cuidavam da formação profissional: a dos advogados, a dos economistas e a dos engenheiros. Três mundos culturalmente distintos. Nos grandes temas, não tinham dificuldades de chegar a um acordo, mas no varejinho viam o mundo por óticas diferentes. Por exemplo, os advogados, cães de guarda das normas, eram radicais com respeito à sua rejeição ao trabalho infantil, enquanto os economistas viam um mundo em que menores trabalhando era uma circunstância inevitável. Não adiantava ser contra.

A lógica de governança da OIT nascera do acordo e da negociação. Sendo assim, evitar conflitos fazia parte da ideologia vigente. Melhor fingir que não há divergências. As desavenças não se manifestavam de forma contundente. O mais importante era não desagradar seriamente a ninguém.

Passam-se os anos, a OIT das normas continua sólida, ainda que pouco visível para o mundo, chamando menos atenção. Os *labor economists* se impuseram no mundo acadêmico, sobretudo pelos seus estudos pioneiros sobre o que chamaram de setor informal.

No mundinho em que eu habitava, por longos anos, cada vez mais havia programas de formação profissional nos países mais pobres. Tudo muito sério e bem-intencionado.

Nos países membros, a contraparte da OIT são os ministérios do trabalho. Ao longo dos anos, conheci alguns, mas não ousaria falar deles aqui pela superficialidade do que sei. No caso do Brasil, a OIT dialogava com uma instituição de pouco prestígio e muitos preconceitos. Apegava-se a princípios que podiam ser nobres, mas eram irrealistas. As normas da OIT são levadas ao seu paroxismo lógico. Entrei no *site* norte-americano da Amazon. Digitei *mechanical lathes*. Apareceram uns 1.200 itens, mas nenhum deles poderia ser legalmente utilizado no Brasil, pois não atende a todas as normas de segurança aqui inventadas. Associar-se a pregações irrealistas compromete o prestígio da instituição.

De várias décadas para cá, mudanças no sistema das Nações Unidas trouxeram uma nova fórmula de financiamento. Para aumentar a eficiência e a legitimidade das suas atividades pelo mundo afora foi criado o Programa das Nações Unidas para o Desenvolvimento (Pnud). Seria algo semelhante a um banco financiador de programas das diferentes agências da ONU, tendo a responsabilidade de recolher os dinheiros destinados aos projetos de campo. Daí para a frente, cada agência teria que apresentar a ele seus projetos. Pela lógica, seriam aprovados os melhores.

Bela teoria, um passo adiante na festejada *accountability* das agências. Contudo, houve um acidente de percurso. O Pnud descobriu que podia, ele próprio, executar tais projetos. Tinha o dinheiro, por que não? Assim, não apenas na OIT, mas em toda a família de agências, as pesadas máquinas criadas para administrar projetos ficaram com muito menos recursos. No fim das contas, uma monumental distorção.

Nos dias que corriam, ali estava uma OIT séria, correta e cumpridora. Mas com escassos recursos para cumprir sua missão nos países membros.

Como as pessoas, as organizações também envelhecem. Bem se sabe, várias dessas agências especializadas perderam o viço, ficaram com sua imensa burocracia voltada para si mesmas. E não foram incomuns os casos de desmandos e falta de seriedade. Por exemplo, quando pegou fogo uma sala com dados contábeis da Unesco.

educacionais, nunca levou essa missão a sério. Para os duzentos países do globo, tinha apenas um estatístico no seu quadro. O Banco Mundial tentou ajudar, mas teve pouco sucesso. Daí que hoje, informalmente, a Organização para a Cooperação e Desenvolvimento Econômico (OCDE) se impôs nesses assuntos. Pelo menos, para os países menos pobres, temos bons números.

A OIT escapou dessa sina. Permaneceu séria, compenetrada no seu papel e tentando fazer o seu trabalho. Mas, como todas, sua governança é travada. Com todos os países tendo poder de voto, prudência e conservadorismo são as forças vivas na governança. Um funcionário indesejável, imediatamente, ganha um advogado, o representante do seu país. A escolha dos dirigentes se transforma em um acerto de grande complexidade, para não desagradar a qualquer país membro. Continua como uma organização eminentemente meritocrática, porém dentro de um cipoal de considerações geopolíticas.

Nesse quadro, os estudos sobre quaisquer problemas se tornam exercícios delicados de diplomacia. Críticas a esse ou aquele país não podem ser formuladas, exceto se forem tomados cuidados extremos para não ferir suscetibilidades. Como mencionado, o Banco Mundial, com outra estrutura de governança, pode ser bem mais contundente no que escreve. Para alguém, como eu, em uma área de política de formação profissional, essa era uma restrição bastante incômoda. Ainda assim, descobri que dava para fazer muita coisa sem apontar o dedo acusatório a alguma nação facilmente identificável. Conta-se o milagre, mas não se conta o santo.

O MEU MUNDINHO DA FORMAÇÃO PROFISSIONAL

Tomando pé no meu território, comecei a perceber, entre os meus colegas, não conflitos, mas visões de mundo diferentes. Por acidente, descobri um indicador curioso, com precisão certeira, para descobrir em que campo estava cada um.

Havia vendido, no Brasil, minhas ferramentas de 110 volts, pois na Europa prevalecem os 220 volts. Precisava de uma furadeira reversível, com velocidade ajustável e martelete. Saí perguntando aos colegas. Logo percebi quem pertencia a qual mundo. Aqueles com passado de formação profissional logo me diziam: "Vi uma Bosch com um preço ótimo na loja profissional logo me diziam: "Vi uma Bosch com um preço ótimo na loja da Migro". Os economistas nem entendiam o que tais palavras misteriosas queriam dizer.

Em outras palavras, o mundo da formação profissional é dividido entre formadores e economistas. Os que tinham trabalhado efetivamente nesse campo sabiam tudo do que se passa nas escolas e nas fábricas. E sabiam de furadeiras. Mas tinham grandes dificuldades para captar o quadro mais amplo da articulação do treinamento com a economia e a sociedade. Já dentre os economistas, o seu domínio sobre tais temas era correto, mas eles não tinham qualquer ideia acerca das fainas de preparar uma pessoa para o trabalho.

No meu time, uma unidade de políticas de formação, havia poucos que sabiam de furadeiras. Era gente com o perfil de economista. Na unidade paralela, que conduzia programas nos países, predominavam os formadores.

Nas discussões, sem fim, sempre falávamos das escolas profissionalizantes suíças. Eram referências do que havia de melhor no campo. Comecei a perguntar mais sobre elas e descobri algo curioso, confirmando que eu reinava no império dos economistas. Pedi que fizessem contato com escolas de Genebra para que pudesse visitá-las. Surpresa, nenhum dos doze técnicos sob minha responsabilidade havia visitado uma escola suíça ou tinha conhecidos nelas. Que constrangedor, falávamos de instituições para as quais quase poderíamos ir a pé, mas não as conhecíamos.

Minha assistente pegou o telefone e começou a marcar visitas às escolas locais. Aprendi muitíssimo nessas ocasiões. Revisitei meu passado de ferramentas, materiais e processos. Porém meus associados, de pendores economicistas, pouco se interessaram.

Começamos pela escola de joalheria, bem perto da estação ferroviária. Como vem de outras eras, o prédio é antigo, sóbrio e pesado, mas perfeitamente mantido. É como se o arquiteto fosse o próprio Calvino. As bancadas imaculadas e os alunos, entretidos com suas limas, produzindo joias, das mais variadas.

Por coincidência, nesse dia, muitos fariam a prova de ofício, depois dos três anos e meio de curso – é a mesma duração para praticamente todas as profissões. A prova consistia em usinar um anel de ouro seguindo um desenho técnico vindo de Berna. É muito suíço: a Universidade de Genebra pode emitir um diploma de doutorado e não está no radar da capital federal. Mas só pode se tornar joalheiro quem passa na prova lá formulada e enviada, em envelope lacrado, para a escola.

Perguntei se não aprendiam a fazer joias pelo método da cera perdida. Praticamente tudo o que se vê em joias é assim fundido. Segundo o professor, sim, aprendiam, mas era fácil demais. Portanto, não havia que perder tempo com tal método.

Ouvimos um caso que bem ilustra a conformação mental de um suíço. A namorada de um aluno viu um crucifixo de metal, trazido da Índia por uma colega. Como gostou da peça, perguntou a ele se poderia fazer um igual. O moço olhou, examinou e balançou a cabeça. "Não posso, não aprendi a fazer nada tão mal-acabado e fora do esquadro."

Passadas algumas semanas, fomos visitar a escola de relojoaria. Curioso constatar como Genebra virou a capital mundial dos relógios. No passado, um dos seus mais incômodos habitantes foi Calvino. Segundo os princípios religiosos que ministrava, joia era exibicionismo, e, assim, a próspera atividade de muitos joalheiros locais foi banida. Que remédio senão usar as habilidades para fazer relógios? E assim foi.

A escola se situa nas mesmas redondezas e é abrigada em prédio parecido com o da escola de joalheria. As ferramentas não estavam espalhadas nas bancadas. Estavam precisamente arrumadas sobre elas, todas em paralelo: máquinas, limas, serras, de tudo havia grande quantidade. Trabalhavam com eixos mais estreitos que um fio de cabelo.

Perguntei ao professor se os alunos tinham muitos trabalhos práticos. Respondeu que não. Tinham apenas um. Fiquei assombrado: em três anos e meio, um só trabalho? Logo veio a explicação. Tinham de construir um relógio, peça por peça. E tudo na lima. Apenas a mola não é feita pelos alunos. Caixa, mostrador e o seu esmalte fazem parte da tarefa. A maioria dos alunos guarda para si o resultado do esforço desses anos. Alguns vendem os relógios. Segundo ouvi, atingem 5 mil francos suíços, ou mais. Nosso guia na visita foi um instrutor bastante experiente. Mas eis que olho para o punho dele e vejo um relógio digital, dos mais comuns!

Em uma viagem prévia, havia visitado o Museu da Relojoaria, criado pelo município. Porém ele foi assaltado, perdendo grande parte do seu acervo, o que criou uma controvérsia que não se resolvia. A prefeitura queria que os fabricantes financiassem um novo acervo, alegando que isso beneficiaria a eles próprios. Esses, por sua vez, alegavam que a indústria trazia prosperidade a Genebra; portanto, que financiasse o município. Empacou tudo. Nada aconteceu.

Diante do impasse e, como mero turista, fui visitar o Museu Patek Philippe, que conta a história do relógio e da marca homônima. Primeira surpresa: um dos senhores era francês; o outro, oficial do Exército polonês. A segunda surpresa era saber que precisão era o que menos importava nos primeiros relógios. Isso porque a marcação de tempo, à época, era tão vaga que pouca diferença faria. Por isso, antes de tudo, eram joias preciosas. Mais adiante, é claro, tornaram-se máquinas de extrema precisão. Terceira surpresa: a empresa Patek Philippe já teve uma fábrica no Rio de Janeiro, lá pela entrada do século XX. Pouco consegui saber dessa filial tão inesperada.

No pós-guerra, invadem o mundo os relógios japoneses, baratos e cuja precisão era dada pelas propriedades piezoelétricas de cristais. Ou seja, eram imbatíveis. Caos na relojoaria suíça! Foi uma das únicas vezes em que o Estado interveio, para salvar as fábricas. Finalmente encontrou-se um nicho de mercado, inexpugnável: ótimos relógios, com *design* impecável e variado. Nisso, ninguém bate os suíços. A ironia do destino é que começaram como joias e sobreviveram porque voltaram a ser joias.

Voltando à OIT, justiça seja feita, herdei um bom time. Bem internacional. Tínhamos um francês, com muita experiência na África. Ficamos amigos. Como sempre me dizia: "Escrevo sobre o que já vi". Bela lição, incorporei. Tínhamos um finlandês que escrevia bem sobre qualquer assunto encomendado. Seguia à risca o estilo cauteloso e algo chato da casa. Havia uma norte-americana, alta e feminista, dedicada ao tema. Uma alemã, mais jovem, era competente e criativa. Havia um russo, simpático, porém nunca entendeu o que é uma pesquisa científica. Produção aproveitável? Zero. No estilo da sua terra, confundia pregação com ciência. Foi substituído por um outro, que também não sabia. Mas, a duras penas, aprendeu. Foi fazer o seu sabático na minha unidade um alto funcionário do Ministério da Educação da Alemanha. Aristocrático, sem ser posudo. Assinou estudos interessantes sobre a educação de adultos.

Vale contar um casinho das minhas *démarches* com a burocracia. Desde muito, era um fiel consumidor do que quer que fabricasse a Apple. No Brasil, tinha uma das dezenas de cópias brasileiras do Apple II. Com o

Brasil. Mas um certo Antunes, um ousado empresário da informática, fez a engenharia reversa e produziu um Mac, igualzinho. Começou a produção em escala. Meu amigo Sergio Costa Ribeiro tinha um protótipo e atestou que funcionava bem. Mas o braço pesado do departamento de comércio norte-americano enfureceu-se com a petulância da cópia. Pressionou o governo brasileiro com ameaças de retaliação. Encurralado, o governo brasileiro mandou fechar a fábrica. Pobre do Antunes, faliu. A ironia disso tudo é que engenharia reversa é legal nos Estados Unidos. Tanto é que apareceu lá, mais adiante, um Mac independente. Porém estava além das forças dele brigar com os advogados de uma empresa gigantesca e aguerrida.

Chegando a Genebra, logo fui comprar o meu, para ter em casa. Fiquei desparelhado: Mac em casa e IBM no escritório. Batalhei com o pessoal da informática. Debalde.

Em uma conversa com Peter Plett, o alemão, discutíamos computadores. Ele precisava de um, e o seu contrato com a OIT prescrevia levar de volta os equipamentos lá adquiridos e pagos pelo seu governo. Por acaso, fiquei sabendo que o seu ministério de origem tinha Macs. Aí estava a solução. Ponderei com os técnicos de informática da casa o que aconteceria se descumprissem o contrato e Plett não retornasse com o equipamento padrão do seu escritório. Problema resolvido. Naturalmente, não mencionei que tinham também IBMs. Entreguei a ele o meu Toshiba novinho e fiquei com o Mac comprado.

Bem mais adiante, juntou-se ao grupo Antônio Cabral de Andrade, um ótimo integrante. Em outras eras, havia sido secretário-executivo do CNRH, como eu. Figura curiosa, deitava-se às 8 da noite. Acordava de madrugada para ler. Teve um fim triste. Como não gostava de dirigir, escolheu morar em Ferney-Voltaire, podendo ir de ônibus urbano para o escritório. Tinha os seus cinquenta e muitos anos, porém parecia mais velho. De uma feita, entra no ônibus. Logo, uma senhora lhe oferece o seu lugar. Tal gesto inesperado deixou-o traumatizado. Encontrei-me com ele, logo após o ocorrido. Estava aturdido. Não era coisa que um nordestino de Sergipe podia digerir. Poucos dias depois, teve um infarto sério e, adiante, veio a falecer.

Mais ou menos na mesma época, apareceram dois estagiários. Uma moça de Ruanda e um jovem da Alemanha. Cada um recebeu sua missão de trabalho. Um deles revelou-se dedicado e cumpridor. Levava tudo a sério e cumpria a promessa de tornar-se um profissional competente. O outro era, antes de tudo, malandro. Não cumpria com o prometido e era displicente. Quem era quem? A moça de Ruanda era a diligente. O alemão, com suas credenciais educativas e seu ar aristocrático, era um inútil. Um atestado de quão equivocados podem ser os preconcebimentos.

Em paralelo a esse festival de nacionalidades, havia a máquina que fazia rodar a burocracia e o escritório. Ali estavam os suíços, sempre impecáveis no serviço, desde os jardineiros do prédio e os contadores meticulosos até o senhor que comparecia, periodicamente, para limpar e desinfetar os teclados dos computadores e os telefones.

Poucos meses após a minha chegada, por meio de amigos de outras datas, fui convidado para ministrar um curso no programa de desenvolvimento da Universidade de Genebra. Seria uma disciplina em nível de pós-graduação, mas não mestrado. O curso seria sobre educação na América Latina. Ao preparar as aulas, tinha em mente a reputação dessa instituição, uma das vinte melhores universidades de pesquisa da Europa. Assim sendo, calibrei meu curso para alunos do mesmo nível que tinha no programa de doutoramento, quando fui professor visitante em Chicago.

Em incontáveis conferências, costumo chamar a atenção de professores para a necessidade imperiosa de calibrar seu curso para alunos reais, aqueles que estão diante de nós, na sala de aula. É uma ilusão nociva a ideia de que todos serão alunos como os de Chicago, de Harvard ou do ITA. Pois bem, cometi esse erro crasso.

Começam as aulas. Nada me chama muito a atenção. Porém, com o fluxo das semanas, comecei a achar que havia algo no ar. Pois não é que os alunos foram se queixar com a chefia do programa? Não sei que palavras usaram, mas, em essência, não estavam entendendo nada. E não era o meu francês, suficiente para os propósitos.

Houve um monumental erro de pontaria da minha parte. Os alunos não eram quem eu pensava. Quase todos eram estrangeiros e funcionários locais das muitas organizações não governamentais (ONGs) de Genebra. Academicamente, eram fraquíssimos. Não tinham o perfil de quem se matricula em um mestrado ou doutoramento, após rigorosa triagem. Eu me perdia em sutilezas teóricas, em controvérsias e em apontar ambiguidades. Meus alunos queriam respostas a perguntas simples, do tipo "o que está acontecendo e qual a receita para resolver o problema?", mesmo sem entender bem qual seria o problema.

Meu curso não era para eles. Havia um único suíço na classe, amplamente mais preparado academicamente do que os demais alunos. Foi ele o único que soube traduzir para mim as perplexidades da turma. Esperaria que todos bradassem, na primeira aula, comunicando que não estavam compreendendo, mas deixaram o curso chegar à sua metade, indo então se queixar com a direção.

Após esses mal-entendidos, recalibrei as aulas e prosseguimos com menos entropia no sistema. Mas o desastre estava consumado.

A lição é óbvia, há que conhecer antes o perfil dos alunos. Adivinhar é arriscado. De longe, foi a minha pior experiência como professor. Tenho evidência, pelo menos indireta, de que vinha me saindo bem nas salas de aula. Em Genebra, fracassei. Boas lições, por vezes, são aprendidas de forma dramática.

VOLTANDO ÀS IDIOSSINCRASIAS DA TERRA

A OIT estava bem ao lado do Palais des Nations, a sede das Nações Unidas. Tinha um jardim muito lindo e ocupava a metade de um quarteirão, meio redondo. A outra metade era uma fazenda, onde se criavam cavalos. Era um dos metros quadrados mais caros do mundo. E tinha essa utilização. Mas lei é lei. No caso, terreno usado na agricultura e na pecuária é sagrado. Não pode vir a ter outro uso.

Em algum momento, página inteira da *Tribune de Genève*: um *sheik* construiu um puxadinho para o seu motorista sem autorização. Pode ser dono de poço de petróleo, mas não pode contrariar posturas municipais.

Mais ou menos no meio do período em que permaneci na OIT, eclode uma crise em Thoiry, a minha cidadezinha francesa com 2 mil a 3 mil habitantes. Sai o prefeito, que era o padeiro. Entra o novo, corretor de seguros. Resolve impulsionar o desenvolvimento da cidade. Nos seus planos, está a mudança da lei de uso do solo. Iria permitir terrenos menores e o fracionamento dos grandes. Boa parte dos habitantes eram os "internacionais", como eu. Ali moravam muitos ingleses e escandinavos. Tinham escolhido aquele local pelo charme de vilarejo tranquilo, mas viram a proposta como aquele local pelo charme de vilarejo tranquilo, mas viram a proposta como uma política de desfazer o ambiente bucólico. Arma-se um protesto, com cartazes e passeatas em frente à prefeitura.

As novas posturas urbanas deviam ser ratificadas por um alto funcionário da burocracia de Bourg-en-Bresse. Seguindo a prática de países com democracias mais participativas, os revoltados incentivam os interessados a escreverem para esse funcionário, protestando. E, também, a pedirem audiências, para reclamar.

Nesse momento, espoca um choque cultural fragoroso. Na França, democracia participativa não existe. O tal funcionário fica furioso. Afirma que, se ele está naquela posição, é porque sabe fazer seu serviço. Não precisa de palpites de ninguém. E essas pessoas que não têm mais o que fazer e se atrevem a incomodá-lo e fazê-lo perder tempo!

Fracasso total do movimento. O novo plano urbano é aprovado. Eu simpatizava com a causa, até havia participado do movimento. Pois não é que o fracasso dos manifestantes foi extremamente lucrativo para o meu patrimônio? Meu terreno tinha 4.200 metros quadrados. Antes, não podia ser subdividido. Depois, podia. Separei dois lotes, e em um terceiro, maior, ficou a casa. Não lembro quanto lucrei, mas não foi pouco.

Vivia uma vida, pode-se dizer, tripartite. Eu, brasileiro, trabalhava em Genebra, uma cidade cosmopolita e borbulhante (borbulhas suíças, é claro). Vivia em uma região chamada Gex, uma pura roça francesa e mais para pobre, que, pacificamente, estava sendo invadida pelos funcionários internacionais. Ainda assim, tudo muito pacato.

Quando visitamos a casa que viemos a comprar, minha mulher perguntou à futura vizinha se era uma região segura. A resposta foi que ninguém estaria livre de uma surpresa. Porém não era o descalabro de Genebra. Nos anos em que lá estivemos, o único incidente digno de nota foi uma carta circular do prefeito advertindo os moradores de que uma pessoa suspeita havia sido vista na cidade.

Moral da história: as diferenças culturais não são apenas entre os países desenvolvidos e os em desenvolvimento; dentro da Europa, também pode haver distinções marcantes.

Havia vários médicos nas proximidades. Frequentávamos um em Gex. Algumas vezes, ao chegar à sua casa/consultório, ele estava no quintal, enxada em punho, cuidando de suas hortaliças. Mandava-nos entrar e esperar. Pouco depois, plenamente uniformizado, aparecia no consultório.

No prédio da OIT, havia uma grande sala no andar térreo. Servia para múltiplas funções, inclusive aula de caratê, a qual eu frequentava. Como havia chuveiros, também era conveniente correr na hora do almoço. Uma cena no vestiário, às vezes presenciada, eram os franceses pingando suor após a corrida ou o caratê, enxugando-se com uma toalha e vestindo o terno, sem banho. Coisas da terra vizinha.

Em relação aos esportes, o local de voo livre mais próximo era o Mont Salève, um pedregulho alongado, gigantesco, com mais de mil metros de altura. Do meu andar na OIT, de binóculo, podia ver o seu topo e eventuais voadores no ar. No verão, de moto, podia sair do escritório com meu parapente e fazer um voo de fim de tarde.

A FORMAÇÃO PROFISSIONAL E SUAS VARIEDADES

Na minha posição funcional, recebia um número enorme de visitantes, muitos deles de instituições de formação profissional. Além disso, viajava muito, tendo oportunidades únicas de conhecer países, com suas tradições e experiências diferentes.

Diante desse caleidoscópio que girava diante de mim, as ideias foram se formando. Certos padrões começaram a ser criados, fruto de visitas e conversas. Talvez, mais do que na educação acadêmica, dois blocos foram ficando claramente delimitados. De um lado, os países ricos, todos com excelentes sistemas de formação profissional. Do outro, o resto, com maior variedade de panoramas, porém nada que entusiasmasse. Visitei escolas nas Américas, na África, no subcontinente indiano e em partes da Ásia. Quase todas bem ruinzinhas.

Em Sri Lanka, assistíamos a uma aula de solda oxiacetilênica. Na missão, estava um sindicalista, ex-soldador. Chamou-me de lado para dizer que não sabiam regular o maçarico. Ou seja, ali se criavam gerações e gerações de soldadores porcalhões. Na Líbia, vi tornos sobre os quais pingavam goteiras. Não admira que estivessem enferrujados, e o restante dos equipamentos não era muito melhor.

Na China, engatinhavam apenas a sua indústria e suas escolas profissionais. Por acaso, assisti à primeira aula do semestre do curso de ajustagem mecânica em uma sala com mais de cem alunos. A primeira lição era o uso da talhadeira. Os estudantes tinham uma chapa de ferro, presa na morsa, e, assim que o instrutor apitava, todos simultaneamente tinham que golpear a talhadeira com o martelo. Uma cena inesquecível. E gostei de ver, nas salas de informática, os computadores cobertos com capas de pano branco bordadas.

Não resisto ao impulso de contar um casinho da indústria chinesa, embora saia um pouco da formação profissional. Estava visitando uma fábrica de montagem das camionetas Blazer. Não era grande coisa: como linha de montagem, nada destoava. Porém, do lado de fora, as autopeças eram levadas para o edifício da fábrica em carroças puxadas por burros. Que diferença! E pensar que hoje a indústria automobilística chinesa ameaça as grandes montadoras.

A Rússia é um caso especial, pois tem uma rede gigantesca de ensino profissional. Tudo indica que seja excelente o ensino das ciências naturais e da matemática. As atividades práticas, mãos na massa, são muito frequentes – o que nem sempre acontece em outros sistemas. Contudo, a qualidade dos trabalhos executados pelos alunos era inacreditavelmente tosca. Das escolas que visitei, o melhor trabalho de aluno, na Rússia, seria inaceitável no Senai.

Não exagero, nem sou dado a patriotadas. Parece que o descaso nas fábricas pela qualidade não incentiva as escolas a investirem nesse quesito. Sem ânimo de uma busca sistemática, comecei a examinar as soldas elétricas dos produtos russos. Nada menos do que vergonhoso. Se isso passa no seu controle de qualidade, o mesmo acontece com os trabalhos executados pelos alunos.

Essa discussão nos conduz ao único país em desenvolvimento que exibe uma formação de país desenvolvido: o Brasil, com o Sistema S. A diferença é gritante, em comparação com os países de nível equivalente de desenvolvimento. O Servicio Nacional de Aprendizaje (Sena), da Colômbia, tem algumas escolas boas, e há outros exemplos de excelência, mas, no todo, o sistema brasileiro não está alinhado com o Terceiro Mundo, e sim com o Primeiro.

Lembro-me de uma visita de gestores alemães ao Brasil. No seu relatório final, após uma visita ao Senai-SP, eles afirmam haver chegado à missão com o espírito de prestar assistência técnica. No entanto, concluíram que a palavra era inapropriada, seria melhor falar em cooperação entre países.

Isso também foi registrado no relatório de uma missão do Marrocos em visita à escola têxtil do Senai no Rio de Janeiro. Os visitantes tinham familiaridade com a equivalente francesa, mas acharam a brasileira melhor.

***

Na época, estavam pipocando críticas, pelo mundo inteiro, de que o baixo preço dos produtos chineses era resultante de trabalho análogo à escravidão. Diante do vozerio, para verificar, *in loco*, a OIT monta uma missão com funcionários de alto nível. De última hora, resolvem levar alguém para olhar a formação profissional. Fui eu. Visitamos fábricas e hotéis em várias partes do país. É até possível que meus companheiros de viagem tenham sido enrolados, pela via de visitas muito bem escolhidas. Mas não acredito.

O exemplo mais gritante é o Sul, na região especial de exportação, onde está Guangdong (Cantão, para nós). Na época, Hong Kong era uma colônia britânica, mas mesmo assim a fronteira entre os territórios inglês e chinês era quase livre. Em contraste, a fronteira com o restante da China era protegida por arame farpado, para evitar uma onda de chineses e chinesas. Passar de um regime de canela dentro d'água em um campo de arroz para uma fábrica naquela região era duplicar o salário, além de dispor de cantina e dormitório.

Perguntamos sobre o trabalho infantil. Segundo o senhor que nos recebia, eles não tinham qualquer razão para contratar crianças, já que havia uma oferta quase infinita de mão de obra adulta do outro lado do arame farpado. Não obstante, dava-se conta de que havia casos raros de documentos falsificados.

Nas visitas a restaurantes de luxo, ficamos sabendo de um caso curioso de imigração temporária. Estavam importando cozinheiros para ensinar cozinha chinesa na China! Parece absurdo, mas não é. Com a Revolução Cultural, a cozinha chinesa de alto luxo foi dizimada. Mas continuou sendo preservada graças a lugares como Singapura, onde foram trabalhar os melhores *chefs*. Agora, era hora de trazê-los de volta para recuperar a alta gastronomia perdida.

Em 1963, a OIT criou, em Montevidéu, Uruguai, um escritório na América Latina, o Centro Interamericano para el Desarrollo del Conocimiento en la Formación Profesional (Cinterfor), para cuidar de assuntos de formação profissional. O centro promovia pesquisas, reuniões, seminários e publicação de revistas e livros. Uma bela iniciativa. Estive lá muitas vezes. Minha única crítica era quanto à aparência das suas muitas publicações. Faltavam-lhes vida, alegria, *sex appeal*, mas não convenci ninguém a mudá-las, talvez porque refletissem bem a personalidade uruguaia.

Por que não criar algo semelhante na África e na Ásia? Foi feita uma tentativa na Ásia, mas não decolou. A da África sobreviveu por um bom tempo – não sei se ainda existe, mas tudo na África parecia mais problemático: apesar de ter um coordenador capaz e dedicado, as instituições parceiras eram fracas.

Participei de uma reunião na Costa do Marfim, cujo governo insistiu para que ocorresse na nova capital, Yamoussoukro. Era uma cópia de Brasília, mas que teimava em permanecer uma cidade fantasma. Do hotel, em Abidjãn, um ônibus fretado levou todos os participantes para o aeroporto, onde embarcamos em um jato comercial, também fretado. Chegando à capital, Yamoussoukro, esperava-nos um ônibus que nos levaria ao melhor hotel da cidade. Acho que escapou de todos um detalhe. O ônibus era o mesmo que nos havia levado do hotel, em Abidjãn, ao aeroporto! Levou menos tempo para chegar do que nós, considerando o tempo de embarque, voo e desembarque. Nós, participantes, perdemos um tempinho e tivemos o estorvo de todas as operações com bagagens e embarque. O orçamento do país ficou desfalcado de 30 mil dólares (de então), o custo do inútil voo.

No jantar daquela noite, um dos ministros presentes devolveu a comida, pois não a considerou à altura de suas expectativas. Vinha de um dos países mais pobres e áridos da África.

Na capital costa-marfinense, visitamos uma escola de engenharia, maravilhosa, encomendada ao governo francês. Tinha tudo de que precisava um curso desse tipo. Mas tinha, também, um custo aluno/ano de 400 mil dólares. Sairia mais barato mandar todos os estudantes ao MIT, incluindo bolsa de manutenção.

Nessas alturas, o Leste Europeu e a União Soviética estavam abrindo suas fronteiras e começavam um processo de intercâmbios nas mais variadas áreas. Meu antecessor na OIT criou um "Cinterfor europeu", à imagem e semelhança do original e parecido com o africano. Montou-se uma primeira conferência, na Rússia, mas foi bastante precária, pela inexperiência dos anfitriões. Conheci até um dos participantes, acho que era de Vanuatu. Por problemas de conexões, a Aeroflot deixou-o, por duas semanas, em um hotel de Kiev.

Meu chefe queria repetir a dose, porém com melhor organização e premeditação. Mãos à obra. Havia que recrutar os participantes. Dos países grandes, foram convidados os diretores de escolas; dos países menores e do lado leste, os diretores das instituições nacionais de formação profissional. Um pouco heterogêneo, mas era um bom time. Portugal não quis participar. Naquele momento, sua formação profissional estava tão inundada do dinheiro da União Europeia que não tinha tempo para nada.

Porém surgiu um embaraço na escolha do coordenador do programa. Entra aí a complicadíssima química da OIT, sempre buscando um equilíbrio entre países e regiões. Nisso, não tive a mais remota participação. Era coisa de chefe, uma escolha até mais importante do que o evento em si.

Puxa-se a alavanca do caça-níqueis e espera-se que as roletas parem. Vamos ver quem sai. Um búlgaro. No momento oportuno, ele se apresenta em Genebra para que pudéssemos discutir os assuntos da conferência – obviamente, eram muitos. Era a mais rematada figura de um comunistão soviético da velha guarda. A aparência era perfeitamente congruente com as ideias. Não mostrei meus sentimentos, mas fiquei traumatizado. Só podia esperar o pior.

Mas nem chegamos a trabalhar juntos. O homem faleceu antes.

Seu sucessor, também búlgaro, tinha outro perfil. Jovem, intelectualizado e ocidentalizado, era um operador jeitoso. Nos demos maravilhosamente bem. Em minha primeira viagem à Bulgária, visitamos uma universidade. Lá fui convidado para entrar na sala de aula de um curso do Pnud que ensinava como funciona uma economia de mercado. Bem útil, aliás. Porém o professor era cubano.

Na Bulgária, os prédios mais importantes são os mosteiros, escondidos nas montanhas. Há duas razões para isso. Primeiro, são de um charme inesquecível. Segundo, foram os lugares que os invasores turcos não conseguiram atingir, funcionando como um valhacouto para a cultura e as tradições locais.

Para a conferência, escolhemos um mosteiro restaurado, em Plovdiv. Era belíssimo, com todo o encanto esperado, apesar de não estar nas montanhas. Logo ao entrar, vemos o primeiro sinal de que estávamos no mundo soviético. Em pleno verão, no local de guardar os sobretudos, havia uma senhora à espera de casacões, embora essas vestimentas estivessem guardadíssimas, nas casas dos participantes.

De meu lado, resolvi aproveitar a viagem para visitar a Grécia. Em vez da passagem executiva direto para a Bulgária a que tinha direito, comprei uma passagem de *charter* para Atenas. De lá, aluguei um carro, visando ir por terra até Plovdiv. Na volta, antes de devolver o veículo, tiraria uns dias de férias para visitar a Grécia. O plano era bom, faria turismo e economizaria dinheiro, meu e da OIT. No entanto, se eu fosse historiador daquela parte do mundo, jamais teria planejado isso. Grécia e Bulgária cultivam, em banho-maria, mágoas de duas guerras passadas. Sendo assim, apesar de ser um carro com bandeira da locadora de veículo, tinha placa da Grécia. Impossível entrar na Bulgária com tal carro. Impasse total.

Com a ajuda dos funcionários da alfândega, fomos acertando uma solução. Um táxi Lada, de um amigo do guarda, levaria os materiais da conferência, atravessando a "zona de ninguém" da fronteira. Material e gente não cabiam no carro. Sendo assim, atravessamos a pé o par de quilômetros sob o sol de verão.

Do lado de lá, nos esperava um táxi Volga, de outro amigo do agente alfandegário. Embarcamos minha mulher, eu, o motorista e a sua namorada. E mais os muitos quilos de materiais. O motorista fumava o tempo todo, um grande desconforto para quem perdeu o hábito de transitar em lugares onde se fuma.

O evento até que se saiu bastante bem. Era a primeira vez que gente de treinamento do Leste se encontrava com contrapartidas do Oeste Europeu. Muita vodca e ampla confraternização. Porém saíram algumas fagulhas entre o grego e o turco presentes. São países que cultivam, cuidadosamente, as suas raivas recíprocas.

Chegando a Genebra, apresentei a minha prestação de contas para os guarda-livros da OIT. Fogos de artifício. Apesar de ter economizado muitos francos suíços, era imperdoável o pecado de andar de *charter* e mudar o itinerário. Mas nada podiam fazer, o fato estava consumado.

UM HEREGE EM UMA ORGANIZAÇÃO PLÁCIDA

Seguia a rotina do escritório. Era minha responsabilidade arejar o grupo, dar-lhe mais valentia e propor temas menos convencionais. Os *papers* até então produzidos tendiam para a monotonia, para um estilo burocratês, repletos de máxima cautela. Ainda assim, eram sólidos e diziam coisas interessantes. Em uma ocasião, Daniel, um dos técnicos do meu grupo, escrevendo sobre a indústria da alimentação, disse que, na panificação, "quanto mais doce o produto, mais mulheres trabalham". Era uma mera constatação com base nos dados, mas os revisores da casa censuraram a frase.

No fundo, minha missão era despertar o interesse pelos grandes temas da formação profissional e vender tais ideias por meio de publicações. Acho até que algo eu consegui.

Encomendei a um *designer* húngaro um grafismo marcante para as nossas publicações, bem como uma capa chamativa. Criamos um bom *mailing list* para enviar o que produzíamos. Enfim, tentávamos transformar uma burocracia com vocação plácida em algo mais latino, mais vibrante. Avançamos.

Nesse período, recebi notícias do Walfrido dos Mares Guia, um dos sócio-fundadores do curso pré-vestibular Pitágoras. Ele havia sido indicado para secretário de Educação de Minas Gerais, na gestão do Hélio Garcia. Breve, tomaria posse. Enviou-me o seu plano de governo para que o comentasse. Estava bom, mas tinha um senão: descartava a opção de criar um sistema de avaliação de alunos. João Batista de Araujo e Oliveira e eu fizemos coro estridente para que mudasse de ideia. Vitória! O governo de Minas se aproximou da Fundação Carlos Chagas e montou seu programa, com grande sucesso. Tal êxito pode haver influenciado Paulo Renato Souza a dar grande ênfase na avaliação dos estudantes, inicialmente com o Sistema Nacional de Avaliação da Educação Básica (Saeb). Por vias transversas e sem sabê-lo, nossos palpites podem ter tido fortes consequências. Em matéria de custo-benefício, nossa intervenção foi imbatível.

De repente, a tranquilidade do escritório foi quebrada por um assalto à agência do banco UBS, dentro do prédio da OIT. Meu amigo francês descia as escadas quando notou dois esbaforidos que também desciam. Tentou interpelá-los, mas foi empurrado. Eram os ladrões. Foi entrevistado pela polícia. Segundo ele, esperava mais competência dos detetives com quem conversou.

Eu me dava muito bem com meu chefe egípcio. Na verdade, era mais canadense do que árabe. Falando de sua aclimatação na Suíça, mencionou que levou dez anos até receber o primeiro convite de um suíço para ir à casa dele. Todos muito educados, mas nós para cá e eles para lá. Ao solicitar a cidadania suíça, também dez anos depois de chegar, a administração pediu-lhe que enviasse cartas de referência de pessoas que o conheciam e respeitavam. Sai ele a buscar os mais imponentes amigos e conhecidos, mesmo que essas cartas sejam devidamente jogadas fora, não contem para nada. A polícia vai conversar com o carteiro, com o carniceiro, o padeiro, o vizinho e todos os que estão próximos. Assim é a Suíça.

Cinco anos após minha chegada, esse meu chefe se aposenta. É substituído por um norte-americano, cuja posição até então era paralela à minha. Dirigia a divisão que administrava projetos de formação profissional pelo mundo afora. Por tudo que havia visto, achava que ele era uma pessoa correta, tranquila, mas insossa. Fazia bem o seu trabalho, apesar de não ter muita sofisticação intelectual. E não tinha o péssimo hábito de escrever *papers*.

Não podia imaginar, mas parece que ele nutria por mim uma ojeriza secreta. Não via o porquê, pois não atrapalhava a sua vida, não interferia no seu território, não causava problemas. No máximo, havia minha irreverência e meus comentários irônicos sobre assuntos variados. De um prisma de desempenho, com o mesmo número de técnicos, meu grupo produziu de cinco a dez vezes mais publicações do que antes da minha chegada. Segundo meu julgamento, esses textos versavam sobre temas relevantes e eram muito mais variados.

Fato é que ele me comunicou seu desprazer com a minha presença. Registrei e comecei a procurar alternativas de trabalho. Dentro da OIT, seria muito fácil a mudança, mas não via posições interessantes. Sondei as perspectivas para professores na Europa. Logo descobri que esse mercado era uma casamata, tão inexpugnável quanto aquelas da Segunda Guerra. A mobilidade de professores é próxima de zero. Aposentam-se onde começaram a dar aulas, ainda como assistentes. Portanto, pouquíssimas posições se abrem.

Aliás, por pouco, não fui professor na UCLA. Fui convidado a me candidatar a uma posição muito interessante no departamento de educação pelo *search committee* (comitê de busca), que fazia a triagem dos candidatos. Fui a Los Angeles fazer uma conferência para o departamento. Informalmente, soube que estava entre os três finalistas. Mas eis que explode uma colisão do chefe do departamento, mais de direita, com um grupo barulhento, mais de esquerda. Ele havia negado *tenure* (vitaliciedade do cargo) a uma nissei. Como justificou, publicava pouco. Segundo os seus defensores, era pura discriminação racial. No dia em que estive lá, estava em curso uma passeata em volta do prédio da Educação. Lembrei-me dos meus tempos de estudante no Brasil.

Sem meios legais para mudar a decisão do diretor, golpearam por outro lado. O colegiado desconsiderou não apenas os três finalistas como também mais dois nomes que estavam cotados para a posição, escolhendo um sexto candidato, uma pessoa de esquerda e ligada aos movimentos de educação popular.

Muito mais adiante, vim a saber que os outros dois finalistas eram todos bons amigos. Eu havia sido coautor deles em vários *papers*. Pelo que ouvi, a final era entre um deles e eu. O lado bom é que, perdendo ou não, competia com gente que respeitava e admirava.

Desde os tempos de Ipea, eu estava entre as primeiras paradas das equipes do Banco Mundial que iam negociar empréstimos, seja na educação, seja em ciência e tecnologia. O mesmo padrão se seguiu nos tempos de Capes e CNRH. Na OIT, participei de todas as reuniões do grupo que preparava o documento de orientação do Banco para seus empréstimos em formação profissional. Em outras palavras, conhecia, rigorosamente, todos os mais eminentes funcionários do Banco que lidavam com o assunto.

Não me interessava a América Latina, seria repeteco. Recebi uma oferta de Stephen Heyneman. Durante meu período de professor visitante em Chicago, ele completava sua tese. Havia mantido boas relações com ele desde então. Virou dirigente de uma divisão técnica, cuidando do mundo árabe, do Leste Europeu e do mundo soviético. Isso me agradava, pois nada sabia desses cantos do mundo.

Mais ainda, me convinha ser uma divisão técnica. A alternativa seria preparar projetos para os empréstimos, um trabalho complexo e cheio de detalhes pouco óbvios. São vários anos para dominar o processo. Com 50 anos, iria competir com jovens – muitos com menos de 30 anos – que já eram safos nesses mistérios. Péssima ideia. As divisões técnicas fazem prospecções, avaliam a marcha dos projetos e intervêm com diagnósticos quando há problemas. É o que eu poderia fazer, sem qualquer processo de aclimatação.

Sobre essas tratativas, não disse uma só palavra ao meu novo chefe na OIT. Apenas quando já tinha viagem marcada e tudo preparado é que fiz a comunicação. Ele já desconfiava, pois sabia da minha proximidade com o Banco Mundial.

O único monstruoso obstáculo foi a venda da casa. Quando a comprei, todos me diziam que não era um imóvel com valor comercial, e que só seria vendida se alguém se apaixonasse por ela. Nesse caso, a pessoa poderia pagar o que fosse pedido, e até mais. Tratava-se de uma casa semirrural e toda de pedra. Um charme só, mas apenas para uma proporção ínfima dos candidatos a comprar um imóvel. Ademais, o mercado estava em baixa.

Maus augúrios, o corretor não apresentava a casa para ninguém. Passagem marcada, já estávamos empacotando nossos pertences. Nada de comprador. Pois não é que um dentista se mudou para Thoiry e buscava uma casa justo nesse estilo? Pagou o que pedi, embora eu já estivesse preparado para uma redução drástica.

O toque final foi a transferência do pagamento do imóvel, apenas liberado após a nossa partida. Deveria ir para a cooperativa de crédito do Banco Mundial, na qual eu abrira uma conta. Por um acidente qualquer, foi para a conta do Banco Mundial. Posso contar vantagem de que, por alguns dias, aumentei a liquidez do World Bank. Felizmente, o conserto foi rápido e indolor. O Banco não quis se apropriar do meu dinheiro.

TELECURSO 2000: EDUCAÇÃO COM DRAMATURGIA DE NOVELA

DURANTE MEUS anos de OIT, começavam a tomar corpo as ideias de que a contextualização do ensino trazia uma contribuição poderosa ao aprendizado. Com efeito, ideias novas e soltas não aderem bem à nossa cabeça. É preciso associá-las com fatos, eventos e referências que nos sejam familiares. Obviamente, há mil maneiras de contextualizá-las. Como João Batista de Araujo e Oliveira também estava na OIT, conversávamos muito sobre o potencial de tratar mais explicitamente as maneiras de isso ser concretizado. Descobrimos um experimento muito interessante do Bank Street College, de Nova York. *The Voyage of the Mimi* era uma série de vídeos que narrava uma expedição oceanográfica na costa da Nova Inglaterra. Cada evento mostrado abria espaço para explicar alguma teoria ou princípio. Por exemplo, o rádio noticia um naufrágio próximo de onde estavam os protagonistas da série. O comandante decide prestar socorro, mas havia que localizar os náufragos. Entram em cena processos que, em última análise, são de trigonometria.

Começamos a imaginar um curso para ensinar habilidades básicas para jovens adultos. Seria todo contextualizado, usando sempre situações de trabalho. Essa era a tônica do nosso pensamento. Sair do mundo da escola e recriar situações reais para contextualizar os assuntos ensinados. Redigimos notas técnicas. Sonhávamos.

Por pura casualidade, aparece em Genebra e fica hospedado na minha casa o Joaquim Falcão, à época secretário-geral da Fundação Roberto Marinho. Tentamos atraí-lo com a ideia. Ele entendeu e disse que iria pensar. Passam-se os meses, recebemos uma notícia. Nossa ideia ia ser financiada pela Federação das Indústrias do Estado de São Paulo (Fiesp). A indústria paulista se ressentia da falta de conhecimentos escolares básicos de boa parte de sua força de trabalho e estava disposta a patrocinar um curso de boa qualidade para diminuir o problema.

Porém Joaquim introduziu uma modificação crítica no nosso projeto. Não seria mais um curso livre para quem quisesse se educar. Pelo contrário, seriam supletivos de primeiro e segundo graus. Inicialmente, reagimos, pois temíamos o congestionamento dos currículos e a perda de ênfase naqueles conhecimentos que são básicos em uma sociedade moderna.

Todavia, estávamos enganados. A mudança foi altamente positiva. Isso porque criou-se um incentivo tangível para fazer o curso com sucesso. Em uma sociedade que usa diplomas para selecionar candidatos, um curso que os concede tem forte chance de ser levado a sério. Perdemos na ideia original e ganhamos no resultado.

Depois que me distanciei da operação de montagem do programa, houve um sério enxugamento dos currículos adotados. O currículo oficial do supletivo já era um pouco simplificado, eliminando algumas perfumarias e detalhes. O novo cortava ainda mais, à revelia do MEC. Deveria criar conflitos, mas não criou. Talvez essa modalidade receba tão pouca atenção das autoridades de Brasília que os cortes não foram notados.

Já existia um telecurso na Globo, que seguia as tradições da área: um professor diante de seus alunos. Tudo filmado. Por puro acaso, minha prima era a professorinha. Nessa versão antiga, a Globo aprendeu uma lição curiosa, mas relevante. Atores se revelavam mais convincentes agindo como professores. Saíam-se melhor do que os "de verdade". Por que será? É um assunto que merece uma discussão mais profunda.

Na versão que propúnhamos, havia uma premissa básica. Se os alunos buscavam o supletivo, é porque anteriormente haviam tido más experiências escolares. Sendo assim, precisávamos evitar os ambientes escolares, com professores, salas de aula e alunos. Seria tudo ambientado no trabalho e na vida social.

Tal orientação nos jogava no colo da dramaturgia de novelas da Globo. Com liderança mundial nesse segmento, era coisa fácil rebater tal experiência para a educação. Essa descoberta não foi monopólio da emissora; vários experimentos foram feitos nessa linha, sobressaindo-se a *Telesecundária* mexicana – aliás, México é outro país com tradição em novelas. Contudo, não podemos subestimar a especial competência da Globo nesse mister.

Assisti, mais tarde, a aulas desse programa mexicano. Pareceu-me que a dramaturgia global seria superior, embora os livros não fossem tão bons.

João e eu queríamos uma novela inspirada em *The Voyage of the Mimi*. Mas fomos voto vencido. Em vez disso, foram criados quadros de trabalho e vida familiar, com os mesmos atores vivendo situações em que algo se ensinava.

Hugo Barreto dirigia a empresa terceirizada que transformava os roteiros em vídeos. Marcelo Tas punha a mão na massa. Com ele, João e eu dialogávamos, não necessariamente concordando, mas eram sempre brigas honestas e produtivas.

Nos quadros criados, havia operários interagindo. E apareceu um engenheiro. Embirrei. Um engenheiro, de camisa social branca, não poderia se transformar em um *role model* para os alunos do curso. Era um nível inatingível. A referência tinha que ser também um operário, com a mesma origem e o mesmo perfil deles, apenas com mais conhecimento. Essa pequena batalha, ganhei.

Percebi que havia sempre no ar uma tensão inerente ao que fazíamos, que era inserir dramaturgia no processo de aprender. Do nosso lado, os educadores, não queríamos uma versão aguada da educação em benefício de cenas mais divertidas. Já para o pessoal do vídeo, que foi aculturado nas lides da TV comercial, se não for divertido, *click*, desliga-se o aparelho. Nem tanto ao mar, nem tanto à terra. Havíamos que encontrar um fugidio meio-termo. Ao final, acho que ficou bastante adequado.

Outra lição que a Globo nos ensinou: não se discutem filosofia, princípios ou teorias. Parte-se, logo, para um protótipo. É vendo o seu resultado que se pode rebater a discussão aos tais princípios. Incorporei esse aprendizado e o utilizei com amplo sucesso. Lição aprendida por um aprendiz de dramaturgia.

Em uma situação concreta, pude ver o poder de uma teleaula bem-feita. A consultora de química era uma professora titular da USP especializada no ensino dessa disciplina. Ao ver sua aula montada e filmada, nos convencemos de que a versão presencial seria bem mais pobre e ineficaz do que aquela transcrita em uma videoaula. Ou seja, o esforço de uma equipe de profissionais, cada um em sua especialidade, era capaz de superar qualquer aula ao vivo, pela abundância de recursos, ensaios e complementos obtidos em um estúdio.

Não obstante, os custos da produção se revelaram consideráveis. Apenas com o financiamento da Fiesp seria possível materializar tal empreendimento.

Onde menos esperávamos, apareceu um grande problema: a disciplina de história. Tentou-se encontrar um bom nome para a sua montagem. Porém, em vez de um curso de história do Brasil, veio uma história da escravidão no Brasil. Isso não era o que foi pedido. Um novo consultor não se saiu melhor. No apuro dos prazos, a ementa foi redigida pelo próprio Joaquim Falcão, diretor da Fundação Roberto Marinho. É lastimável que agendas político-sociais se mesclem com currículos escolares. O caso ilustra um persistente contencioso na educação brasileira. Até que ponto a mensagem da escola deve virar palco para ativismo político?

Como ainda estava na OIT, meu tempo para o telecurso era muito limitado. Por isso, uma vez calibrado o curso, distanciei-me da linha de produção. E, devo admitir, as equipes fizeram um trabalho admirável. O resultado foi nada menos do que espetacular. Em linha com o que já se fazia no telecurso anterior, as aulas eram complementadas com as telessalas, em que professores de carne e osso interagiam com os alunos. É a chamada recepção organizada. Anos depois, assisti a um evento em que se comemorava a graduação de mais de 6 milhões de alunos no supletivo.

Pena que, durante a pandemia de covid-19, esses aprendizados não foram incorporados. O ensino remoto utilizado operou na Idade da Pedra se comparado com a sofisticação do *Telecurso 2000*.

Enquanto o telecurso estava sendo transmitido, insisti muito com Joaquim Falcão para que fosse feita uma pesquisa de audiência do programa, que ia ao ar às 6 da manhã.

A pesquisa revelou que, dada a inconveniência do horário, os interessados gravavam as aulas para assistir a elas quando lhes aprouvesse. Também mostrou um resultado totalmente inesperado: era imensa a quantidade de gente assistindo ao programa sem qualquer intenção de fazer as provas do supletivo. Os números beiravam os 5 milhões, enquanto os interessados no diploma eram apenas uma pequena porcentagem disso. O telecurso virou uma modalidade de *edutainment*, um divertimento educativo. Era o que eu ouvia de amigos e conhecidos. Um programa agradável, bem-humorado e com o qual se aprendia bastante.

Em uma ocasião, eu jantava em Tóquio com o embaixador do Brasil, um homem eminentemente culto. Ele também assistia às aulas do telecurso, mas com o conforto de que eram transmitidas às 6 da tarde. Conheci também um jornalista respeitado que assistia às aulas de português com o fim de polir sua linguagem escrita.

Sem falsa modéstia, listo o *Telecurso 2000* como um dos meus sucessos profissionais. Obviamente, divido os louros com João, Joaquim e a equipe da Fundação Roberto Marinho.

BANCO MUNDIAL: COLABORANDO COM O IMPÉRIO DO MAL

EM BOA parte da minha vida profissional, ouvi acusações contra o Banco Mundial: uma organização sinistra! Seria o braço malvado do capitalismo e primo-irmão do ainda mais sinistro Fundo Monetário Internacional (FMI). Pois é, tornei-me um "lacaio do capitalismo ianque", acolhido como funcionário em sua sede, em Washington, D.C.

Ao chegar ao Banco, já tinha certa convivência com os seus funcionários e muitas ideias acerca do seu funcionamento. Mas entrar nesse antro capitalista como cúmplice era um passo além.

ACERTANDO A VIDA NA CAPITAL DO IMPÉRIO

Primeiro, havia que me mudar. Mudar de casa é sempre um pesadelo, e mudar de país traz um monte de trapalhadas adicionais. Mas, no caso dos Estados Unidos e do Banco Mundial, tudo é um pouco menos penoso.

Preparando a viagem, recebi do Banco um "manual de como se mudar". Detalhava todas as providências, incluindo aquelas a serem tomadas antes de embarcar. *Checklists* enormes.

Um casal amigo já havia alugado para nós uma casa, onde ficaríamos os primeiros três meses, período em que o dono estaria de férias. A casa era bem localizada e simpática. Com os móveis do dono, ficaram o cão e o gato. Deveríamos cuidar deles.

Até que os animais se davam bem. Mas, em uma ocasião, o gato precisou ir ao veterinário e, para evitar uma fuga, foi com a coleira do cão. Erro fatal, nunca mais se entenderam os dois. Foi preciso um amigo do proprietário levar o gato embora.

Logo ao chegar, começa a peregrinação imobiliária. Se o Banco tinha manual para a mudança, a empresa de imóveis tinha um ainda maior, ensinando como comprar uma casa. Só não era maior do que o recebido, dez anos mais tarde, para vendê-la. A primeira casa que vimos era bem ruinzinha. O curioso é que, do outro lado da rua, havia outra quase igual. Custava 20 mil dólares a menos. A explicação era simples. A que vimos permitia que as crianças frequentassem a Escola Walt Whitman. A outra, uma instituição menos prestigiosa. A regra é esta: o endereço determina a escola na qual as crianças estudam.

A explicação completa vem do Pós-Guerra, quando o elegante bairro de Chevy Chase foi construído. Marca de sua classe era que negros e judeus não podiam lá residir. Como prêmio de consolação, foi construído bem ao lado o bairro de Bethesda, no qual ambos os grupos podiam dividir o espaço. Os negros não tinham recursos para morar lá, por isso o bairro acabou se tornando predominantemente judaico. Funcionários do Banco Mundial e do BID, mais tarde, também foram para lá. Como é tudo gente obcecada com educação, a escola local tornou-se uma das melhores dos Estados Unidos. Daí a diferença no preço das casas. Não será segredo dizer que, quando escolhi o bairro, essa foi a razão principal.

Comprei uma casa bem simpática, mas com uma fachada acanhada, bem feinha. Pensando bem, chegamos à conclusão de que um belo paisagismo seria mais barato do que um *facelifting* da fachada. E um jardim estilo japonês parecia-nos a solução certa. Mas quem diz que foi fácil achar alguém para desenhá-lo? Após muitas buscas nas listas amarelas, apareceu o Mr. Maeda, cheio de diplomas. Quando ligamos, ficou surpreso, pois estava aposentado – esqueceu-se de tirar o anúncio –, mas concordou em executar o paisagismo.

Como o projeto incluía muretas, plataformas e outros detalhes de alvenaria, contratei uma empresa local. Seu proprietário, Mr. Ray – mais exatamente, Raimundo –, era mexicano. E mexicanos eram todos os seus funcionários, recém-chegados ao país e sem falar inglês. Obviamente, eram dos que haviam atravessado a vau o rio Grande, no Texas.

Porém havia uma incompatibilidade cultural entre a civilização nipônica e a mexicana. A obra do Mr. Ray era com igual bagunça e sujeira, como as que conhecemos nas nossas. Mr. Maeda ficava catatônico diante da confusão de materiais, rejeitos e ferramentas. Brigavam os dois a cada encontro.

Ao fim e ao cabo, tudo deu certo e ficou bastante simpático, incluindo uma escultura de pedra que jorrava água, obra do nissei.

A casa prestou bons serviços. Aliás, a diferença é incomensurável entre o número de consertos em uma casa brasileira de 20 anos e uma norte-americana da mesma idade. Nas norte-americanas, quase nada enguiça.

Mas, em determinado momento, a gaxeta do misturador do chuveiro estava chegando ao fim da sua vida. Com a dita na mão, fui ao departamento de metais sanitários do Home Depot, minha loja favorita. Quando cheguei a uma distância de um metro e meio do funcionário, antes que eu abrisse a boca, ele me perguntou: "Sua casa deve ter entre 20 e 30 anos, correto? É uma peça da Kohler, usada naquela época". Era isso mesmo. Sem mais conversa, virou-se para uma gigantesca estante e pegou uma peça. "É essa, é só instalar." A explicação para o conhecimento exibido é que, nessa loja, só se torna vendedor quem tem pelo menos dez anos de experiência na profissão em que se utilizam os materiais comercializados.

A vida em Washington era fácil. Como alhures no país, tudo funciona e é prático. Mas, pelo excesso de forasteiros – estrangeiros ou nacionais –, é uma cidade sem personalidade, sem alma. Ao contrário de Genebra, não se pode falar em algum traço marcante. Em matéria de museus, é uma das maiores concentrações do mundo. Poucos anos após a penosa Guerra da Independência, uma grande surpresa. Um cientista inglês chamado James Smithson doa a sua fortuna para o governo norte-americano. E o faz com o fim expresso de financiar um museu. Curiosamente, ele nunca havia visitado o país. Com feridas ainda mal curadas da Guerra da Independência, houve certa relutância em aceitar a generosidade. Mas era bom demais para recusar. O resultado é o Instituto Smithsonian, não com um único prédio, mas com 21. E há outros museus nas redondezas também de qualidade ímpar. Porém, como acontece em todo o mundo, os visitantes mais assíduos costumam ser pessoas de fora da cidade.

Com seus 10 mil e tantos funcionários, o Banco Mundial ocupa vários edifícios, todos próximos à Casa Branca. Alguns têm cafeteria; outros, não. Por vezes, eu comia em uma cafeteria bem grande, que oferecia culinária de várias partes do mundo.

Comecei a observar: as chefias, esbeltas, se dirigiam para o *salad bar* ou o *sushi bar*. Já os funcionários mais modestos iam para o balcão da comida norte-americana, em que abundavam os *bacons* e outras gorduras. Seus corpos, mais volumosos, delatavam suas opções culinárias.

O SEGREDO DOS BANCOS MULTILATERAIS: PAÍS POBRE PAGA JUROS DE PAÍS RICO

Voltemos às assombrações do Banco Mundial, tão decantadas por ramos da esquerda. O Pós-Guerra encontrou falidos e destruídos muitos países da Europa. O famoso acordo de Bretton Woods resultou na criação de duas instituições internacionais: o Fundo Monetário Internacional, para emprestar dinheiro, visando cobrir os buracos do balanço de pagamento desses países, e o Banco Mundial, para financiar a sua reconstrução. Ambos obtiveram grande sucesso.

Com o passar do tempo, a Europa se reergueu, e ambas as instituições passaram a acudir os países mais pobres. Sucesso também? Uma no cravo, e outra na ferradura. Funcionou nos países menos atrasados, com administrações públicas pouco caóticas e um tecido social menos esgarçado, mas, mesmo nesses países, ministérios fracos não dão conta de gerir os empréstimos, e muitos dos bancos centrais não conseguem impor a disciplina financeira necessária para consertar as finanças. Porém fracasso também não foi. Houve muitos acertos, apesar de erros.

O Banco Mundial não é propriamente um banco, mas uma cooperativa de crédito em que os membros são países – representados por seus ministérios da Fazenda. Como as cooperativas, ele apenas empresta dinheiro para seus membros e, com limitadas exceções, não empresta para o setor privado.

Seus membros fundadores são as economias mais sólidas do mundo. Com isso, o risco dos empréstimos é praticamente nulo para quem compra seus títulos. Outro aspecto essencial é que os aportes iniciais dos países foram muito modestos. É falsa a ideia de que os Estados Unidos mandam por serem grandes financiadores. Na verdade, os fundos emprestados provêm dos grandes mercados financeiros mundiais; o que os países investiram no início não financiaria qualquer empréstimo..

Obviamente, os países mutuários pagam juros. Não há subsídios. Porém são empréstimos feitos por um banco cujos sócios incluem os países mais ricos; por isso, a confiança de que não haverá calote permite juros bem mais baixos do que conseguiria qualquer país menos rico, individualmente. Portanto, a mágica é simples: juros de país rico em empréstimo para país pobre e prazos longos para amortizar. Não há alternativa tão vantajosa. Mas há tropeços.

Mesmo com baixos juros, nem todos os países são capazes de honrar as dívidas adquiridas. No entanto, lá em outra esquina de Washington está o priminho do Banco Mundial, o FMI, sempre pronto para acudir, anotando o país inadimplente na sua "lista de devedores". E quem está nela não consegue financiamento, mesmo dos bancos privados. Na prática, para os inadimplentes prevalece o velho princípio: "Devo, não nego; pago quando puder".

Há muita bravata de governantes ruidosos, mas não conheço casos de sucesso de países que não pagaram as suas dívidas. Em um momento de valentia, Itamar Franco, então governador de Minas Gerais, recusou-se a pagar as amortizações. Diante disso, o Banco Mundial parou de financiar projetos em curso no Estado. Pior, o Banco Central brasileiro pagou as cotas devidas e, depois, debitou nas contas mineiras. Dupla perda.

Mas por que tanta animosidade? Afinal, é uma invenção engenhosa para emprestar dinheiro com juros mais baixos do que aqueles a que o país teria acesso. Uma razão é a de sempre: declarar que há um inimigo externo é sempre uma boa solução política para justificar crises internas. Nada como uma denúncia grandiloquente contra o Banco para abafar a barulheira que está sendo feita em território nacional.

Do ponto de vista de suas políticas financeiras, o Brasil se tornou um país bem-comportado. Não era tão ajuizado antes, pois não praticava nenhuma das virtudes financeiras, que eram vistas, então, como ridículas – isso também ocorria em dúzias de outros países, incluindo nossos vizinhos argentinos –, porém aprendeu que renegar dívidas não dava certo.

Alguns empréstimos eram para ajudar a preencher os buracos no balanço de pagamento. O projeto de desenvolvimento era apenas uma desculpa. Tendia a ser coisa improvisada e pouco a sério.

Banco e FMI emprestavam dinheiro, mas com a condição de que o país acertasse as contas públicas. Ou seja, cortasse gastos. Mas essa tarefa inglória raramente respeitava as prioridades sociais ou de desenvolvimento. Cortava-se de quem se defendia com menos eficácia. Do Exército? Das construções que rendiam tantas inaugurações? Muito mais viável era cortar verbas da educação e da saúde, sempre menos capazes de lutar por seus orçamentos. Quem decidia o que cortar não era o Banco Mundial. Não obstante, era acusado, nas cantilenas contra os imperialistas: "Cortaram justamente os gastos sociais!".

Esse pecado não cometeu. Mas é culpado de outros. E são graves, por serem sempre os mesmos. Proclama-se uma *learning organization*. Contudo, não consegue se livrar de alguns vícios persistentes. De fato, não são poucos os empréstimos travados por anos a fio.

Desde suas origens, os empréstimos são direcionados para atender a projetos de desenvolvimento que podem, em geral, custar meio milhão de dólares. Portanto, são precedidos por estudos cuidadosos. É uma enorme trabalheira, consumindo grande parte do tempo dos técnicos.

Um banco comercial não quer saber o que o mutuário vai fazer com o dinheiro, mas gasta enorme tempo para assegurar-se de que o tomador do empréstimo pode pagar a dívida. Em um banco de desenvolvimento, é o oposto. Nem um minuto para assegurar a amortização ou discutir condições, que são iguais para todos. Porém se gasta um ano ou mais preparando o projeto e com a condição de que o dinheiro só será gasto nele.

AS NEFANDAS "CONDICIONALIDADES"

Um dos elementos mais críticos do empréstimo, para o bem ou para o mal, são as chamadas "condicionalidades", impostas ao aceitar o empréstimo. O Banco diz: "Empresto, contanto que faça isso ou aquilo". Por exemplo, eliminar o excesso de pessoal. Vale lembrar, ninguém é empurrado ou forçado a pedir dinheiro, mas, se pediu, implicitamente aceita condicionalidades.

Elas agem para o bem, na medida em que a necessidade de fundos pode levar um país a implantar certas reformas penosas ou impopulares, embora benéficas. Para o mal, quando as reformas são inaceitáveis, mas impostas para aprovar o empréstimo. Daí as infindáveis desavenças no curso do projeto.

Não são incomuns as conversas de pé de ouvido com ministros. Eles podem até admitir serem as reformas propostas mais do que bem-vindas, mas perderiam o emprego se as impusessem. Costuma seguir-se uma troca de argumentos para chegar ao máximo do que é aceitável para o ministro. Nada que seja um caso perverso. As partes exploram saídas realisticamente. Entram em cena, nesse momento, as competências das partes, de ambos os lados.

Um exemplo concreto foi o empréstimo para ciência e tecnologia no Brasil. Os negociadores de ambos os lados eram competentes. Os brasileiros foram firmes, recusando muitas cláusulas do projeto. As negociações custaram a chegar a termo. Contudo, o que estava no projeto foi executado. Bom exemplo de sucesso nas negociações.

Por vezes, o funcionário pode sugerir ao ministro que ponha toda a culpa das condicionalidades no Banco, já que foi forçado a aceitá-las, atenuando o custo político para ele. O Banco nenhum preço paga. Porém países com finanças arruinadas aceitam tudo o que lhes é imposto. E há aqueles com governos precários, incapazes de dialogar de igual para igual com os funcionários do Banco, que costumam ter uma pitada de arrogância. Os funcionários pontificam, como donos da verdade, fazendo o país aceitar termos que não poderá cumprir, perceba isso ou não naquele momento.

Sobre esse assunto, lembro-me de haver encontrado Paulo Freire quando ele era secretário de Educação da Prefeitura de São Paulo. Estava furioso, pois recebeu a visita de um técnico do Banco Mundial que lhe deu conselhos acerca do que fazer na sua secretaria. Zangado, queixou-se com a diretoria do Banco. Seriam bons conselhos? Pouco importava, mas revelam o tipo de petulância que pode haver entre os funcionários. No caso, além da arrogância, há a imensa ingenuidade de pontificar para a figura mais celebrada da educação brasileira.

Participei de duas missões, no Marrocos, para acompanhar um empréstimo destinado à formação profissional cujo contrato previa que parte dos recursos orçamentários financiaria o setor privado. Mas andava ao arrepio da cultura local, pois o ministro jamais transferiria os seus fundos para o empresariado. Sempre ouvíamos que tal providência viria, mas não imediatamente. Se era inverossímil acontecer, por que incluir tal cláusula?

Pelas regras, o não cumprimento de uma condicionalidade levaria a sanções terríveis. No limite, a interrupção do empréstimo, um embaraço para todos. Na prática, isso raramente acontece. O projeto vai capengando até chegar ao seu fim melancólico.

Por que tais desencontros entre o Banco e os mutuários? Entram em cena vários fatores. Um deles é o perfil dos técnicos. O Banco contrata graduados das mais prestigiosas universidades. Entra também quem se dedica a escrever *papers*. O resultado é uma equipe altamente sofisticada intelectualmente e capaz de muita criatividade nos projetos. Porém, além de fazer o projeto, negociar e acompanhar um empréstimo exige talentos bem mais variados. E esses podem faltar. Não basta sensibilidade para captar o humor das organizações, é preciso conhecer bem as pessoas envolvidas. Faz parte da cultura do Banco transferir muito rapidamente as equipes entre países e regiões. Isso, é claro, abre horizontes e tem seu lado bom. Porém não dá tempo para os profissionais conhecerem intimamente as idiossincrasias das burocracias com as quais operam.

No Irã, houve uma tentativa de empréstimo para esse país, resultando em uma missão da qual participei. Nossa contraparte eram altos funcionários do Ministério da Fazenda. Falavam bem inglês, eram intelectualizados e o relacionamento era fácil, mas não recebemos informações importantes. O ministério não tinha força política, e quem mandava estava fora do país. Quem sabe os moços apenas queriam ir estudar nos Estados Unidos? Fracasso total da missão. Exceto para os membros do Banco que, como eu, dificilmente teriam chances de conhecer o Irã.

O Irã vive um enredo de opereta. Enquanto estava no poder, Mohammad Reza Shah Pahlavi hostilizou o islamismo, sobretudo diante das classes mais pobres. Ao subirem os clérigos ao governo, passaram a depender desse povo mais modesto e religioso para sua sobrevivência política. Daí a perseguição às elites ocidentalizadas. Ao humilhar as classes médias e altas, mantinham a sua legitimidade e o consequente apoio político do "povão".

Mas há o outro lado: o Irã opera em regime de mercado, e quem faz andar as empresas são as classes médias e altas. Como resolver esse impasse? A resposta é simples: teatro. As hostilidades às classes altas são, em boa medida, encenações para serem exibidas ao grande público.

Para os homens, não altera muito sua vida. Para as mulheres, é mais cruel. Não podem usar maquiagem, não podem usar vestido acinturado e o cabelo não pode aparecer. Ainda assim, dentro de casa, levam a mesma vida. Em um jantar, a anfitriã e suas filhas podem estar maquiladas e de minissaias. Na rua, a bata disforme. Entra em casa, é só tirá-la, já estão com roupas ocidentais. Em contraste, registramos que as mulheres haviam atingido níveis educativos muito acima daqueles conquistados com o Shah e que ocupavam posições de chefia em maior proporção.

Em uma ocasião, fomos convidados para um jantar informal com gente de diferentes ministérios. Sentou-se ao meu lado uma jovem do Ministério das Religiões. Imaginei o pior. Mas tive uma surpresa. Ela queria conhecer Leonardo Boff, líder da Teologia da Libertação. Pediu-me ajuda para localizá-lo. Imaginaria uma grande rigidez de alguém desse ministério.

Há um estamento ocidentalizado que fazia rodar o serviço público. Um dos nossos interlocutores tinha obtido seu doutorado na Inglaterra. Entra o mulá na sala, com seu turbante. Sorri, diz meia dúzia de frases banais em farsi, e se vai. A discussão prossegue, como em qualquer país ocidental. Nessa missão, vi algo bem interessante. O chefe da delegação não precisa ser chefe de nada no Banco. De fato, como foi o caso, pode até chefiar o seu próprio chefe. Lição de meritocracia.

FÉ NOS MERCADOS E O CONSENSO DE WASHINGTON

Voltemos a Washington, para discutir os enguiços e dificuldades resultantes da lógica de governança do Banco Mundial. Como dito, é uma cooperativa de crédito, em que cada país é representado por seu Ministério da Fazenda. São eles que mandam, pois deles é o Banco. Esses Ministérios da Fazenda são o reduto dos monetaristas – termo dos meus tempos de estudante –, e, como os executivos do Banco não querem ver seus projetos enredados por falta de pureza doutrinária, é feita uma filtragem severa antes de sua submissão ao diretório dos países. Subsídios, preços artificiais, déficits, serviço público inflado são pecados mortais. Encantam os chefes as privatizações, a eliminação de subsídios e outros sinais de fé no mercado.

Não deixa de haver certa hipocrisia nesses rituais administrativos, pois os técnicos enfiam nos projetos tudo que querem ver os seus chefes. Cínicos? Realistas? Mas sabem que é só para enfeitar o projeto, e nunca percebi neles qualquer alinhamento com o pensamento típico dos Ministérios da Fazenda. É puro pragmatismo. Para a aprovação rápida, enfiavam as cláusulas que a diretoria do Banco queria ver. Puro jogo de cena.

Na prática, muitos projetos têm condicionalidades politicamente inaceitáveis para o país. Sendo assim, há um pacto de fingir que tudo está sendo cumprido. O ministro não tem intenção de cumpri-las; os funcionários do Banco mais próximos sabem disso. Os chefes de divisão não fazem barulho, pois é contraproducente.

Nesses assuntos, a doutrina semioficial foi popularizada pelo economista John Williamson com o nome Consenso de Washington. Acabou virando um termo maldito, objeto de execração pelas esquerdas barulhentas. O FMI e os bancos acreditam que é preciso reduzir os déficits fiscais, equilibrar o balanço de pagamentos, controlar a inflação, dar mais protagonismo ao mercado e reduzir tarifas. Basicamente, é isso que Williamson chamou de Consenso de Washington. É difícil encontrar algum país ou economista respeitável que não concorde com esses objetivos. Sem eles, não parece haver alternativa com chances de sucesso. No fundo, é um *menu* quase inevitável, esteja ou não o país pronto para adotá-lo seriamente. Com efeito, não se deram bem os países que o desafiaram.

Em muitos casos, essas receitas viram condicionalidades. Se são politicamente viáveis, já é outra história. O mais comum é o governante concordar com os princípios, mas sem pretender ou poder impô-los a ferro e fogo. Antes, é feita uma avaliação política do rigor com que serão adotados. No entanto, com o passar do tempo, foram dependurados no consenso detalhes especiosos ou periféricos, o que justificou mais margens para discordância.

Resumindo, há certa distância entre o que pregam os técnicos do Banco e a realidade dos países – de fato, muitos projetos incluíram condicionalidades fantasiosas ou inaceitáveis para o país. Na prática, não são cumpridas, causando mal-estar e rusgas. Porém não mais do que isso.

No fundo, as condicionalidades são uma arma poderosa. Das que vi, seriam sempre exigências muito benéficas para o país, se implementadas. Porém, se são irrealistas, convertem-se em uma dor de cabeça para ambas as partes.

A NOVELA DA IMPLEMENTAÇÃO DOS EMPRÉSTIMOS

Até agora, falamos da natureza dos projetos que levam aos empréstimos. O segundo ato da novela é a sua implementação. Nem sempre tudo funciona. Nessa etapa, entram em cena as burocracias do Banco Mundial e as dos países.

Mas eis que surgem os enguiços. Os funcionários do Banco criam procedimentos exagerados que lhes dão mais conforto e segurança. Já dentre os mutuários, em muitos casos, observa-se a crônica incapacidade das burocracias públicas para fazer o que deveria ser feito. Por exemplo, as construções não terminam ou os prazos não são cumpridos.

A papelada é gigantesca. E é da natureza desses pequenos funcionários quererem segurança acima de tudo, para evitar situações desconfortáveis para eles próprios. Pouco importam os objetivos últimos do empréstimo. Ao controlar tudo, escapam de qualquer responsabilidade. Esses burocratas querem documentar tudo, comprovar tudo.

Muitos técnicos percebem o exagero e a disfuncionalidade das regras, mas não têm a embocadura para propor e defender suas ideias com sucesso. São acadêmicos demais para isso. Sendo assim, perdem todas as suas infrequentes batalhas. Nada muda.

Não há tema mais central do que a apreciação dos resultados dos empréstimos. Um banco de desenvolvimento, em tese, quer ver e medir o que está sendo desenvolvido. Mas não é isso que acontece. É muito mais fácil medir processos do que resultados. É mais imediato e mais confiável. Tantas escolas construídas? Tantos professores treinados? Meta cumprida. O sucesso nos processos é muito mais eloquente do que o impacto meio nebuloso sobre o "desenvolvimento".

Como os burocratas têm mãos de ferro sobre a gestão do empréstimo, prevalece medir processo. Há ocasionais avaliações de impacto, conduzidas por técnicos do Banco. Na prática, como elas apontam muitas falhas embaraçosas, recebem pouca visibilidade. Ninguém fala nelas, ninguém as discute. Há um pacto de silêncio.

Na minha experiência, esse é um dos aspectos mais frustrantes no desempenho do Banco Mundial. Não é que se trate de uma fileira de desastres, pelo contrário. O que incomoda é essa incongruência entre prestar atenção no detalhe e fingir que não vê o que precisaria ser mudado, pois mostra limitações. Tal situação tem a ver com a distribuição de poder na organização. Os técnicos têm poder para inventar projetos, até mirabolantes.

Mais nada. Os funcionários administrativos controlam o fluxo de dinheiro e papéis. E nisso ninguém mexe.

O Banco é periodicamente seduzido pelas ideias redentoras de alguma consultoria. Vem o contrato e vem a reorganização. Embaralha-se tudo. Jamais vi evidências de ganhos nessas remexidas tão frequentes. Apesar da orgia das mudanças de organogramas, tudo continua igual.

O Banco contrata os chamados *young executives*, ainda jovens e inexperientes. São brilhantes e com boa formação acadêmica, e logo aprendem a se mover dentro da máquina administrativa e criam redes de colegas. Com o tempo, se tornam imbatíveis.

Voltemos a um tema central. Há uma proporção bem significativa de projetos travados ou malsucedidos, apesar de o Banco não perder dinheiro, pois é tudo feito com empréstimos que são corretamente amortizados. Então, culpa de quem? É essa a pergunta que as nossas iluminadas esquerdas tendem a responder errado. Quase sempre, os técnicos que formulam os projetos, em colaboração com suas contrapartidas locais, são bem-intencionados e buscam o melhor para o país. Nesse sentido, podemos até dizer que são idealistas incorruptíveis. De fato, não sofrem qualquer pressão para fazer isso ou aquilo, e até se fala do excesso de consultorias propostas. Mas o valor dos empréstimos envolve quantias muito modestas.

As gerências do Banco querem ver o Consenso de Washington nos empréstimos. Prevalece uma hipocrisia conveniente: os técnicos introduzem as práticas consideradas sagradas pela direção, que finge que acredita que serão cumpridas. Incomoda, mas não é um grande problema.

Onde estará então o problema? A amostrinha de projetos que vi, enquanto estava lá, sugere que a principal culpada é a fraqueza institucional dos ministérios para os quais se dirigem os projetos. País com gestão pública precária terá projetos precários. Isso também acontece com ministérios. A fragilidade dos governos leva à aceitação de condicionalidades irrealistas. Mas não creio que sejam esses os obstáculos fatais.

Em geral, as condicionalidades refletem uma percepção do que é bom para o país. Obviamente, podem estar equivocadas. Podem até ser paternalistas, mas não são maldosas.

Aprovado o empréstimo, a sua gestão passa para o escritório local do Banco e criam-se, nos ministérios, unidades de execução. É aí que moram as principais dificuldades. Há tentativas de tráfico de influência, compadrio nas contratações ou incompetência administrativa generalizada. Tudo pode dar errado. Porém, diante do risco de malversação dos fundos, os controles impostos pelo Banco são formidáveis. Há uma barreira de papelada, formulários e exigências de prestação de contas. O pecado é que, para evitar roubalheira, criam-se controles exagerados que podem até travar o empréstimo.

A corrupção, os desfalques e o uso indevido dos fundos somam quase nada. A esse respeito, após a queda de Fernando Collor de Mello da Presidência, um preposto seu foi acusado de falcatruas no Ministério da Saúde. Sob interrogatório policial, perguntaram-lhe se havia tocado nos fundos do Banco Mundial. Ele negou, porque, segundo teria dito, era complicado demais.

O outro lado da moeda é que os controles impostos se revelam muito pesados para a administração dos ministérios mais frágeis. Lidar com eles é um pesadelo. Tudo pode ser glosado e tudo se trava. Poderiam ser mais leves tais controles? Francamente, não sei, mas suspeito que sim.

No fundo, essa é a questão mais embaraçosa. Quanto mais pobre o país, mais necessita de bons empréstimos para superar a sua condição. Porém, quanto mais pobre, mais dificuldades tem para administrar o dinheiro, dado o peso das exigências burocráticas.

Concluímos, então, que os técnicos são anjinhos inocentes? Em definitivo, não. Em alguns casos, são egregiamente culpados de ingenuidade e pouco conhecimento do ambiente local em que se desenrolarão os empréstimos. É notório que projetos no Chile vão dar certo pela qualidade de sua gestão pública. Na Argentina, no Brasil e no México, os empréstimos tendem a andar bem, apesar de um ou outro embaraço. A maioria dos problemas está nos países mais pobres.

Na década de 1970, vigia um projeto social para o Nordeste do Brasil. Pelo entrelaçamento de instâncias municipais e estaduais e pela complexidade da proposta, o empréstimo se arrastou por mais de dez anos. Em algum momento, houve queixas de que o Banco não era democrático, não consultava as comunidades nem os interessados. Diante disso, seguiu-se um dilúvio de entrevistas, reuniões e pareceres, consultando todos os envolvidos. Com tanto papel, foi necessário contratar consultores para a sua leitura. A iniciativa morreu, esmagada pelo próprio peso.

Voltando ao papel das equipes técnicas, cabe a elas uma apreciação muito sólida e bem fundamentada acerca da capacidade de execução do projeto. Há diferenças entre países e entre ministérios dentro do mesmo país.

Era verão em Washington, e chuvas abundantes provocaram uma enorme enchente. Dezenas de casas margeando o Potomac foram parcialmente cobertas pelas águas. Pois não é que aparece um jovem, em seu caiaque, passeando em meio àquela aguaceira toda? A polícia interveio, mandando-o sair. Nem pensar, ele continuou seu passeio, tranquilo. Foi chamado um helicóptero para extrair o recalcitrante. Mas, com o vento do rotor, o caiaque era empurrado para longe. Porém, alguma hora ele teria que sair. E ao fazê-lo, foi preso e levado ao juiz.

Era acusado pelo policial de arriscar a própria vida. O moço contestava que não era o caso e que o policial era incapaz de avaliar o risco. O juiz pergunta a ele como estava tão certo de que não havia perigo. "É simples, tenho medalha de ouro nas Olimpíadas, modalidade caiaque, então sei o que estou fazendo."

O EMBARAÇOSO CASO DO ORÇAMENTO QUE ESTOUROU

A vidinha no escritório prosseguia. Trabalhava eu em um dos vários prédios que abrigam algo em torno de 10 mil funcionários. Subitamente, sai no *Washington Post* um escândalo administrativo. O edifício-sede do Banco Mundial foi demolido. Foi projetado um novo, orçado em 160 milhões de dólares. No final da construção, eis que o orçamento havia atingido mais de 230 milhões! Sempre arrogante, cobrando seriedade na adesão a orçamentos estabelecidos, o Banco estava agora diante de um furo de mais de 50 milhões! Que vexame.

Foi criada uma comissão de sindicância. Meu colega de divisão, um arquiteto islandês, participou dela. Desenhadas as plantas, todos os chefes de divisão foram consultados acerca do espaço que lhes havia sido designado. Mas, como era coisa a se materializar muitos anos adiante, não prestaram atenção. Aprovaram quase sem ver.

Próximo à hora da mudança, ao reexaminar a situação, muitos pedem alterações nesse ou naquele detalhe do seu espaço. Mas isso tem custos elevados. Felizmente, a empresa responsável pela construção propôs um orçamento abaixo do custo, esperando tornar o projeto lucrativo com essas alterações de última hora.

* * *

Demorou, mas resolvi meu problema de não ter um Macintosh no Banco Mundial. Tivera o mesmo problema na OIT, pois o departamento não os adotava. Falei, insisti, nada. Armei então um esquema meio subversivo. A divisão da América Latina me convidaria para uma missão em qualquer um dos seus projetos. Como teria que reembolsar o valor do meu tempo à minha divisão, pagaria com um Mac, já que existia lá.

Meu chefe se assustou. Consultou então o responsável pela informática. Segundo ele, se a divisão resolveu não usar Macs, não poderia comprar um. Porém não havia qualquer regra proibindo um *lease*. Ou seja, alugar podia. Resolvido.

AVENTURAS NA UNIÃO SOVIÉTICA: INTERESSANTES, MAS MEROS DEVANEIOS

Nesse início dos anos 1990, a Rússia trepidava. Mesclavam-se crises com promessas de reformas políticas e de mais liberdade pessoal, com indícios de mudanças na economia.

Havia esperanças de que virasse uma democracia, com economia de mercado. O Banco Mundial apostava nesse cenário otimista, enviando seus gurus econômicos para guiar o governo russo na emocionante jornada.

Ao mesmo tempo e por trás disso, muita coisa ruía. Dadas a incompetência e a inércia administrativa, além da guerra no Afeganistão, a economia estava debilitada. Mikhail Gorbachev encontrou um país falido – exportando ouro para comprar bens de consumo. E coube a ele ser o mensageiro dessa notícia trágica, o que lhe valeu a monumental rejeição ao seu nome.

A dissolução do império soviético pode haver sido precipitada pela ausência de representantes das repúblicas no seu ministério. Mais preocupado com a indicação de bons gestores, perdeu pé no que acontecia longe de

Moscou. Inicia-se, então, um processo de desintegração da URSS, da Ásia Central à Europa do Leste.

Outro fator foi sua tentativa de usar o povo para neutralizar o imenso poder das velhas hierarquias. Para isso, concedeu maior liberdade pessoal e transparência, mostrando a todos ser uma farsa boa parte do que fora contado por setenta anos. Mas não havia como atender às aspirações desencadeadas.

No campo das ideias, o capitalismo, belzebu antes denunciado pelo sistema, começa a ser visto de forma rósea. Nisso, vai-se a sensação de segurança e estabilidade, o lado positivo do velho sistema. Erodem-se as referências éticas, revelam-se as mentiras oficiais e perde-se a noção de Estado. Houve um dramático ponto de inflexão em muitos aspectos críticos do país, tanto no campo das crenças como no funcionamento da economia.

Quando ainda estava na OIT, vi uma demonstração vexaminosa da manipulação da história. Indo para o Uzbequistão, havia lido um livro sobre Tamerlão, um dos mais famosos generais de todos os tempos. No século XV, conquistou toda a Ásia Central, invadiu a China e a Índia, dominou a Rússia várias vezes, derrotou os otomanos e saqueou a Síria. Esse gênio militar teve um dos maiores impérios registrados pela história.

No evento lá organizado, éramos atendidos por um bom grupo de jovens intérpretes. Em uma mesa de almoço, perguntei o que achavam de Tamerlão. Para meu espanto, mal sabiam quem era. Na história reconstruída pelos soviéticos, a mais retumbante figura da Ásia Central havia virado apenas um nome dentre muitos.

Minha divisão técnica no Banco Mundial, encarregada de missões exploratórias, foi convocada para fazer diversas visitas à Rússia. Cumpriríamos a nossa "missão civilizatória". Como experiência pessoal, foi imbatível. Porém, o resultado final esteve aquém dos sonhos. O país voltou a ser uma ditadura e transformou-se em uma economia de mercado dominada por *gangsters* irredimíveis. De quebra, ocorreu uma parceria desse grupo com um governante esperto e inescrupuloso.

Quando começaram minhas missões, já havia alguma experiência de funcionários do Banco naquelas bandas. Em um caso, ouvi que a missão foi a Almati, Cazaquistão. Porém, ao tentar retornar, descobriu que os voos estavam paralisados, pois o aeroporto queria cobrar dos pilotos, em moeda viva, o querosene do avião. Diante do impasse, deixando o grupo no meio da rua, a intérprete partiu. Algum tempo depois, chegou em um ônibus urbano, apenas com seu motorista. Por 85 dólares, esse senhor desembarcou os passageiros, embarcou a funcionária e concordou em levar a missão do Banco a Bisqueque, capital do Quirguistão, a mais de 500 quilômetros de distância.

Ouvi também o caso de técnicos do Banco ficarem retidos, no meio do nada, na Rússia, pois havia se partido a roda do vagão do trem em que viajavam. Previsivelmente, o maquinista não tinha dinheiro em espécie para pagar o conserto. Falou-se em uma vaquinha entre os passageiros. Mas a melhor solução foi deixar o vagão quebrado e amontoarem-se todos nos que funcionavam.

Ainda sobre aventuras ferroviárias, falava-se de duas técnicas que tomariam o trem noturno de Moscou a São Petersburgo. Seriam acompanhadas por dois funcionários russos. Ao entrar no vagão, cada russo tomou uma cabine, fazendo com que ambas tivessem que compartilhar o espaço com um homem. Elas estranharam a situação e não sabiam como manifestar seu embaraço. Ao final, descobriram que os russos nada mais queriam senão protegê-las de assaltos durante a noite. Agiam com as mais puras intenções.

Fui várias vezes à Rússia e ao Cazaquistão. Visitei dúzias de escolas técnicas e conversei com muita gente interessante. Durante esse período, pude notar que a sociedade perdera seus rumos. Os valores se esfacelavam, não sendo substituídos por outros mais apropriados. Os valores do socialismo haviam ruído. Muitos diziam: o Estado roubou de mim por setenta anos, agora tenho o direito de resgatar a parte devida. Ou seja, assaltar o Estado. E o que seria uma economia de mercado? Era vista como um "abre-te, Sésamo" para o vale-tudo. Confundia-se mercado com liberdade total.

***

No exercício de minha função, e para melhor explorar o mundo da formação profissional, encomendei *papers* a três consultores russos. Dois sumiram, sem dar sinais. O terceiro dizia ser um *paper* umas poucas tabelas, fotocopiadas de um livro. Queria 5 mil dólares. Óbvio que não recebeu o dinheiro.

As escolas profissionais eram sérias. Como já dito anteriormente, eram fortes em matemática e ciências, e lamentáveis na preparação prática dos alunos. É impossível transmitir a falta de qualidade dos trabalhos feitos por eles. Tentamos estimar os custos dessas escolas. Pelas nossas contas, os gastos com aquecimento eram maiores do que a folha de pagamento dos professores. Impossível deslindar esse disparate.

Em uma escola de Moscou, não vi alunos por causa de alguma crise interna. Mas, em uma sala fechada, ouviam-se máquinas trabalhando. Um pouco constrangido, o diretor informou que ele havia alugado espaço e máquinas para uma fábrica particular. No entanto, como sempre ocorria, as receitas geradas jamais se revertiam para o Estado. Segundo nos disseram, havia um sistema de inspetores que visitava as escolas, porém, na prática, apenas visitava as escolas agrícolas. Delas, os inspetores voltavam com o automóvel abarrotado de comida. As escolas industriais não tinham nada a oferecer; assim, não eram visitadas.

Depois de muitos ires e vires dos organizadores da missão, recebi o comunicado de que poderia visitar o Ministério das Obras Nucleares. Nem sabia bem o que era. Entramos em um edifício lúgubre, como são os ministérios. Corredor para cá, corredor para lá, finalmente, chegamos à sala em que preparavam os novos projetos. Uma usina nuclear? Nada disso, o projeto mais importante em curso era uma igreja ortodoxa russa, encomendada pelos padres. Para as atividades nucleares, não havia mais recursos.

Um economista do Banco, que me precedeu nas viagens, descobriu um canal de recrutamento de tradutores mais eficaz que o regular, feito por meio das agências: uma escola secundária de Moscou, das mais difíceis de entrar, oferecia ensino bilíngue inglês-russo. Deve ter sido criada para os filhos da *Nomenklatura* (a classe dirigente). Muitos dos seus alunos iam para a faculdade de economia, igualmente prestigiosa e difícil. Naturalmente, eles tinham o perfil ideal para serem intérpretes dos funcionários do Banco.

Coube-me uma jovem estudante de economia. Era muito inteligente e rápida. Na nossa primeira visita a uma escola, traduziu meu discursinho de apresentação. Na segunda visita, foi logo dizendo: "Pode deixar, apresento eu mesmo".

Voltando a Moscou, queria levar-lhe um livro de presente. Na livraria, deparei-me com o *Foundations of Econimic Analysis*, do P. A. Samuelson, que lhe valeu o Prêmio Nobel. Como a sua matemática é inexpugnável para mim, resolvi levar, meio de pândega, para ver o que diria. Na viagem seguinte, perguntei se havia gostado. Respondeu com a maior naturalidade que sim, havia até usado em um seminário. Outra surpresa. Na faculdade de economia que cursava, a moça jamais havia estudado Marx, Lenin ou qualquer um dos marxistas clássicos. Só usavam livros norte-americanos. Terceira surpresa. Seus pais, ambos universitários, ganhavam conjuntamente um salário mensal equivalente ao que o Banco Mundial pagava a ela por dia.

Sobre preços amalucados, no Cazaquistão vi um desses monumentais caminhões de minério cuja roda tem uns 3 metros de diâmetro. Segundo me disseram, custava o mesmo que um Lada. Comprei um filtro para minha câmera; custou menos que uma Coca-Cola. Um almoço no hotel em que estava não saía por menos de 50 dólares. Como é possível um país operar com tamanhas distorções no seu sistema de preços?

Perfeitamente congruente com o péssimo acabamento do que fazem os alunos, visitei uma grande fundição. Ninguém de capacete. Pedaços de ferro semienterrados no solo. Os galpões da fundição estavam atravancados e imundos. Havia pedaços de sucata espalhada pelo chão.

No Uzbequistão, visitei uma fábrica de implementos agrícolas. Nos esperaria alguém na portaria. Nada. Resolvemos perguntar.

Ninguém na portaria. Entramos, então. No escritório, disseram não ter tempo para nós. Saímos andando pela fábrica. Chegamos na montagem final, uma oficina gigante e entulhada de máquinas e sucata. Lá, encontramos seu chefe. Concordou em nos explicar o que faziam. Bem no meio do galpão, nos defrontamos com pilhas de balaustradas metálicas. Cumprimentei-o pela diversificação da linha de produtos. Mas não era nada disso, aquela era a sua própria produção, que ele mesmo ia vender nas lojas. Perguntei se não estava preocupado com a qualidade das suas colhedeiras. Como disse, quebram-se em menos de 24 horas. Mas, segundo o plano, não se pode alterar o projeto.

Eu planejava fazer uma pesquisa nas fábricas russas. Dois ou três supostos consultores me enrolaram e não fizeram nada. Finalmente, tive uma inspiração. O russo de quem havia sido chefe na OIT um belo dia publicou um bom artigo sobre a Rússia. Como eu sabia que ele era incapaz de realizar tal proeza, supus que fosse a sua coautora a responsável. Entrei em contato com a moça, e, dito e feito, planejamos que ela conduziria a pesquisa de campo e analisaria os dados, o que fez com toda a competência.

Um dos achados mais importantes da pesquisa foi a grande desmoralização em que se encontravam os empregados. Perguntados sobre salários, logo acusavam um fulaninho que ganhava mais que eles; o alcoolismo no trabalho era endêmico; não conseguimos medir, mas os acidentes eram inevitáveis. Ou seja, a economia era perfeitamente congruente: mercado, fábrica e formação profissional. As reformas econômicas que se seguiram tocaram na organização fabril, porém introduziram outras distorções. Antes, havia fábricas coletivizadas, ineficientes e com gestão displicente. Depois, foram compradas pelos próprios administradores de outrora. Eram leilões, formalmente legais, mas escondendo bandalheiras. Algumas continuaram a dar prejuízo, porque os mesmos donos operavam empresas paralelas, prestando serviço a elas. Limpeza, informática e outras empresas enriqueciam os donos das imensas fábricas, que permaneciam quase falidas.

Outra consequência da dissolução da União Soviética e da desconstrução do Estado foi a ascensão da Igreja Ortodoxa. Durante a Revolução Russa, as igrejas foram fechadas, mas não foram tocadas. Tampouco os seus padres. Ao início dos anos 1990, mudaram os ventos: voltou com ímpeto a religião. Voltaram as missas de infindável duração. E, como não havia bancos, era preciso aturar o sermão todo de pé. E a arrogância dos padres? Nunca vi igual. Não se dignavam a cumprimentar pobres mortais como nós.

Fui a Stavropol, no sul da Rússia. Indo para um aeroporto menor, nas proximidades de Moscou, o carro deslizou no gelo e fomos parar no fundo de um barranco. A pesquisadora russa já mencionada teve uma lesão no pescoço. Mas foi assim mesmo. Chegando, acompanhei-a ao hospital; nunca havia visto um hospital tão lúgubre. O médico, grandalhão, tinha aparência ameaçadora. Pude, então, vislumbrar por que a esperança de vida na Rússia vinha se encolhendo.

Nosso anfitrião era da Secretaria do Trabalho, na qual Gorbachev iniciou sua carreira administrativa. Já que o secretário havia trabalhado com o líder russo, perguntei como ele era. "Horrível", respondeu, trabalhava sem parar e obrigava seus subordinados a fazer o mesmo.

A leste de Moscou, fomos visitar Nijni Novgorod, uma cidade importante do ponto de vista industrial e cultural e onde estão os estaleiros dos submarinos atômicos russos. Porém, percorrendo uma escola profissional próxima, vi a mesma pobreza na qualidade dos trabalhos práticos dos alunos.

Em pleno inverno, vidros fechados, fumava sem parar o motorista do Volga oficial, posto à nossa disposição. Notei que consumia, pelo menos, um maço de cigarros por dia. Perguntei seu salário ao intérprete e fiquei sabendo que era, mais ou menos, o valor de um maço. Como vivia então? Simples, todos sabiam. Ao deixar-nos no hotel, circularia pelas ruas fazendo de táxi o carro oficial.

Em Nijni, tivemos uma longa conversa com o vice-secretário de Educação. Expliquei que, sendo um banco de governos centrais, o dinheiro dos empréstimos ia para a autoridade monetária, sendo então distribuído para quem o projeto determinasse. Ou seja, caso fosse um empréstimo para aquele *oblast* – divisão administrativa –, ainda assim os recursos passariam por Moscou. Com uma leve careta, balança a cabeça a autoridade. "Meu senhor, vamos tratá-lo com muito carinho e agradecemos a sua visita, mas, se tem que passar por Moscou, esse dinheiro jamais chegará a Nijni Novgorod."

De fato, esse era um grande desafio. Mesmo desconsiderando os outros países da União Soviética, a Rússia era um conglomerado caótico de *oblasts* e repúblicas independentes. Algumas, com o direito constitucional de cunhar suas próprias moedas. Outras se recusavam a transferir os impostos para Moscou. São mais de setenta unidades diferentes, falando mais de cinquenta línguas e praticando várias religiões. É difícil imaginar que um país tão descosido possa funcionar bem. Aos solavancos, sempre operaram sob regime ditatorial.

Sempre carregava um pequeno termômetro comigo. No quarto do hotel, antes de dormir, registrei 7 °C. Felizmente, os cobertores eram fartos. Depois, fiquei sabendo que as cidades russas têm aquecimento central. Ou seja, há uma usina térmica no centro da cidade, esquentando a água que circula nos radiadores das casas. Porém quem mora mais longe encontra uma água já bem friazinha.

Na Rússia, bebês não ficam em casa. Encapuchados, vão para a rua com os pais, nos carrinhos ou no colo. A neta do meu amigo russo, bebezinha, era colocada na varanda do apartamento. Os pais, no conforto do aquecimento, e a pobre lá fora enfrentando temperaturas negativas. Cada terra é cada terra.

Fiz várias visitas ao Cazaquistão. Sua capital, Almati, fica em uma região belíssima, no sopé de uma cadeia de montanhas cujos picos ultrapassam 5 mil metros. De longe, o perfil da cidade e o vulto da gigantesca montanha oferecem uma visão impressionante. Porém, ao chegar perto dos edifícios, vemos uma qualidade de construção e acabamento assustadoramente pobre. Aliás, era assim por quase toda a União Soviética.

Como vi que as escolas profissionais exibiam trabalhos de alunos de qualidade execrável, não surpreende que a construção civil refletisse tal padrão. Um amigo brasileiro, na época diretor da Caterpillar na Rússia, conseguiu alugar um apartamento razoável, mas para reformá-lo teve que trazer operários da Finlândia.

O período de Boris Iéltsin teve seus episódios de artilharia, destruindo parcialmente o palácio onde estava. Para os reparos, foram trazidos operários da Turquia.

Como é possível o país que iniciou a corrida espacial não ter bons pedreiros nem para o palácio do governo? Escolas vocacionais não faltam.

Voltando ao Cazaquistão, em Almati nossos anfitriões nos convidaram para um banho turco. Curiosamente, era o único imóvel com um padrão de construção equivalente ao que, em nossas terras, consideramos de bom nível. Foi construído por um premiê soviético originário daquele país. Chegamos antes da hora e descobrimos, no prédio, uma bela casa de chá. À entrada, estavam dois garçons de *smoking*. Sentamo-nos e pedimos água mineral, para decidir depois o que comeríamos. "Não temos", foi a resposta. Então, um chá. "Não temos." Depois de mais algumas tentativas, cabia uma pergunta final: "O que tem para comer ou beber?". "Nada."

Chegam nossos anfitriões, e vamos para o banho turco. No calorão, sobre um lençol estendido no chão de mármore, um senhor musculoso oferece uma tortura física que chamava de massagem. Finalizado o castigo, nos levam para uma salinha, no fundo do edifício. Ali, entram, pressurosos, vários funcionários do nosso anfitrião, com bolsas enormes com comidas e bebidas. Terminada a vasta comilança, entram em cena os mesmos funcionários para retirar o que sobrou.

Obviamente, isso mudou. Mas, no período das nossas visitas, em toda a União Soviética, restaurante era uma instituição quase desconhecida. Sendo assim, havia que levar a própria comida. Exceto pela nova geração de restaurantes, caríssimos, os poucos que existiam eram péssimos. Em Moscou, fui a um, enorme. Cheguei cedo, antes da multidão. Havia, ao meu lado, uns quinze garçons conversando animadamente. Ao cabo de bom tempo, não havia sido atendido. Fui embora com fome.

Em uma das minhas idas ao Cazaquistão, fui visitar uma escola profissional, já meio longe da capital. Qual não é minha surpresa quando o diretor me recebe brandindo uma revista técnica e mostrando determinado artigo que havia lido. Meu domínio do alfabeto cirílico era precário, mas consegui perceber que eu era o autor – havia sido traduzido e eu não sabia. No Brasil, não creio que tenha leitores atrás dos grotões. Tenho a impressão de que, no Cazaquistão, tendo menos distrações a seu redor, sobra mais tempo para ler.

Nessa viagem, fui visitar as instalações de petróleo no mar Cáspio, em Aktau, a uns 3 mil quilômetros de Almati. Nessa época, as reservas de voo da Aeroflot não eram informatizadas; Moscou tinha uma cota de lugares, e Aktau, a restante. Compramos a ida, pois a cota da volta já estava esgotada. Então, tínhamos que torcer para haver disponibilidade de assentos no retorno. Na agência da Aeroflot, havia apenas um atendente atrás do estreito guichê. Aguardávamos o momento para sermos atendidos, porém, às horas tantas, o atendente fecha a portinhola e vai tomar seu café, calmamente.

Aktau é feia e precária, mas nada se compara à situação dos oleodutos. Há vazamentos remendados com saco de aniagem e arame. A ferrugem é endêmica. A refinaria era razoavelmente arrumada, porém o intenso cheiro de petróleo sugeria abundantes vazamentos. No voo de volta, conversei com um italiano que me informou ser a refinaria construída em sua terra. A operação era diferente: em vez dos 2 mil operários que trabalhavam na unidade do Cazaquistão, na Itália eram apenas quinhentos.

Tempos depois, em Washington, apareceu uma senhora identificada como grande entendedora da indústria do petróleo. Curioso, perguntei sobre Aktau. Segundo ela, é assim mesmo, tal precariedade é o normal.

Perguntei sobre a situação da América Latina. Responde que seria a mesma coisa. Perguntei, então, sobre a Petrobras. "Essa não", foi a resposta. "Ali há outro padrão de qualidade." Noto que ela não conhecia a minha nacionalidade.

Em uma dessas viagens, contraí uma bronquite séria. As casas de Almati usam lareiras a carvão mineral para o aquecimento. À noite, uma mancha marrom cobre a cidade. Não é o ambiente ideal para curar essa enfermidade. Além disso, fui informado de que a aids já havia chegado na região, mas não as agulhas descartáveis que seriam utilizadas para meu tratamento. Impasse.

O chefe da missão, então, ligou para o embaixador norte-americano e perguntou se seria possível ceder um antibiótico oral para mim. Fui lá, sendo atendido por uma enfermeira enorme e decidida. Estetoscópio em punho, agiu como um médico calejado e terminou entregando-me os comprimidos de antibiótico. Assunto resolvido.

Nesses tempos, reformas e novidades pipocavam por todos os lados. Com a abertura, eram descobertas as mordomias da *Nomenklatura* russa e os encantos do Ocidente. O jornal (em inglês) proclamava o espanto do russo comum diante das *dachas* dos governantes. Mais admirável é que algumas tinham até banheiros.

Havia me hospedado em uma, no Uzbequistão, usada pelas lideranças do país. Pela aparência, teria o luxo de uma casa de classe média brasileira, nada mais. Porém, em vez de papel higiênico, tinha pedaços de jornal enfiados em um prego. Vendo aquilo, filosofei. Previ que não seria desprezível a probabilidade de um dignatário limpar-se com sua própria foto no jornal.

Em Moscou, almocei na *dacha* que havia sido de Josef Stalin, então convertida em um restaurante. Nada mais do que uma casa sólida e bem pequena. Nenhum luxo ou ostentação, pelo contrário. Traduzindo isso tudo para os nossos padrões, as mordomias soviéticas eram muito modestas. Um jornal falava do supremo sonho russo de consumo: comer uma banana.

Creio que o pior aeroporto do mundo era o Domodedovo, em Moscou. Todos os indicadores de voos e portões eram mínimos e em cirílico. Para não se desencontrar de quem chega, amontoam-se as pessoas a cada porta. Na primeira vez que cheguei lá, levei mais de uma hora buscando quem iria me esperar. Na segunda, caminhei pelo aeroporto e apontei para uma cadeira. Como quem me levou seria o mesmo a me buscar, disse que me esperasse sentado nela.

Em uma ocasião, voltando de Almati para Moscou, desci nesse aeroporto. Ao parar o avião, havia uma multidão de motoristas de táxi à porta, oferecendo seus serviços. Era como em uma rodoviária.

Afora esses sustos e surpresas, a Rússia é um país admirável em muitos aspectos. E detestável em outros. Encontram-se motoristas de táxi cultos, capazes de discorrer sobre múltiplos assuntos em inglês. E outros que não apenas parecem, mas são *gangsters*.

É excepcional a pintura, seja em tela, seja em objetos de madeira. Nos ires e vires, encontrei muitas pessoas interessantes. Fiz amigos. Mas nesse particular é preciso especial cuidado. Ao abraçar uma pessoa, é de bom alvitre virar a cara bem de lado. De outra forma, pode ser presenteado com um beijo na boca, costume nacional. Haverá quem goste, mas não é o meu caso.

Aos sábados, na praça Izmailovo, havia um mercado de pulgas, no qual se vendia de tudo. Em uma economia empobrecida e com um câmbio degradado, esse tudo era muito barato. Por exemplo, ícones do século XIX por 10 dólares. Apenas os mais antigos são valorizados. Mas o que me chamou a atenção foram as ferramentas a preços vis. Obviamente, roubadas das fábricas. Era a justiça feita por suas próprias mãos. Após setenta anos de espoliação, era hora de compensar as perdas, surrupiando as ferramentas.

Desconheço o que foi gasto pelo Banco Mundial nas sucessivas missões à União Soviética. Mas os resultados foram nulos. Dada a grande confusão, em todos os azimutes, não havia clima para um empréstimo. Ao longo de suas missões, o Banco gerou muitos estudos interessantes. No meu caso, preparei uma monografia alentada sobre formação profissional na Rússia. Segundo uma pessoa que a leu, bem situada no governo russo, era o melhor estudo disponível sobre o tema. Pode ser, principalmente, pela crônica falta de tradição local na análise de políticas públicas.

EXPLORANDO O ORIENTE MÉDIO: MUITA HISTÓRIA E MUITA FRUSTRAÇÃO

A minha divisão incluía o Oriente Médio, um outro mundo. Ali, havia empréstimos em andamento e a situação nada tinha de caótica, como era na União Soviética.

Entender a lenta regressão do mundo árabe é um grande desafio, mas essencial para dar sentido ao presente. Na época em que a Europa estava mergulhada nas profundezas de uma Idade Média obscura, a civilização árabe era superior em quase tudo: ciências, literatura, poesia ou medicina. E oferecia uma grande tolerância para raças e religiões diferentes. Menos de um milênio depois, inverte-se tudo. O crescimento econômico empaca, as iniciativas são tolhidas por conflitos e um clima fatalista. Os países, tal como organizados agora, continuam vivos. Mas a sombra do passado parece pesada demais. É sempre desconfortável a memória coletiva de um passado glorioso. O sentimento de ser um joguete de Europa e Estados Unidos é indelével. O que a região foi atrapalha o que ela pode ser nos dias de hoje.

O Líbano é um alegre mistério. Ruínas de bombardeios por todos os lados de Beirute. E a cidade borbulhando, com restaurantes e cafés, tudo em ritmo animado. O restaurante destruído aqui está operando acolá. Nas reuniões oficiais, nossos anfitriões nos perguntavam: árabe, francês ou inglês? Para eles, tanto fazia.

Tivemos uma reunião com empresários. Com um deles, conversei muito. Fiquei mais interessado ainda quando ele disse ter uma fábrica de móveis. Fui visitá-la no dia seguinte. Altíssima qualidade, mas móveis excessivamente ornamentados para meu gosto. Informa ele que seriam enviados para a Arábia Saudita, tal é o padrão de lá. Admirado, exclamo que a qualidade lembrava a da École Boulle, em Paris, a mais famosa escola de marcenaria fina da França. Com essas palavras, encantei o meu anfitrião, pois era ex-aluno dessa escola, bem como havia sido seu pai.

Tratava-se de pessoa próxima do governo. Descreveu o que fazia o Exército para promover a cidadania no país após ter vivido uma guerra civil sangrenta. Tinha um programa de replantar cedros, os ícones do país, mas que já eram poucos. Também fazia escavações arqueológicas em Beirute e começou a limpar o *souk* (mercado) de Trípoli, já com três mil anos de existência. Queria mostrar-me, pelo menos, o trabalho em Trípoli. Combinamos que um senhor me encontraria no café da manhã, no meu hotel, para fazer esse passeio.

Pontualmente, aparece um homem magro, cabelo curto, tipo militar, e mancando de uma perna – segundo disse mais tarde, havia levado um tiro. Embarcamos em uma caminhonete preta, pilotada por um jovem também de cabelo com corte militar. Não creio que, jamais na minha vida, tenha andado em tanta velocidade, em meio a ruas congestionadas e um tráfego caótico. Imaginei que estivesse em mãos de algum serviço secreto libanês.

Ao me saber brasileiro, meu anfitrião falou-me de seus amigos na América Latina. Mencionou Paulo Maluf, Alfredo Stroessner, do Paraguai, e Hugo Banzer Suárez, da Bolívia. Não lembro quem mais citou. Que amizades!

Andamos bastante, terminando no quartel-general do Exército libanês, em uma colina. Fui apresentado ao general comandante, com quem conversamos cordialmente por um bom tempo. Poucos meses depois, leio no jornal que havia sido eleito presidente do Líbano.

De lá, fomos para Trípoli na mesma velocidade alucinante. No meio do caminho, nos esperava uma senhora, muito elegante, no banco de trás de um volumoso Mercedes-Benz. Ela nos acompanhou na visita, que se revelou muito interessante, por termos acompanhado o processo de desenterrar salas, revelando lindas pinturas fenícias de milênios passados.

À hora do almoço, fomos a um restaurante sem placas à porta, mas cheio de autoridades. Meu anfitrião levantou-se várias vezes para cumprimentar senadores, governadores e sei lá mais quem.

Ao final do dia, retornamos a Beirute e ele me levou à sua casa, um apartamento escuro, em uma rua escura. Lá, admirei a sua preciosa coleção de armas, antigas e modernas, todas cuidadosamente instaladas em painéis, na parede. Na despedida, entregou-me seu cartão, apenas com seu nome. Nem telefone tinha. Para contatos, que fosse por meio do fabricante de móveis.

Elas por elas, não entendi nada. Não sei quem era, o que fazia ou por que conhecia figurões tão controvertidos na América Latina. Por certo, tinha a ver com o serviço de segurança do Líbano. Mais que isso, vou morrer sem saber. Foi um dia emocionante e instrutivo.

Em contraste, também visitei escolas profissionais do país. Que tristeza! Teriam sido boas e sérias, porém, com a guerra civil, perderam o viço e a razão de ser. As oficinas estavam malcuidadas e os edifícios, clamando por reforma. A situação geral dessa área estava péssima. Tudo estava por se refazer. Mas o país parecia, ainda, desconjuntado demais para negociar um empréstimo do Banco Mundial.

Na missão no Irã, visitei uma fabriqueta em Isfahan. Produzia sacos plásticos simples e as próprias máquinas que utilizava na produção. O proprietário vangloriava-se de haver formado muitos aprendizes. Com a experiência adquirida, haviam partido e se tornado profissionais competentes. Será?

De concreto, vi que a instalação elétrica da fábrica era um convite a um incêndio. Por todos os lados, havia fios desencapados e soltos. Examinei as brocas e ferramentas de corte (do torno). Todas afiadas de forma incorreta. Era inevitável, aprenderam errado. A conclusão é clara: quem aprende com quem não sabe, aprende práticas equivocadas. É uma lição a se reter, sobretudo, diante das controvérsias acerca da capacidade do mercado para atender às necessidades de formação profissional.

Em uma dessas voltas pelo Oriente, fiz escala em Genebra. No dia seguinte, no balcão da American Airlines, a funcionária me faz a revelação de que meu visto G4 estava expirado. É um visto de serviço que dura apenas um ano. Sem ele, não poderia voltar para os Estados Unidos. Teria que telefonar para o Banco, pedindo que fosse providenciado o formulário de solicitação. Um fax seria enviado para a embaixada norte-americana em Berna. Tomei o trem para lá e postei-me na sala de espera do consulado, aguardando o fax. Às horas tantas, o embaixador me informa que o escritório fecharia em breve e eu ficaria sem visto, pois nada havia chegado. No entanto, poderia me dar um visto de turista. Chegando à imigração de Nova York, teria uma grande batalha com os funcionários, mas, por fim, achava que conseguiria entrar no país.

Chegando a Nova York, fui levado para a salinha da polícia de imigração. Estávamos eu, um iraniano (em plena crise com aquele país) e um árabe com passaporte inglês, mas sobre quem o computador indicava algo de entorpecentes. No meu caso, a funcionária ficou furiosa. "Como esse cônsul irresponsável dá um visto de turista se você diz que trabalha para o Banco Mundial?" E assim continuou em suas invectivas. A única coisa que a sossegou foi minha carteirinha funcional do Banco. Deixou-me passar em meio a impropérios contra o cônsul, que deveria ser processado.

Outra ocasião pitoresca foi em uma primeira missão do Banco na Palestina, após acordos de paz. Na sala da primeira classe da companhia aérea de Israel, El Al, apareceu um jovem funcionário do Mossad – agência de inteligência nacional de Israel – para investigar se haveria algum senão na minha ida para o país. Tinha um questionário, visando captar algum traço suspeito, ainda que leve. Perguntou se eu já havia estado no Marrocos. Sim.

Havia estado com autoridades de lá? Sim. E na Tunísia, onde residia Yasser Arafat? Também. O mesmo na Jordânia, na Líbia e no Líbano. Finalmente, perguntou se tinha a intenção de conversar com alguma autoridade palestina. Respondi que sim. Era "sim" demais! Afobado, retirou-se. Veio seu chefe com as mesmas perguntas. Também empacou, diante da pletora de suspeitas. Finalmente, fui aprovado, mas não antes de me divertir muito com os embaraços do Mossad. Não viam como deixar embarcar alguém que levou bomba em todas as perguntas, e mesmo assim subi no avião.

Nossos intérpretes palestinos permitiam vislumbrar uma relação muito contraditória entre judeus e palestinos. Tinham uma invencível admiração pelos israelenses, imitavam até o estilo de cabelo e a maneira de se apresentar. Porém havia as cicatrizes de um conflito já velho de meio século.

Visitamos uma escola profissional em Belém. Bastante razoável. Na conversa com o diretor, para testar, perguntei se aceitaria a assistência técnica da ORT, uma organização filantrópica judaica, mas não israelense. Respondeu que sim. Diante da resposta, fiquei mais ousado e perguntei se aceitaria o mesmo do Estado de Israel. Não teve dúvidas em afirmar que sim. Afinal, por que não?

Gaza é uma bagunça, e a sujeira é inimaginável. Mas abundam escolas e faculdades. Aprenderam com os judeus? Visitamos também uma universidade tradicional em outra parte do país. Prédio excelente e a melhor impressão possível do que estavam fazendo.

Próximo dali, estivemos em uma criação de galinhas. O proprietário explicou que tem um sistema para refrescar as aves quando a temperatura chega a 45 °C. Sem isso, elas morrem.

Essa era a primeira missão do Banco na Palestina, composta de uma equipe bem grande. Chamou-me atenção uma senhora altiva, sempre muito elegante e com saltos bem altos. Sua especialidade: lixões. Era autoridade mundial nesse assunto. Disse conhecer o do Rio de Janeiro. Aliás, conhecia os lixões de todas as grandes cidades do mundo. Será que visita seu objeto de estudo com saltos altos?

Entender a Palestina não é para amadores. O povo é intenso, dedicado ao que faz e alerta para tudo. Imita Israel na agricultura e em outros misteres. Não tem disposição intrinsecamente negativa em relação aos israelenses. Por outro lado, há uma minoria inflamada, incapaz de qualquer pragmatismo. E, para azedar ainda mais, há em Israel grupos igualmente intransigentes.

O Islã é visto no Ocidente como uma religião obscurantista e violenta. Trata-se de uma percepção inexata. Talvez, com excessiva simplificação, vi três estamentos bem diferentes. Há uma maioria gigantesca de fiéis que aceitam o Islã, praticam ou não a sua liturgia, mas que nada tem de fundamentalista. A vida, mesmo das mulheres, não é significativamente diferente da que temos no Ocidente. Foi com gente desses grupos sociais que convivi, nas múltiplas visitas aos países árabes. Em pouquíssimas ocasiões, tínhamos a impressão de estar em um mundo diferente do nosso.

Há um segundo grupo, fundamentalista, impondo às famílias e, mais ainda, às mulheres valores tradicionalistas severos. Mas, seguindo uma interpretação legítima, o papel do Corão é ser um guia apenas para os costumes familiares. É total a sua distância de posições políticas. Em um oásis no Saara, visitei uma cidade murada cuja população pratica uma versão extremada do Islã. Lá, só se entra com guia, os costumes são estritos e as mulheres saem à rua com a cabeça coberta, exceto por um furo para um dos olhos. Porém essas versões do Islã ficam longe de qualquer envolvimento político. São pacíficas e tranquilas, voltadas apenas para o seu mundo fechado.

Desde muito existe um terceiro grupo politicamente comprometido, mas que apenas ganhou visibilidade nos conflitos com Israel. Nele, a religião é usada como estratégia de mobilização política. Na imprensa, é esse grupo que chama a atenção, não os outros grupos, mais seculares ou desconectados de assuntos políticos. Infelizmente, em países como a França, as novas gerações muçulmanas são altamente influenciadas por tais facções do Islã. No mundo árabe, essa politização gerou o Hamas, o Hezbollah, o Fatah e outros movimentos armados.

Confundir essas três vertentes é alimentar uma fogueira perigosa.

O que vi nessa antiga região? Muita coisa, muita tradição e um montante razoável de iniciativas. Os países visitados são minimamente bem-organizados, e o ambiente nada tem de tóxico. Porém o passado é mais pesado do que o presente. É bem mortiça a chispa do crescimento e da modernização. Os avanços são lentos. As grandes emoções estão na política e na religião. Falta ímpeto em outras direções, mais ligadas às realizações materiais.

De todos os países visitados, a Argélia emerge como a de herança mais penosa. Sendo antes um país muito próximo da França, ficou com cicatrizes incuráveis ao perder 1 milhão de pessoas na sangrenta guerra de independência. A relação de amor e ódio dava sinais de vida no cotidiano das nossas visitas. Minutos após declarar que odiava a França, o vice-ministro contava que seu filho estava passando as suas férias em Paris. Na ocasião, todas as escolas eram bilíngues – árabe e francês. Como estudar álgebra em francês ou Victor Hugo detestando a França?

Eclode um movimento de protesto violento. Ao entrarmos no Peugeot que nos levaria a uma visita, notamos que estava todo perfurado de balas um outro veículo, igualzinho, estacionado justo ao lado. Na semana anterior, nele havia sido metralhado o ministro.

AS JUSTAS INTELECTUAIS DENTRO DO BANCO: MERCADO OU ESTADO?

Nos últimos anos que passei no Banco Mundial, começava a pipocar uma controvérsia doutrinária justamente na área da formação profissional. Como há ampla produção de pesquisas e documentos de política, criou-se massa crítica para alimentar infindáveis polêmicas.

Para os que imaginam o Banco Mundial como uma casamata de capitalismo irredutível, essa controvérsia mostrava o dissenso interno como parte da paisagem. Uma característica fundamental é o seu recrutamento apurado. Como é uma instituição altamente prestigiosa, pode se dar ao luxo de contratar as melhores cabeças. Em muitos casos, atrai pessoas com perfil bastante acadêmico, como professores universitários das mais prestigiadas instituições. Naturalmente, precisa também dos praticantes das artes em que operam seus empréstimos. O primeiro grupo traz ao Banco uma atmosfera de debate intelectual permanente. Nesse aspecto, é uma instituição muito competitiva, na qual as batalhas intelectuais são cultivadas e os profissionais têm grande liberdade para expressar as suas visões divergentes.

As controvérsias sobre formação profissional já vinham fermentando havia tempo. De certa forma, refletem a variedade de experiências profissionais. De um lado, estão os economistas, mais crentes no mercado. Não há que bulir com ele. Se há demanda por algum perfil de mão de obra, a "mão invisível" vai cuidar de produzir esse perfil. Do outro lado, estão aqueles que labutaram em instituições de formação profissional. É o clássico alemão que cursou o sistema Dual, fez engenharia, virou instrutor e, depois, diretor de escola. Essa tribo acha que é preciso ter programas grandes e bem estruturados para preparar uma vasta proporção da mão de obra para a sociedade.

Os desacordos geravam uma multidão de *e-mails*, notas, memorandos e discussões verbais. Segundo um lado, havia que deixar o mercado funcionar. Para o outro, o mercado não funciona tão bem, então era preciso criar instituições sólidas, permanentes e bem tripuladas.

Cito essas batalhas, sobretudo, para demonstrar que instituições como o Banco Mundial não são monólitos em que todos pensam igual e seguem ordens. Mas não resisto à tentação de observar que não há um só país de sucesso que não possua um grande, sólido, caro e permanente sistema de formação profissional.

No fundo, não se justificam as posições extremas. Mesmo os melhores e mais sofisticados sistemas não podem deixar de olhar bem de perto para os mercados. E sem instituições estáveis criando recursos humanos e experiência acumulada, os incentivos de mercados não levam, senão, a soluções improvisadas.

Em uma ocasião, o prócer máximo do liberalismo, George Psacharopoulos, defendeu o sistema de preços e atacou os subsídios que o violam. Mencionou seu *paper* sobre o assunto e que, gratuitamente, seria enviado a quem o pedisse. Como tinha liberdade com ele, sugeri que havia uma incompatibilidade na sua proposta. No sistema de mercado, tudo é pago. Ora, sendo o *paper* de graça, era um subsídio. Não deveria ser vendido?

Acompanhando de perto esses fogos de artifício acadêmicos, estava bem feliz no Banco Mundial. O trabalho era interessante e variado. Aprendia sobre regiões totalmente desconhecidas para mim. Todavia, um funcionário brasileiro do BID me liga, mencionando que estava aberta uma posição para liderar uma unidade de política social e que eu seria um candidato natural. Cinco anos no Banco Mundial já era um bom tempo. Hora de mudar?

Como epílogo do que vi no Banco Mundial, não encontrei nele o Império do Mal. Impressiona a quantidade enorme de gente competente, bem formada e guiada pelas mais puras intenções. Talvez, por causa de tantos neurônios turbinados, não é um monólito no qual todos marcham pelas cartilhas oficiais. Há ampla discussão de tudo, e sobrevivem contradições entre o que esperariam as chefias e o que é possível na realidade dos países mutuários.

Muitos empréstimos parecem cumprir a sua promessa, embora o número de tropeços não seja insignificante. No período em que lá estive, notei a incapacidade do Banco para solucionar alguns impasses recorrentes e que geram resultados, previsivelmente, inadequados. Porém nada vi que sugerisse um banco tentando dominar ou controlar países mais pobres, como denunciado na imprensa. Estarei tão enganado assim?

MEUS ANOS NO BID: DE VOLTA A LOS HERMANOS

A MUDANÇA de emprego não me obrigou a mudar de casa nem do meu trajeto diário, mas voltei ao mundo de *los hermanos* dos tempos de Eciel.

O caso do prédio no qual se instalou o BID é curioso. Era para ser um hotel, mas o incorporador se viu em dificuldades financeiras e o vendeu, com a obra no meio. Seria terminada como escritório do Banco Interamericano de Desenvolvimento. Localizava-se em uma região mais pobre da capital norte-americana. O lado mais pobre era, também, perigoso. Motim das secretárias. Não queriam que o Banco se mudasse para aquele local. Protestaram, temendo por sua segurança. O BID chegou a prometer que, à noite, haveria uma escolta policial do prédio até o metrô.

Porém o tempo que levou para concluir a construção do edifício foi suficiente para frutificarem as obras de revitalização urbana daquele pedaço da cidade. Na inauguração, eram bem menores as preocupações ou os riscos. Quando cheguei eu, tais pavores já eram coisas do passado.

Fundado em 1959, o BID é um clone deliberado do Banco Mundial. No alvoroço da Aliança para o Progresso, gente como Juscelino Kubitschek e Felipe Herrera se movimentaram para criar uma iniciativa semelhante ao Banco Mundial, porém voltada apenas para a América Latina. Era nos países latinos que estava a grande movimentação, com industrialização e modernização política. Ao mesmo tempo, havia as assombrações de que a Revolução Comunista em Cuba se espalhasse. Qual seria o próximo país?

Tendo tido os Estados Unidos papel determinante na criação do BID, havia um acordo, não sei se tácito ou explícito. A presidência do Banco caberia a um latino-americano, a ser escolhido pelos países membros. Todavia, dada a estrutura do Banco, a vice-presidência executiva seria indicada pelo Tesouro dos Estados Unidos.

Se há alguma presença do "imperialismo ianque" no BID, com certeza está nessa posição. Os Estados Unidos sempre vetaram a participação de

Cuba, um velho cacoete norte-americano, mas, afora esse soluço de irracionalidade, não se pode dizer que a gestão norte-americana introduzia algum viés que pudesse ser atribuído a interesses nefandos. Pelo menos, nas minhas muitas interações com a diretoria, não vi nada nessa direção.

Desconheço os primeiros anos do BID. O que sei é que, na gestão anterior à de Enrique V. Iglesias, estava muito voltado para obras, urbanização e os setores mais estáveis e previsíveis. Quando operava nos setores sociais, eram projetos de expansão de escolas ou hospitais, como a construção de *campi* universitários no Brasil. Suas equipes pareciam ser congruentes com essa orientação mais conservadora, em contraste com o Banco Mundial, que já se aventurava em redução de pobreza, reformas e elaboração das famosas, ou infames, condicionalidades.

Veja-se um casinho revelador. Ao assumir Collor a presidência do Brasil, na sua fúria reformista, mandou cancelar os empréstimos que tinham problemas em ambos os bancos. No entanto, nem um só empréstimo do BID foi cancelado, enquanto cerca de cinco empréstimos do Banco Mundial foram decapitados. A conclusão era óbvia: o Banco Mundial se arriscava demais. Já o BID se arriscava de menos.

Diante da sua timidez reformista, houve algumas sacudidas no BID, pouco antes da minha chegada. Dentre elas, a entrada, para vice-presidência, de Nancy Birdsall, alguém que vinha fazendo boa carreira no outro Banco. Por puro acaso, conhecia bem educação e havia feito pesquisas no Brasil. Seu currículo acadêmico era bastante impressionante.

Nancy era brilhante. Uma figura assertiva, decidida e algo autoritária. Em pouco tempo, transformou o portfólio de empréstimos. Os novos passaram a ser reformistas e cheios de condicionalidades, ao estilo do Banco Mundial. E as áreas sociais passaram a ser privilegiadas.

Não vivi isso, mas me contaram que, antes, muitos projetos do BID eram quase cópia carbono de similares do Banco Mundial. Mudava apenas o país ou o setor de atuação. A partir da chegada de Nancy, passaram a ser projetos próprios do BID e nada deviam em matéria de solidez ou sofisticação. Pelo que percebi, vinha, também, melhorando a qualidade técnica das equipes.

Com Nancy, aumentou o nível de ambição reformista dos projetos. A causa era boa, mas as complicações foram inevitáveis. Bastava ver, no

Banco Mundial, o descumprimento frequente de cláusulas e os desacertos. E foi o que aconteceu no BID.

Trabalhando em uma área de política social, vasculhar projetos de educação enguiçados era tarefa para mim e minha equipe.

Fui ao Equador visitar um projeto semelhante a um outro do Banco Mundial. Um era no setor informal, e o outro financiava educação rural. O Banco Mundial contratou uma excelente gerente, firme e capaz de conduzir o projeto. Sua equipe de execução tinha menos de dez pessoas. No projeto do BID, ocorreu um problema: o encarregado do projeto, no escritório de Quito, teve um caso amoroso com sua secretária. Teve que ser dispensado. O processo de substituí-lo levou um ano; é o normal. O novo contratado, ao tomar pé da situação, descobriu que a unidade de execução, em vez de dez pessoas, como no Banco Mundial, havia crescido para 250! Os desmandos se revelaram tão graves que o projeto jamais arribou. Um par de anos mais tarde, continuava com péssimo desempenho.

Havia visto a apresentação de um projeto na Bolívia. Não me convenceu. Apareceu a oportunidade e fui visitá-lo. Empreitada bastante árdua, pois ficava a 4 mil metros de altitude. Era na cidade do famoso Antenor Patiño, proprietário das principais minas de estanho bolivianas. Haviam sido estatizadas e, mais adiante, desativadas por darem prejuízo. Fechadas oficialmente, havia que encontrar ocupação para os mineiros desempregados. O projeto previa ensinar a eles a fabricação de artesanato para ser vendido em La Paz.

Havia também um hospital a ser construído para substituir o antigo, desativado. Passamos na porta da nova construção, orçada em 4 milhões de dólares. Porém o funcionário do escritório de La Paz insistiu para que visitássemos o antigo, construído por Patiño. Que surpresa! O velho era um prédio muito sólido e bem construído. Precisava apenas de pintura, eletricidade e revisão dos encanamentos. Como é possível um país pobre jogar 4 milhões em uma construção nova, quando a velha pode ser renovada por quase nada? Como terá sido tomada essa decisão?

Com o fechamento das minas, para nós, era inevitável: alta taxa de desemprego na cidade. Fomos conferir, mas não havia desemprego. As minas haviam sido fechadas, e seu equipamento, retirado, porém os operários continuaram a explorá-las por conta própria ou em cooperativas. Em vez de vir nas caçambas sobre trilhos, o minério vinha em mochilas, nas costas dos mineiros. Saíam do buraco, esbaforidos, mascando coca e com as caras vermelhas (afinal, estávamos a mais de 4 mil metros de altitude). Para tirar o estanho do minério, improvisaram regos de água. Imagino que nem os egípcios usavam métodos tão toscos.

Tampouco as mulheres estavam desempregadas. No pátio de rejeitos da mina, sentadas ao chão, martelavam os pedregulhos ali descartados. Apuravam, por dia, cerca de 1 dólar. Chorou o representante do BID que nos acompanhava.

Quanto ao artesanato, La Paz era um mercado já saturado por produtores experientes e vivendo mais próximo da capital. A proposta era irrealista e inviável.

Uma solução simples seria devolver as caçambas para tirar o minério da mina, bem como outros equipamentos. Isso seria uma revolução, a custo próximo de zero, pois os equipamentos estavam ociosos. Mas é árduo bulir por projetos já iniciados. Sabe-se lá o que estaria por trás. Fiz meu relatório, zangado, mas duvido de que tenha surtido qualquer efeito.

A volta para La Paz teve seus momentos de emoção. Na altitude em que estávamos, o ar é rarefeito, dificultando a decolagem. O piloto tinha dúvidas, pois a pista era em uma ladeira. Para decolar contra o vento, teria que subir. Optou por decolar com vento de cauda, morro abaixo, opção igualmente delicada. E quem disse que o avião se animava a decolar? Mas, se escrevo estas linhas, é porque acabou alçando voo.

Visitei outro projeto enguiçado no Paraguai. Um empréstimo anterior construiu escolas profissionais e reestruturou o sistema de formação profissional paraguaio. O novo projeto tinha dois polos. Em um, financiaria formação profissional a ser oferecida por instituições privadas ou filantrópicas. Os alunos seriam funcionários indicados pelas empresas. Fiquei surpreso, pois funcionava muito bem.

O outro polo do projeto requeria profundas alterações na estrutura da organização. Mas havia um impasse, e o projeto não desembolsava o valor necessário. Sem os recursos, como contratar professores? As escolas eram novas, impecáveis e bem mantidas. Diretores e secretárias em suas mesas. Mas sem professores ou alunos.

Tive uma conversa com um senador, ex-diretor da instituição de formação profissional. Foi simpática a troca de ideias, e ele demonstrou entender perfeitamente o problema. Fiquei esperançoso. Debalde, não fez nada. Mas virou presidente da República – aliás, mal avaliado.

Esses três casos infelizes poderiam dar uma falsa impressão da carteira do BID. Mas, na minha posição, não visitava casos de sucesso. Ou seja, minha amostra era composta apenas de problemas. Mesmo assim, conheci alguns casos de sucesso. Por exemplo, o de um projeto criado no Chile e, mais adiante, reproduzido em vários países, em que instituições de formação profissional são credenciadas e convidadas a submeter projetos para financiar seus cursos. Até aqui, é o convencional. A diferença é que o aluno apenas será financiado se tiver uma promessa formal de trabalho em uma empresa, pelo menos, com a mesma duração do curso. Isso resolveria o maior de todos os problemas da formação profissional: o acoplamento da oferta à demanda. Sob tais condições, as instituições varejam o mercado à busca de contratos.

Visitei a sua réplica na Argentina. Havia ótima empregabilidade, mesmo após o término do contrato de duração do emprego, exigido para receber os fundos. Porém a qualidade do treinamento mostrava o desmoronamento de sua formação profissional. Os instrutores eram improvisados. Vi um, diante de seus alunos, trabalhar no esmeril sem óculos de proteção. Na minha juventude, recebi sérios pitos por esse pecado.

O Brasil também teve o seu. Pelo que sei, bem-sucedido. Espanta que os caríssimos programas do Ministério do Trabalho – para registro profissional – não aprenderam nada com ele. Os desencontros de oferta com demanda foram catastróficos, segundo as avaliações contratadas por esse mesmo ministério.

Voltando ao portfólio do BID, entendi que, mais adiante, o aumento de casos problemáticos tenha moderado seu fervor reformista. É o pêndulo balançando para cá e para lá. Muito risco, pouco risco.

Vale a pena mencionar um aspecto em que o BID é amplamente superior ao Banco Mundial. No mundo latino, praticamente, além do inglês, são faladas apenas duas línguas, espanhol e português. Quem fala uma acaba falando ou entendendo a outra. Os norte-americanos têm que adquirir fluência em espanhol. Daí a presença de muitos ex-voluntários do Peace Corps, fluentes na língua e escolados na cultura latina.

Ademais, os técnicos trabalham por muitos anos com os mesmos países. Tive uma reunião em Buenos Aires, no Ministério do Trabalho. Estava comigo um funcionário do BID que frequentou esse setor por 25 anos. No nosso *debriefing* da reunião, descreveu cada participante: esse fala, mas não manda; esse outro é perigoso; e por aí afora.

Que contraste com a nossa missão no Irã, onde ninguém falava farsi e ninguém conhecia ninguém! Pior, não conhecíamos a real configuração de poder entre pessoas e ministérios. Daí que as tratativas foram com o ministério errado.

MINHA TRAJETÓRIA NO BID

Como banco de desenvolvimento, o BID necessita de tropas alertas, bem-informadas e tecnicamente competentes. São elas que negociam, preparam os projetos e acompanham a sua operacionalização. Não são poucos os técnicos necessários para tais tarefas.

Além de suas "linhas de produção", seus empréstimos ultrapassaram a simplicidade de apenas construir portos e pontes. Entraram nas áreas sociais. Nelas, há uma multidão de questionamentos, perguntas, controvérsias, avaliações e intercâmbios com outras instituições. Daí a importância de haver equipes mais disponíveis, como a minha, lidando com os problemas conceituais da área, com os visitantes e com novas linhas de intervenção. Também conduzindo pesquisas necessárias para iluminar temas controvertidos ou relevantes.

Havia sido convidado para dirigir o grupo de políticas sociais. Era um leque bem aberto e algo desengonçado de áreas. Encontrei um bom time. Embora um pouco heterogêneo, fazia o serviço pedido. Poucos ficavam aquém do esperado.

Minha secretária era argentina, com antepassados russos. Era muito democrática, tratava mal a todos, pessoas com funções de cima (meu caso), abaixo e dos lados. Um estagiário, também argentino, era o seu *sparing* preferido. Volta e meia, batiam boca. Mas era muito competente e cumpria as suas obrigações a contento.

Aos poucos, o meu grupo cresceu, ficando até grande demais. Diante disso, foi recrutada uma mulher, muito competente e ativa, para ficar com parte das áreas sociais. Educação ficou comigo. Sofri uma ligeira perda de espaço, mas foi mais do que compensada pela maior dedicação ao tema.

Nessa mudança, virei *chief education advisor* do BID, um título imponente, mas de função indefinida. Tem mais sonoridade do que poder e responsabilidades. É a minha sina.

Pouco tempo após chegar, tive uma briga séria com Ricardo Hausmann, o *chief economic advisor*, um economista de origem venezuelana muito competente e, no caso, cioso do seu espaço. Antes da minha chegada, havia que se preparar um documento de política social considerado importante. Na ausência de alguém com tal perfil no grupo que herdei, o trabalho foi delegado a um economista da unidade de Hausmann. Assumindo a posição, reivindiquei que o tal trabalho voltasse para o seu lar de origem e de vocação. Discutiu-se o assunto, mas não evoluiu. Mesmo sem uma decisão de cima, comecei a trabalhar na nossa versão do documento. O técnico do Hausmann também continuou. Terminamos com dois trabalhos. Estrategicamente, apresentei o meu antes. Hausmann se enfureceu e foi queixar-se com Nancy, de quem era bastante próximo.

Nancy se enfureceu também. Troquei farpas com ela pelo telefone. Com raiva, disse que ia me despedir. Nada aconteceu. Combinamos, então, de trabalhar conjuntamente. No fundo, era o que eu desejava, pois o tal economista era bastante competente. Nem me lembro como terminou, foi anticlímax, mas depois desse episódio mantive relações perfeitamente amigáveis com Ricardo e Nancy.

As pessoas temiam o estilo duro e anglo-saxão de Nancy. Logo entendi que fazia parte de uma tradição acadêmica de diálogos provocativos, tal como vicejavam no Banco Mundial. Ela esperava combate do outro lado. Em geral, não vinha, pois era temida. No meu caso, entendi o seu estilo. Discutia pesadamente com ela, discordava. E sempre nos demos muito bem.

Em uma ocasião, contaram-me que ela tinha recusado uma sugestão. Perguntei-lhe se era verdade. Disse que havia respondido com a primeira ideia que lhe veio à mente, pois esperava a contestação, mas o interlocutor abaixou a cabeça e aceitou.

Mesmo entre culturas que se entrelaçam, como a norte-americana e a latina, ocorrem desencontros de estilos e interação. Os latinos sabem que "sim" pode ser "não". Os anglo-saxões gostam do "não" para provocar uma troca socrática de ideias. Gente como a Nancy ama esse estilo.

Na minha posição, acabava por acolher as mais variadas demandas. Uma delas foi na véspera da viagem de Bill Clinton para a América Latina. Sua mulher, Hillary, deveria se pronunciar sobre assuntos relativos à educação no Brasil. Estando Nancy no BID, a Casa Branca recorreu a ela. Fui eu no seu lugar.

A equipe de Hillary Clinton propunha que defendesse a igualdade educacional entre homens e mulheres. Tentei mostrar que, por essa linha, teria que propor um programa de ação afirmativa para os homens, pois, no Brasil, eles têm consideravelmente menor escolaridade do que as mulheres. Pregava no deserto. Minhas explicações e meus números foram ignorados. Foi preciso que, na reunião seguinte, fosse lá a própria Nancy para dizer a mesma coisa.

Comparando BID, OIT e Banco Mundial, eu via uma diferença. No Banco Mundial, quem estava trabalhando havia passado pelos processos regulares de seleção. Não vi paraquedistas. Já na OIT e no BID, ainda que poucos, apareciam alguns, vindo de não se sabe onde e contratados com critérios nebulosos. Em alguns casos, eram pessoas com amplas credenciais. Por exemplo, o ex-ministro da Educação do Uruguai aterrissou na minha unidade. Mas algum entulho também aparece. Essa maior flexibilidade pode ser útil, mas nem sempre.

Pela natureza regional e dada a cultura latina, o BID opera em um ambiente muito mais movediço e plástico. Nos empréstimos, não registrei fragilidades. Mas há um espaço nebuloso de política e de agradar a aliados. Na burocracia, as instituições eram parecidas. Porém a do BID era mais *soft*. Boas conversas e amizades moviam montanhas. Vivi isso na minha terceira batalha para obter um Macintosh. Fui ao encarregado da informática, um brasileiro, e perguntei a ele: "Se eu tivesse um defeito na coluna, o BID não me compraria uma cadeira especial?". Concordou. "Pois é, eu tenho um defeito incurável, só sei usar Mac." A resposta foi uma torrente de palavrões. Decisão: "Vou comprar um para você, mas não me peça para consertá-lo!". Era tudo o que precisava. Além disso, os meninos da computação eram perfeitamente aptos a desencravar os eventuais tropeços do meu Mac.

Durante a minha estada na Capes, recebi a visita do diretor da Laspau, uma instituição filiada à Harvard e dedicada a manejar bolsas de estudo de estrangeiros nos Estados Unidos. Tive a pior impressão do personagem. Comentei que mais parecia um vendedor ambulante de aspiradores de pó.

Pois não é que, na época do BID, fui convidado para participar do Conselho dessa mesma Laspau? Era uma organização perfeitamente séria e que prestou bons serviços. O novo diretor era ótimo. Mas, naquele momento, os fundos já estavam magros. Subitamente, espoca uma crise financeira: débitos impagáveis! De novo, fizeram as contas. Não era bem assim. Pouco depois, cenário de insolvência. Lembro-me de conversar com outros conselheiros no *lobby* do hotel. Teríamos em breve em uma reunião para decidir se não era o caso de fechar a Laspau imediatamente. Felizmente, Harvard a socorreu, e ela continuou operando com relativo sucesso.

Parece trapalhada de país atrasado, mas aconteceu na região de Boston, um dos maiores centros mundiais de ensino e finanças. Pior, vários membros do Conselho eram banqueiros ou ligados ao mercado financeiro. Ninguém entendia as bagunças de uma contabilidade incompetente, embora nada de desonesto houvesse.

A FÁBRICA DE *POLICY PAPERS*

Os empréstimos do BID passam por diversas etapas. Antes de tudo, há uma negociação do Banco com os Ministérios da Fazenda para definir as áreas que recebem financiamento e os respectivos montantes. Em seguida, entram em cena os técnicos para definir os detalhes do empréstimo. Tudo como no Banco Mundial.

Todavia, nem esses técnicos nem suas contrapartes locais têm total liberdade para desenhar o projeto que lhes agrade. Há, como pano de fundo, documentos de política aprovados pelo diretório do Banco.

Cabia à minha unidade preparar os *policy papers* de educação e áreas correlatas. Essa era uma tarefa importante e que culminava com a sua apresentação ao diretório do BID. Na minha gestão, preparamos um bom número deles. Estavam na lista ensino básico, formação profissional e patrimônio histórico.

Nas minhas apresentações, pude interagir bastante com os representantes dos países. Alguns traços gerais emergiam. Dos Estados Unidos, havia constantes exigências de rigor e clareza. As suas equipes eram diligentes e sempre cuidadosas, e jamais percebi qualquer ranço ideológico. Os escandinavos, refletindo sua índole social-democrata, estavam sempre preocupados com os pobres. Contrastavam os latino-americanos, dando mais peso ao crescimento. As nações ricas eram mais presentes nas discussões e demonstravam maior domínio técnico sobre os assuntos em pauta. Os latino-americanos tinham uma participação mais variada. Alguns se sentiam intimidados, outros davam seus palpites, nem sempre muito bem fundamentados. Contudo, os países mais importantes da região tinham presença atenta. O representante anterior do Brasil estava "de mal" com o BID por causa de assuntos do passado. Dali, não saíam comentários. Foi substituído por Daniel Ribeiro de Oliveira, tecnicamente bem preparado e muito presente nas discussões.

As diretorias de todos os países tinham suas equipes técnicas, mas era bastante clara a maior diligência dos países ricos. Sempre liam com atenção os documentos, sempre sabiam de que se tratava.

No caso dos *policy papers*, encontrei poucas resistências ao que propúnhamos. Apesar de alguns mal-entendidos e pedidos de esclarecimentos, todos foram aprovados. Com um arquiteto chileno trabalhei em um *policy paper* sobre políticas de conservação do patrimônio construído. É bem curioso notar que, ainda hoje, é um dos artigos mais lidos na minha tabulação do ResearchGate.[1]

O mais explosivo foi um sobre educação superior. No passado, o BID havia feito muitos empréstimos para financiar a construção de universidades, como ocorreu no Brasil. Um tempo depois, foi severamente criticado por ter deixado de lado a educação básica e, diante disso, fechou a carteira de empréstimos para aquele nível. Contudo, havia chegado a hora de voltar a ele.

Comecei a trabalhar com um integrante da minha equipe. Mas nos desentendemos seriamente, porque eu queria critérios duros para os empréstimos, e ele, não. Eu partia da hipótese de que muitas universidades públicas latino-americanas sofriam de uma governança distorcida ou perversa.

---

1   Ferramenta que monitora leituras e citações de artigos científicos publicados digitalmente.

Não mandava quem deveria ou, até mesmo, ninguém mandava. Faltavam incentivos ou punições.

O *policy paper* impunha, como condição para um empréstimo, uma reforma na estrutura de governança. O rascunho circulou internamente sem causar maiores celeumas. Porém, para algumas universidades, era uma facada nas costas. Ou não conseguiriam se reformar ou não aceitavam a ideia de mudar.

Diante da ameaça, três reitores pediram audiência a Iglesias. O primeiro era o da Universidad de la República, do Uruguai; o segundo, da Universidad de Buenos Aires (UBA); e o terceiro, da Universidad Nacional Autónoma (Unam), do México.

As três tinham núcleos de excelência. Porém suas governabilidades eram complexas. Anos antes, havia me encontrado com o reitor da Unam. Empossado havia dois anos, ainda não tinha conseguido visitar o *campus* da universidade por causa dos protestos estudantis. O reitor atual era um cientista prestigioso, mas posudo. A universidade uruguaia não vivia crises, era conservada em formol, sem chances de mudança. A UBA tinha um reitor de reputação duvidosa; era gigantesca, politizada e inadministrável.

Hábil como sempre, Iglesias sugeriu que organizassem, por sua conta, uma reunião no BID com reitores para discutir o assunto. Depois, jantariam com ele para dar notícia das conclusões. Um par de meses depois, aparecem uns quinze ou vinte reitores. A maioria revelou-se bastante passiva. O reitor de uma faculdade privada em Buenos Aires concordava com o *policy paper*; a vice-reitora da USP não tomou partido.

Os três reitores opositores avançaram, com armas em punho. Fui massacrado, com pouquíssimas chances de me defender. Ao final do dia, apareci, estonteado, no gabinete do Iglesias. "Presidente, fui crucificado. A situação está malparada!". Tranquilo, disse para não me preocupar.

Jantar esmerado pelo *chef* de cozinha, um alemão. Foi aberto um excelente vinho da região espanhola de Rioja. Saudações, cumprimentos, trocas de amabilidades. Quando Iglesias percebeu que o *rapporteur* iria começar a sua ladainha, bateu com a colher no copo e pediu a palavra: "Senhores, todos temos chefes. Meus chefes, por exemplo, são os ministros da Fazenda dos países membros, os quais, preferencialmente, querem portos, estradas ou represas. Educação? Foi um grande feito conseguir que permitissem alguns poucos empréstimos. Temos limitado espaço de manobra nesse assunto. O documento que os senhores têm em mãos é o máximo que conseguimos".

Diante dessa explicação, o *rapporteur* não leu a sua peça literária. Não sei o que dizia, mas posso bem imaginar. Dessarte, naufragou o movimento que buscava impedir a aprovação do *policy paper*.

Não resisto à tentação de falar mais de Iglesias. Sou seu grande admirador. Com sua família, veio de Astúrias (Espanha). Seu pai se estabeleceu em Montevidéu como *bodeguero* (dono de armazém). Estudou economia e tornou-se professor na Universidade de la República. Conheci um ex-aluno seu que, por vezes, atendia a campainha da porta, e lá estava Iglesias, entregando as compras da bodega do pai.

Foi presidente do Banco Central e ministro das Relações Exteriores. Só não foi presidente do Uruguai porque não nasceu lá. No Chile, tornou-se secretário-executivo da Cepal. Terminou indo para a presidência do BID, tarefa que desempenhou com brilho. Suspeito de que poucos presidentes do Banco Mundial tenham tido a envergadura e a visão dele.

Era fluente em espanhol, português, italiano, inglês, francês e falava alguma coisa de russo. Segundo admitiu em um jantar, quando era estudante de economia, as projeções mostravam a Rússia ultrapassando os Estados Unidos em poucos anos. Pragmaticamente, passou a estudar russo.

Sua verve para argumentar ou discursar era extraordinária. Improvisava, mas tudo fluía à perfeição. Em um grande teatro de São Paulo, estava eu, em pé à entrada, esperando a sua chegada. Deveria contracenar com Fernando Henrique Cardoso em uma conferência. Como não tinha ideia clara do assunto a ser tratado, preparei para ele uma "cola" e o esperei, mas eis que me defronto com Vilmar Faria, assessor político de FHC. Por coincidência, fazia o mesmo que eu. Estava lá postado, com a sua "cola" para o presidente, que também estava por chegar. Comentei que a minha cola teria pouco uso, pois Iglesias improvisaria, saindo-se melhor do que com ela. De seu lado, segundo Vilmar, o improviso de FHC também seria melhor. Foi o que aconteceu, em ambos os casos.

O faro de Iglesias para antecipar tendências era notável. Antes de outras agências, financiou programas para "meninos de rua" no Brasil. A rainha Silvia, da Suécia, visitou o Banco Mundial, pedindo para ver os programas existentes para jovens desamparados. Fomos chamados para uma reunião com ela, para apresentar o projeto Meninos de Rua do BID, pois o Banco Mundial nada tinha.

Como eu era frequentemente chamado para atender ou contracenar com visitantes, acabava por participar de almoços e jantares com eles, sempre muito simpáticos. Em um deles, Iglesias, tendo retornado de Cuba há pouco, contou que estava em uma coletiva com Fidel. Os jornalistas perguntaram ao "comandante" se havia muitas prostitutas em Cuba. Em seu mais puro estilo, responde não saber se seriam mais ou menos numerosas do que em outros países, mas uma coisa podia assegurar: eram muito educadas.

Em outra ocasião, Iglesias havia sido convidado para passar o fim de semana no castelo da rainha da Holanda, quando andou na carruagem real. Quem não se envaideceria? Habilmente, em vez de contar vantagem, ponderou como era possível um filho de imigrante bodegueiro andar na carruagem da rainha. Contou vantagem, mas disfarçando.

Fato interessante, dentre os chefes que tive, dois dos que mais admirei foram presidentes do BID, Felipe Herrera e Enrique Iglesias, ambos influências extraordinárias na minha vida profissional por sua liderança, pelo talento e pelo magnetismo pessoal.

Ao longo da minha década trabalhando em bancos multilaterais, era moda falar de *learning organizations*. Seriam essas duas instituições bons exemplos de aperfeiçoamento constante? Resolvi testar essa hipótese.

Escolhi formação profissional, uma área que me era familiar e na qual o BID já havia acumulado uma longa lista de empréstimos. O método era simples. Bastava acompanhar a sequência dos projetos, verificando se os problemas observados em um eram consertados no próximo empréstimo. Memorandos e relatórios registravam dificuldades e tropeços. Introduzimos um corte analítico dentro dos assuntos pesquisados. De um lado, o desenho do projeto. De outro, a sua execução.

O que detectei foi que falhas e problemas na concepção dos empréstimos tendiam a ser corrigidos nas concessões seguintes. Por exemplo, a rede de escolas técnicas financiadas no Brasil tinha uma proporção escandalosa de alunos das elites totalmente desinteressados na profissionalização. O projeto seguinte separou a vertente profissional da acadêmica.

No critério da execução, sempre foram observados enguiços burocráticos ao longo da vida dos empréstimos. Havia atrasos, impasses, conflitos e tudo o mais. Ainda assim, não observamos qualquer tentativa de melhorar os procedimentos. Mantinham-se os mesmíssimos controles administrativos de que tanto gostam os burocratas, de ambos os lados.

Em suma, os desenhistas de empréstimos aprendiam as lições do passado. Mas os burocratas da execução não mostravam qualquer disposição para alterar os procedimentos adotados. Foi redigido e apresentado o *paper* descrevendo essas conclusões. Revolução nas hostes "inimigas"? Protestos? Foi o contrário, silêncio completo. Era a melhor estratégia para matar a iniciativa. Isso também havia acontecido no Banco Mundial quando relatórios de mesma estirpe foram publicados.

A conclusão é de que o BID é uma *learning organization* na concepção e no desenho dos projetos. Todavia, permanece totalmente empacado diante de procedimentos administrativos que causam um sem-número de problemas, atrasos e impasses.

Na reta final para a minha aposentadoria – estava quase completando 60 anos –, tive um entrevero desagradável. Em formação profissional, tínhamos selecionado um bom número de *papers*, próprios ou de outros autores. Tive a ideia de fazer um documento curto, com *links* para esses artigos. Era um experimento de aplicação de hipertextos.

Para isso, localizei uma jovem que criaria esses *links*. Combinamos seus honorários. Chamei a secretária e dei instruções para preparar o contrato. Adiante, a moça perguntou-me se podia começar antes de assinado o papel. Respondi que não via problemas, sendo um contrato tão simples e de valor modesto, mas não podia formalmente autorizar.

O que ela entendeu, não sei. O fato é que terminou e entregou o trabalho rapidamente.

Mas o teto ruiu. Nesse intervalo, ela se casou com um funcionário do BID. Um jovem do setor de informática, desconhecido e em uma posição mais que subalterna. No entanto, é proibido contratar parentes de quem trabalha no Banco! Não havia como fazer o contrato. Caso sem solução. Foi parar na diretoria do BID. Mas acontece que havia se aposentado o meu chefe alemão, que, dentre outros, tinha o grande mérito de me aturar.

Tomou o seu lugar um encrenqueiro espanhol-venezuelano. Pelo visto, não gostava de mim. Repetiu-se o mesmo enredo da OIT.

A moça foi paga, mas decidiu-se que incluiriam uma censura na minha folha pessoal. Venenos de burocratas. Qualquer pessoa de bom senso entenderia tratar-se de um acidente involuntário.

Visto de outra forma, estava por me aposentar, e ninguém jamais teria acesso aos meus registros. Na prática, era irrelevante. Porém o meu amigo Daniel Ribeiro de Oliveira era o diretor do Brasil no BID. Encheu-se de brios e enfrentou a burocracia por questão de princípio. Terminaram por retirar a censura.

***

Aos 60 anos, chegara a hora de voltar para as terras brasileiras. Poderia ficar dois anos mais. Não quis. Ainda tinha ampla energia para novos empreendimentos. Na verdade, desde que deixei o Brasil, sempre procurei me fazer presente em muitos eventos. Voltei, academicamente, mais conhecido do que saí.

Era hora de vender a casa e fazer as malas. Chamei a mesma corretora de quem a compramos. Voltei para a escola! Havia que entrar em um curso de como preparar a casa para vender. A enorme pasta recebida, com os diversos materiais, tinha o porte de uma lista telefônica (quem se lembra delas?).

Armários tinham que mostrar um terço de espaço livre para dar a impressão de que eram tão grandes que não conseguíamos enchê-los com as nossas roupas. Nada de fotos e *souvenirs* de família. É preciso que o potencial comprador se imagine como morador. Uma boa pintura externa ajuda. Limpeza? Tem que ser exagerada.

Pela teoria vigente, o dono da casa e sua família atrapalham a venda. Visitas de possíveis compradores? Xô! Todos fora de casa. O corretor pode pôr um pão para assar no forno. Pesquisas "científicas" mostram que o aroma facilita a venda.

Mais uma vez, apesar de meu total despreparo para negócios, acabei ganhando dinheiro. Comprei o imóvel durante uma economia tranquila. Na hora de vender, estava muito aquecida. Pura coincidência.

Na véspera do dia em que a casa seria posta no mercado, a corretora sugere aumentar o preço em 50 mil dólares. Domingo, foi lançada no mercado. Domingo, já havia dois candidatos aceitando o preço de venda. Segunda, um leilão entre os dois. Segunda, negócio fechado.

Chegando ao Brasil, após amplas buscas, achei o apartamento que me convinha. Pertencia a um sueco que se aposentara e voltaria para o seu país. Por pura casualidade, o comprador de Washington era também sueco. Como as transações financeiras demoram umas tantas semanas, combinamos que um sueco pagaria diretamente para o outro sueco depositando o valor em um banco europeu. E assim foi feito.

Novas brigas e velhos desafios

PARTE IV

D. Ana Amélia Queiroz Carneiro de Mendonça, filha de J.J. Queiroz Júnior, corta a fita simbólica na inauguração do Museu do Ferro.

10/12/1970

Museu do ferro e forno elétrico em Itabirito

ITABIRITO — Comemorando o centenário de nascimento de J.J. Queiroz Júnior, a família do pioneiro da indústria siderúrgica em Minas e funcionários da Usina Esperança fizeram inaugurar o Museu do Ferro, acontecimento que ficou marcado na vida da cidade. Participaram de missa votiva na Igreja Esperança, com a presença do governador Pio Canedo e outras altas autoridades, e da inauguração do fôrno elétrico de indução.

Museu

O Museu do Ferro, situado à rua Matosinhos 181, teve sua inauguração como início das comemorações, com o corte da fita simbólica a cargo de d. Ana Amélia Queiroz Carneiro de Mendonça, filha do pioneiro. Peças históricas modeladas em ferro fazem a mostra, destacando-se um relógio de ponto, o primeiro usado na Usina, instalado em 1931, máquinas de costura primitivas, ferros elétricos, modêlos de chapas e muito do que representa a indústria de aparelhos férreos. Os visitantes percorreram todos os cômodos da velha casa adaptada, discursando na ocasião o prefeito Celso Matos e d. Ana Amélia Queiroz Carneiro de Mendonça.

Inauguração do fôrno

Do Museu, os visitantes se dirigiram à capela da Igreja Esperança, seguindo, depois, para o interior da Usina, onde foi inaugurado o fôrno elétrico de indução, o primeiro em Minas. A especialidade do fôrno inaugurado será a de aumentar e aperfeiçoar a produção de ferros nodular e especiais, com capacidade de para quatro toneladas por corrida, ou seja 600 toneladas mensais.

Presenças

Estiveram presentes às solenidades o governador Pio Canedo, o prefeito de Itabirito, Celso Matos, o presidente da Câmara Municipal, Salvador de Oliveira, Mauro Thibau, diretor do Instituto Brasileiro de Florestas, o presidente da Usina Queiroz Júnior, José Joaquim Carneiro de Mendonça, o diretor comercial, cel. Afonso de Moura Castro, o diretor industrial, Remo Pitella, o diretor técnico, Jan Hasek, os conselheiros Marco[...]neiro de Mendonça o comandante Jo[...] Costa, o acadêmico Austregésilo de At[...] representante do presidente da Cemig[...] Camilo Penna, engenheiro Ismael Barre[...] tuña, o gerente do Banco Francês It[...] funcionários da Usina Queiroz Júnior e [...] de massa popular.

O encerramento das festividades c[...] de um almoço oferecido aos visitantes.

Cercadas de admiração e carinho [...] vam presentes as filhas do pioneiro ce[...]rio, as sras. Ana Amélia Queiroz Carne[...] Mendonça, Lail Queiroz Costa e Maria [...] Queiroz de Ataíde, netos e bisnetos d[...] Queiroz Júnior.

Em minhas incursões no mundo dos museus – foram várias –, sempre tinha para mim que museu é para educar. E, para conseguir educar, tem que encantar, contando histórias. Entre sucessos e fracassos, essa sempre foi a minha agenda.

SE OS 160 MILHÕES DE TÉCNICOS DE FUTEBOL VIRASSEM TÉCNICOS [EM E]DUCAÇÃO?

Claudio de Moura Castro. Em um ensaio curto escrito há quase dez a[nos, per]guntava o que aconteceria com a nossa educação se os brasileiros passassem a v[igiá-la] como vigiavam a seleção de futebol. A metáfora adquiriu uma popularidade que [não i]maginava, sendo até objeto de vídeos e um jogo educativo premiado. Dez anos de[pois, v]olto a fazer uma pergunta parecida. Diz-se que todos os brasileiros são técnic[os de f]utebol, capazes de escalar a seleção e comentar com autoridade sobre as falh[as do mes]me. Portanto, reformulo minha pergunta decenária, falando agora de técnic[os de f]utebol: e se os 160 milhões de técnicos de futebol virassem técnicos em edu[cação?]

Por que a mudança? Por uma razão simples, [m]as poderosa. Não basta vigiar, é preciso saber [vi]giar. O que melhora a educação é vigiá-la [in]teligentemente.

Na verdade, a última década presenciou justamente um enorme crescimento do interesse [pe]la educação no Brasil. Houve um grande crescimento no peso das associações de pais e mestres nas [e]scolas, sobretudo depois que passou a ser usada como [m]ecanismo de repasse de fundos. Estudos de caso em [...] mostram como muitas dessas associações

ter 160 milhões de técnicos em educa[ção,] mando e sugerindo coisas concretas.

Em outras palavras, precisamos tra[nsmitir] interesse e motivação em mensage[ns] para a escola e seus administradores [pelas] mesmas razões que perora[m pela e]apenas o início de um processo, p[ois é pre]que os brasileiros cobrem resultados de forma [...] te é também o primeiro passo. Há um proces[so lon]go a ser trilhado. É preciso ajudar nossos [...] cobrar inteligentemente. É preciso agora tra[nsformar] em técnicos de educação – pois de futebol j[á são].

> Meu tema recorrente sempre foi a fraca qualidade da educação brasileira. Em uma das minhas inúmeras invectivas, lamentei que a sociedade se preocupasse bem menos com a educação do que com o futebol.

O BID ME EMPRESTOU AO MEC

ENQUANTO EU ainda estava no BID, em meio aos malabarismos na escolha da equipe de Fernando Henrique Cardoso, Paulo Renato Souza foi considerado para ocupar o Ministério do Planejamento. Sendo muito próximo de FHC, Paulo ajudava na escolha do ministro da Educação. Surgiu meu nome, indicado por não sei quem, mas endossado pela Beatriz Cardoso, filha de FHC, que eu não conhecia. Fui então sondado por ele. Minha reação foi monossilábica e imediata: não! Conheço meus limites e minhas competências. Imagino que exija 95% de competência gerencial e 5% de conhecimentos de educação. A minha dotação é o inverso. Devo confessar, gostaria de ser ex-ministro da Educação, mas a etapa anterior é inaceitável.

Seja como for, se houvesse dito sim, não seria indicado, pois Serra foi para o Planejamento e sobrou Educação para Paulo Renato. Lucraram a nação e eu próprio.

Como Paulo Renato mantinha boas relações com Iglesias, pediu-lhe que me emprestasse para ajudar no MEC. Sempre sagaz, o presidente do BID concordou.

Assim sendo, a cada dois meses, ia a Brasília passar uns poucos dias. Algo cansativo, mas uma experiência fascinante. Discretamente, frequentava o epicentro das decisões educacionais, impulsionadas por um ministro dinâmico, arguto e com bom trânsito na Presidência.

Paulo Renato foi para Brasília com um time de paulistas, afinal eram profissionais que ele conhecia. Na prática, empurrou para cima a qualidade dos dirigentes do MEC. Mas, inevitavelmente, os escalões de baixo eram os mesmos, e nada fáceis de manobrar, sobretudo no ensino superior.

Na semana de conversas iniciais, discutíamos o papel do MEC. Concordamos que deveria avaliar o que aprendem os alunos e cuidar bem das estatísticas educacionais, o que fazia pessimamente até o momento. Deveria ficar livre da quantidade de penduricalhos e programinhas; não era papel do MEC operá-los. Ao contrário, deveria se tornar o grande maestro, regendo a educação. Não creio que essas ideias estejam hoje caducas.

E o Inep? Sua trajetória era uma montanha-russa. Naquele momento, era uma instituição irrelevante. Financiava meia dúzia de pesquisas, igualmente irrelevantes. Hora de fechar definitivamente? A decisão foi mantê-lo aberto e mandar para lá Maria Helena Guimarães de Castro. Essa senhora, de quem me tornei amigo, era uma excelente executiva. Em um par de anos, o Inep virou a peça mais reluzente do MEC (não o comparo com a Capes, que ocupa um espaço separado).

Além de cuidar das estatísticas, o Inep entrou, solidamente, na avaliação do rendimento escolar, estabelecendo vínculos com a OCDE. Somando-se o que fez com as avaliações da Capes, colocou o Brasil em pé de igualdade com os países desenvolvidos, no que tange saber quanto aprenderam os alunos. A ironia foi demonstrar, com exatidão, como o Brasil era pobre de realizações no ensino.

O Exame Nacional do Ensino Médio (Enem) foi um caso ilusivo. Lembro-me de muitas conversas a respeito. Desejava-se um exame de saída do ensino médio. Também se pensou que o mercado deveria ter indicadores do nível acadêmico de cada aluno. Igualmente, desejava-se um instrumento para monitorar e calibrar as políticas educacionais. No meio dessa discussão, o Enem foi criado, mas sem que houvesse consenso sobre seu uso e seu propósito. Assim é que, por bom tempo, ficou solto, vagando. Servia para comparar o topo da distribuição de escolas particulares. Bem mais adiante, virou o vestibular brasileiro universal.

Fazendo um balanço do grande esforço de avaliação, essa foi de longe a maior proeza do MEC. Do início da alfabetização até os doutoramentos, montamos um sistema único e aceitavelmente confiável. Pelo menos nisso, galgamos os píncaros, chegando a pé de igualdade com as nações mais avançadas.

Foi, também, uma grande proeza de Paulo Renato ter aprovado, na Câmara, o Fundo de Manutenção e Desenvolvimento do Ensino Fundamental (Fundef). Tratava-se de um fundo para reduzir as distâncias entre gastos educacionais de diferentes estados. Os mais ricos transfeririam recursos para os mais pobres. Perguntei a ele como os estados ricos permitiram a sua aprovação, já que sairiam perdendo. Pensou, pensou e respondeu: os deputados ficaram com preguiça de estudar a lei e fazer as contas. Por desatenção, deixaram passar.

Nas minhas idas ao MEC, participava da discussão de temas controvertidos, dava sugestões e preparava notas sobre esse ou aquele assunto. Mas em um tema mergulhei fundo.

O ministro queria pedir um empréstimo do BID para a educação técnica. A reação de Nancy foi fulminante: não aprovaria um empréstimo para financiar a educação pública gratuita para filhos de ricos. Essa medida deveria ser voltada para gente mais modesta. De fato, Nancy tinha toda a razão.

Lembrei-me, então, do que eu havia sugerido pouco antes de ir para a Suíça. Por que não separar o ramo acadêmico do profissional? Se feito isso, as elites não teriam por que se matricular na vertente profissional, pois apenas buscavam os vestibulares. Abririam espaço para os mais modestos.

Paulo Renato comprou a ideia; Nancy, também. Muito se discutiu a estratégia para passar uma lei que permitisse tal mudança. Mas eis que Edson Machado vem com uma solução que evitava essa delicada e perigosa operação. Podíamos ir em frente.

Coube-me conduzir uma reunião com os diretores de escolas técnicas federais. Expliquei o assunto e respondi a algumas perguntas. Nenhuma reação negativa. Era uma ideia aceitável.

Mas quando a notícia saiu nos jornais, uma turba furiosa protestou. O que teriam contra? A melhor resposta é que uma vertente profissional separada não se alinhava com as ideias de Antonio Gramsci e sua politecnia. Os indignados chegaram a acampar em frente ao apartamento do irmão de Paulo Renato, em Campinas. Acuados pela barulheira, os diretores não defenderam a proposta.

Mas os decibéis amainaram e as ideias foram implementadas, permitindo o empréstimo do BID. Até os dias de hoje, essa profissionalização separada permanece uma escolha mais frequente do que o curso integrado.

Salto para o futuro a fim de narrar a continuação dessa novela. Entra o governo de Luiz Inácio Lula da Silva. O MEC publica um documento oficial, uma diatribe, originalmente escrita por uma professora do Paraná. Protestava contra a reforma. Com mais fúria ainda, bradava contra o imperialismo do Banco Mundial, impondo uma solução alienígena para um problema brasileiro.

Nisso havia dois enganos: primeiro, a solução foi minha, brasileiro, concebida antes até de ir para Washington; segundo, jamais o Banco Mundial concedeu um só empréstimo para a formação técnica e profissional no Brasil. Foi do BID o empréstimo. O mais fantasmagórico é que tal peça saiu do próprio órgão que administrava o empréstimo.

O novo MEC decidiu voltar atrás na mudança. Não podia haver mais o curso subsequente, o que provocou grande protesto do setor privado. Decide-se, então, que a medida seria apenas para as escolas públicas. Porém as próprias escolas técnicas federais mantiveram os cursos subsequentes. Isso até os dias atuais. Durante todo o desenrolar dessa novela, fiquei de espectador, sofrendo e me deleitando com as pantominas.

**

Paulo Renato tinha boas ideias acerca do que fazer com as universidades federais. Começaria com o mesmo que havia feito com as paulistas, quando estava por aquelas bandas. Simplesmente, entregaria às próprias administrações o orçamento, com porteira fechada. Em São Paulo, os resultados haviam sido altamente positivos.

Mas quem disse que os reitores querem essa responsabilidade? Muito mais confortável é deixar o barco correr e botar a culpa no MEC. Engrossou o movimento contra. Nesse momento, falei com o ministro sobre o papelzinho do Portella ("quem derruba ministro..."), mas ele próprio percebeu que, mexendo naquele vespeiro, perderia o emprego. Por muito menos, foi-se o Portella.

Minha função no MEC era meio de advogado do diabo. Nesse diapasão, vivia desafiando o ministro a fazer mais. Irritado, ele reagiu. "Vou te mostrar o que é ser ministro. Hoje, pela tarde, virá um deputado do Rio Grande do Sul. Quero que tu estejas presente na audiência" (o "tu" revela sua origem gaúcha).

O tal deputado disse representar o dono de uma faculdade em certa cidade. Pois bem, um outro dono de faculdade queria abrir uma unidade justamente na mesma localidade. "Um absurdo. O ministro não podia permitir." Engoli em seco. Percebi, mais uma vez, que não nasci para ministro.

As viagens a Brasília eram interessantes e educativas. Entender as entranhas do poder é um desafio e tanto. Terminei convencido de que Paulo Renato Souza foi o melhor dos ministros da Educação com quem convivi.

Como eu não tinha posição de decisão, não colidia com os burocratas do MEC. Ainda assim, tive uma grande vitória. Os donos de faculdades, pleiteando autorização para abrir cursos, queriam notícias do andamento do processo, ou seja, queriam saber em que mesa o pedido estava encalhado. Com a automação, o *status* do processo estava resumido em uma única tela. Porém havia que pagar por sua impressão. O custo era ínfimo, mas havia que fazer um Darf e pagar no Banco do Brasil, do outro lado do Eixo Monumental. E eram notórias as grandes filas de contínuos nos guichês. Apenas no dia seguinte poderiam voltar para casa. Minha esplendorosa realização foi convencer a Secretária de Ensino Superior a eliminar o tal pagamento. A página impressão poderia ser gratuita. Que orgulho tive pela magna realização!

MINHA ENCARNAÇÃO COMO JORNALISTA

Em uma das minhas viagens ao Brasil, bastante apressadas, recebi a comunicação de que os jornalistas Marcos Sá Corrêa e Mario Sergio Conti queriam conversar comigo. Voltava de Brasília, participara de um fórum nacional, do ex-ministro Reis Velloso, e de lá iria direto para o Galeão. Sem tempo, tive a reunião com eles dentro de um táxi. O objetivo dos jornalistas era me convidar para fazer uma coluna na revista *Veja*, da qual eram os chefes de redação.

Anteriormente, eu havia escrito, de forma bissexta, para o *Jornal do Brasil*. Agora, seria algo regular e previsível. Por mais de vinte anos, religiosamente, enviei minha coluna toda semana.

Progressivamente, comecei a suspeitar que uma página na *Veja* tinha mais impacto do que os livros que escrevia. Quando nada, tratava-se de uma revista que, a cada semana, chegava a publicar 1,5 milhão de exemplares. Contrastava com a tiragem típica de mil a 3 mil exemplares dos meus livros ou artigos acadêmicos. Perplexidades de um autor! Mas, falsos embaraços, pois sem o esforço sistemático das minhas pesquisas eu não poderia produzir a tal coluna na *Veja*.

Subjacente a essa transição para a grande mídia estava uma questão de estilo. Nas publicações acadêmicas, as imposições do método científico tornam pesados e longos os escritos. Cientistas não gostam de admitir, mas o que escrevem é chato.

Agora, estava diante do desafio de compactar, em uma única página, as minhas dilatadas elucubrações. Ademais, precisava tornar a redação atraente e leve. É o bom jornalismo curto, simples, mas sem ser simplista. Nisso, tento avançar, ao longo dos anos.

Como bem disse o historiador Jacques Barzun, a comunicação científica requer termos técnicos, raciocínios formais e um dilúvio de detalhes. É preciso assegurar que todos os labirintos barrocos do método científico foram atendidos, o que faz com que o resultado seja pesado e indecifrável para quem não é exatamente daquela subespecialização, ainda que, também, cientista. Porém, para comunicar os resultados substantivos, a lógica é outra. Não há que satisfazer imperativos metodológicos – isso foi feito na versão acadêmica. Palavras mais simples podem ser usadas, a prosa pode ser agradável. É outra arte, ou outra "ciência". Esse era o meu "dever de casa".

Algumas pessoas perguntam qual a ingerência da redação sobre o que escrevo, uma questão legítima. Entendamos, a redação da revista ou jornal comanda um time de jornalistas. No extremo, caricato, ao receber ordem de cobrir uma missa, o jornalista pergunta se é para defender ou atacar Jesus Cristo. Sobre essa cozinha da redação, pouco sei. Apenas imagino que depende muito da seriedade da mídia e das circunstâncias.

O meu caso é de autor convidado para uma coluna assinada. Sobre isso, posso dizer algo. A redação escolhe quem deseja convidar. Depois, mantém uma escrupulosa distância dos assuntos e opiniões do colunista. Em mais de vinte anos, jamais recebi sugestões de temas ou comentários sobre os meus escritos. E nenhuma interferência no meu texto. Ainda menos alguém me sugeriu ser contra ou a favor de algo.

Lembro-me apenas de uma quase exceção. Almoçando com Roberto Civita, ele comentou a estrutura lógica dos meus ensaios. Havendo nascido e estudado nos Estados Unidos, Civita mencionou que via nessa estrutura um estilo anglo-saxão. Acho até que era um elogio, mas não chegou a ser explícito.

Todavia, há alguns limites intransponíveis à liberdade de um colunista. Em definitivo, eu não mandava na gramática. Esse é o império soberano do copidesque. O tamanho máximo do ensaio é um número inviolável. E, pela tradição, o redator é dono dos títulos. Vez por outra, podia mudá-lo, sem perguntar.

Finalmente, as redações têm as formiguinhas por trás do palco, checando nomes, datas, eventos e tudo o mais que possam escarafunchar. Óbvio, nada de questionar opiniões ou interpretações. Às vezes, recebia uma mensagem de e-mail perguntando se o nome era aquele mesmo ou identificando equívocos. Quase sempre, estavam certas as formiguinhas. Sempre as vi como meus protetores. De fato, no enlevo de achar a palavra ideal, por vezes detalhes factuais escapavam.

Mario Sergio e Marcos Sá Corrêa, pouco tempo depois, saíram da revista. E, por muitos anos, não havia uma só pessoa em toda a redação que eu reconheceria se encontrasse na rua. Em certo momento, bati à porta do meu redator e me apresentei. Conversamos cinco minutos. Logo, foi substituído, e jamais vi em pessoa seus sucessores.

Há um certo paralelismo desse aprendizado de redação jornalística com a arte de dar aulas. Diante dos alunos, é preciso interessar, motivar, explicar de forma persuasiva. Esse é o desafio permanente para um professor. Porém, como as "vítimas" precisam passar de ano, não têm alternativa senão dedicar algum esforço ao curso. No jornalismo, não é assim. Se o título não é atraente, o leitor não dará nem uma vista-d'olhos no primeiro parágrafo. E, se esse não cativa, pula para outro assunto mais palpitante. Com essa ameaça, há que se conviver. Não obstante, esse desafio torna essa etapa mais criativa.

Já ouvi a definição de ensaio como algo que se começa a escrever sem saber como acabará. Sem qualquer desdouro para com um jornalismo de cunho mais literário, esse não é o meu. É simples: sou pesquisador, chego ao jornalismo com as teses que quero mostrar já bem maduras. Sei exatamente o que desejo dizer. É o "como" que gera a luta renhida com a linguagem.

Em geral, no dia que envio uma coluna, começo a pensar qual será a próxima. Sempre tive um pavor vago de que chegaria o prazo fatal sem ter um bom tema. Até hoje, isso não aconteceu.

Nos últimos anos, passei da *Veja* para *O Estado de S. Paulo*. Quase nada mudou. Mas como coluna é um pouco mais longa, torna-se mais confortável a sua redação.

FUI O PAI INTELECTUAL DA FACULDADE PITÁGORAS

ESTAVA BEM ocupado no BID quando fui procurado por Walfrido dos Mares Guia, do Pitágoras. Sua escola queria abrir uma faculdade. Será que eu não estaria interessado em dar palpites?

Depois de ver o ensino superior de tantos lugares e tantas perspectivas diferentes, estava abarrotado de ideias. Concordei, é claro.

A TRAJETÓRIA DO PITÁGORAS

Antes de prosseguir, é preciso descrever esse "senhor" Pitágoras, não o matemático grego, mas o que queria virar faculdade. A partir da década de 1950, uma nítida tendência toma corpo: o aparecimento de cursos que preparavam os alunos para entrar nas universidades mais cobiçadas.

Desde muito tempo, grandes professores ganhavam a vida dando aulas particulares para os candidatos a uma vaga na universidade. Aos poucos, esse artesanato começa a virar empresas organizadas, com professores talentosos e teatrais. Eram os cursinhos, endeusados e execrados. Isso aconteceu onde havia vestibulares muito concorridos.

Em Belo Horizonte, começam a entrar nesse mister quatro alunos de engenharia e um bioquímico. Juntos, dão o nome de Pitágoras ao cursinho pré-vestibular criado. Pelo Brasil afora, muitos seguiam o mesmo modelo. Excelentes atores em sala de aula, apostilas com as questões de prova de anos anteriores e gestão em estilo empresarial – com cabeça de engenheiro. Segundo a lei, esses cursinhos não existiam como escolas. Melhor, pois ficavam totalmente livres de legislações por vezes cretinas. Em contrapartida, tinham um teste de realidade duríssimo. Dos que faziam o cursinho, quantos passavam? É a quintessência do bom capitalismo educacional. Pode agir como quiser, mas competirá com rivais igualmente ferozes.

Muitas instituições seguiram essa receita. Previsivelmente, tiveram sucesso os mais competentes. De fato, a competição entre os cursinhos era acirrada. Todos agressivos e com o mesmo DNA. Logo, vem a ideia. Se a concorrência no ensino acadêmico é muito mais mansa, por que não derivar para essa direção? E assim foi.

Pitágoras – e muitos outros – abriram escolas regulares. Dava até pena das freirinhas tentando competir com engenheiros agressivos, pragmáticos e que contratavam professores espalhafatosos. Assim, conquistaram amplo espaço nesse novo universo. Porém o peso do lado artesanal de operar uma escola é demasiado. Não dá para seguir crescendo. Grandes demais, tornam-se inadministráveis. Abrindo filiais, encontram-se os mesmos problemas.

Daí, a próxima ideia: criar sistemas de ensino. O Pitágoras já tinha a tradição de produzir materiais de ensino e uma gestão mais moderna. Sabiam ensinar. Por que não criar um sistema para transmitir isso tudo às escolas que se associassem? E assim foi. Junto com o Pitágoras, várias outras empresas, originalmente cursinhos, caminharam nessa direção.

O cursinho revelou-se a porta de entrada para empresários aguerridos se meterem no campo da educação. Uma vista-d'olhos no atual panorama mostra sua substancial presença entre as instituições capitaneando sistemas de ensino. De resto, hoje estão em todos os níveis.

Com o tempo, alguns desses grupos passaram a ensaiar os próximos passos: o ensino superior. Podia-se prever que a matrícula nesse nível iria crescer muito. Isso porque era, até então, deveras acanhada. Quando eu estava na faculdade de economia, o Brasil tinha tantos alunos no superior quanto o Acre tem hoje. Ademais, havia uma demanda reprimida de pessoas ainda jovens que consideravam voltar a estudar.

Como eu já era conhecido dos outros dois sócios, além do Walfrido, veio o convite para que preparasse um projeto para a Faculdade Pitágoras. É preciso entender: essa empresa era, na época, uma das mais avançadas em tecnologia educacional, e seus resultados nos vestibulares a colocavam entre as três ou quatro melhores escolas privadas de Belo Horizonte, considerando que tinha muito mais alunos do que as concorrentes. Por boas razões, não queriam criar mais uma faculdade, igual às outras.

OS FUNDAMENTOS CONCEITUAIS DA FACULDADE PITÁGORAS

Após o convite, ainda me restava um bom tempo no BID. Sendo assim, com calma, comecei a arrumar as ideias. Uma inspiração foram as *liberal arts colleges*. Minha filha estudava em uma, bastante reputada. Trata-se de uma categoria de escolas prestigiosas, mas que não se dedicam à pesquisa. O único objetivo era oferecer bom ensino. Nas minhas visitas, passei a assistir às aulas sempre que possível. De fato, eram exemplares.

Fui centrando minhas ideias em dois polos: o que ensinar e como ensinar. No primeiro caso, via a necessidade imperiosa de aumentar a carga de educação geral. Em particular, as humanidades. Entrariam aí filosofia, literatura e as ciências sociais, incluindo sociologia e antropologia. Como na tradição norte-americana, os dois primeiros anos seriam iguais ou muito parecidos para todas as profissões.

No capítulo do "como", daria aos alunos muito mais protagonismo, com a metade do tempo de aula dedicada à discussão em pequenos grupos. Muito crítica seria a preparação de guias para cada ementa. Não seria a mísera página que sempre vemos. Em vez disso, um longo guia, aula por aula, com as leituras e os tópicos estruturantes. O mais importante seriam os exercícios, trabalhos de casa, projetos, etc. É nisso que fracassa o ensino, pois não se pode esperar do professor competência ou tempo disponível para o árduo trabalho de garimpar esse material.

Nesse ínterim, entra em cena um potencial parceiro, a Universidade de Phoenix, uma instituição privada, com fins lucrativos, que se dedica à educação de adultos empregados. Matriculava pessoas já distanciadas do ensino tradicional, concebido para jovens. Criada por John Sperling, foi um sucesso instantâneo e, ao mesmo tempo, colecionou detratores.

Uma possível parceria com a Phoenix foi identificada. Seguiram-se visitas em ambas as direções. As alternativas de parceria nos Estados Unidos se revelavam bem menos interessantes.

Pedi para assistir a uma aula. Queria ver como era. Fiquei muito bem impressionado. Era oferecida em um dos seus *minicampi*, em um shopping center, para facilitar o acesso dos alunos.

Tinha também ensino a distância. Fiz matricular-se, em uma disciplina, a minha assistente do BID. Ela embarcou com a missão explícita de parecer estúpida, o que lhe foi custoso, uma vez que tinha um sólido doutorado. Deveria fazer perguntas bobas e entender tudo errado. O professor, um major norte-americano, estacionado no Havaí, era paciente e encorajador.

No que me dizia respeito, Phoenix passou na prova. Muito promissor era o uso de *handbooks* que detalhavam as aulas, justo como eu propusera. Em Phoenix, o modelo estava pronto, era só aplicar às nossas disciplinas. O tempo em pequenos grupos de discussão também se encaixava no que propunha.

Então foi assinado um contrato por meio da sua subsidiária, a Apollo International. Acordou-se uma divisão do capital, metade para a Apollo e metade para o Pitágoras. Veio ao Brasil o presidente da Apollo, para concluir as negociações.

Estava armado o cenário para a criação da Faculdade Pitágoras. Bons ventos sopravam.

MÃOS À OBRA, VAMOS FAZER A FACULDADE

Um elemento crítico da equação era a estrutura de governança do Pitágoras. Pensando no futuro, os três sócios fizeram um acordo de acionistas. Como rezava, nem eles nem seus descendentes poderiam ocupar posições executivas. Era a profissionalização da empresa. Medida mais do que saudável.

E o meu papel nessa equação? Sempre arisco diante de posições administrativas, tratei de buscar uma alternativa. Criamos um conselho consultivo, do qual eu seria o presidente. A posição me conferia *status* vago, mas permitia que me movesse em todas as direções, explorando e escarafunchando o que acontecia na instituição.

De quebra, tínhamos um conselho de gente particularmente qualificada. Quando conheci as equipes da Phoenix, lá na sede deles, vi que era um time pouco impressionante, apesar de tocar uma enorme universidade. Confirmava a ideia de que, com bons modelos, não é necessário ter gênios na direção. Gente comum dá conta.

Voltando à minha posição, ela tinha a sólida vantagem de me tirar da linha de frente da gestão – para mim, algo inaceitável. O preço disso é que eu não mandava. Andava para todos os lados, xeretava tudo, mas mandar mesmo... Absolutamente em nada. Qualquer chefete podia ignorar o que eu dizia ou fazia.

No balanço geral, evitei o que mais detestava, operar uma máquina administrativa. Porém o que pensava ou falava não tinha o mais remoto peso. Exceto com os donos. Qualquer ideia minha, para fazer efeito, tinha que passar por eles. Era cruel ver as besteiras, aqui e ali, sem poder fazer nada. Tomei essa opção pela vida afora. Não ia renegá-la nesse momento. Mas havia o risco de ver o modelo parcialmente desfigurado. Em última análise, foi o que acabou acontecendo. Mas foi pior do que eu esperava.

Antes de dar partida na faculdade, havia que submeter ao MEC a proposta do primeiro curso – no caso, de administração. Era um desafio de grande envergadura. Foi registrada no MEC a minha proposta em termos gerais, porém tinha que ser complementada por uma inundação de papéis, certificados, recibos, contratos de professores e muito mais. E não fui eu quem a fez trilhar pelos tortuosos percursos nos corredores do MEC. Não aceitaria.

Marcada a visita do MEC. Apareceram duas matronas sem grandes credenciais acadêmicas. Examinaram detidamente tudo que havia sido preparado. Ao final do dia, totalmente enojadas, concluíram que não se tratava de um curso de administração, mais parecia ser de literatura.

No dia seguinte, aparece o presidente da comissão, um professor com mais quilometragem. O que achou de tudo, jamais ficarei sabendo. Temeria algum conflito, considerando que Walfrido era ministro e tinha acesso imediato ao ministro da Educação? Outro mistério.

O fato é que o curso foi aprovado, ainda que com uma nota sofrível. O mesmo projeto, em Curitiba, recebeu outra comissão diferente. Foi aprovado com nota maior. Como explicar?

Agora faltava fazer a máquina andar.

Para a Faculdade Pitágoras, foi contratada uma excelente equipe de professores com experiência administrativa. Aécio Lira, veterano das engenharias, era um dos mais sólidos. Progressivamente, as coisas foram entrando nos eixos. As aulas começaram, e os professores obedeciam ao modelo prescrito. Aliás, na sua contratação, deveriam concordar com o estilo da casa, muito diferente dos conhecidos por eles. Alguns deram meia-volta e não assinaram o contrato. A maioria aceitou e, em boa medida, cumpriu o combinado.

Eu tinha como norma assistir às aulas, mas o fazia aleatoriamente. Mesmo assim, isso me dava uma boa ideia do que acontecia na faculdade. Com efeito, achei as aulas bem corretas na sua maioria. E jamais senti resistência dos professores às minhas visitas sem aviso prévio.

A maior dúvida era quanto à aceitação das humanidades. Em administração, não houve problemas. Logo abrimos direito e engenharia. Na primeira semana, os estudantes de direito questionavam por que estudar inglês. E os de engenharia estranhavam ter aulas de literatura. Contudo, nessas disciplinas pouco convencionais, os guias de estudo haviam sido preparados por gente de primeiro calibre, por mim selecionada. Ética era obra do Renato Janine Ribeiro. Literatura teve o seu guia feito por Affonso Romano de Sant'anna. Antropologia tinha a mão de Roberto DaMatta.

Infelizmente, após essa minha participação inicial na feitura dos guias, para economizar, professores menos ilustres foram contratados. Os resultados foram o que se podia esperar: guias medíocres. Era o primeiro sinal de alarme.

Mas eu tinha um trunfo poderoso. As pesquisas feitas com o alunado mostraram, de forma contundente, que não havia rejeição às humanidades. Eram uns resmungos de primeira semana, nada mais. Esse ponto é fundamental para entender o que aconteceu depois.

A faculdade se expandia, novos *campi* eram abertos ou comprados. Em uns quantos anos, tínhamos uma escola que inovava em conteúdo e na forma de transmiti-lo. No todo, um sucesso. No entanto, a meu juízo, era ainda uma obra inacabada.

OS SUBTERRÂNEOS DO PODER

Na superfície, tudo parecia andar de vento em popa; nos subterrâneos do poder, desordem e desencontros. Havia confusão e conflito de poder. Acima de tudo, um vácuo de liderança que jamais foi solucionado.

Logo no início, foi escolhido um ex-diretor de escola do Pitágoras, um professor de história. Conhecia-o bem, era inteligente e sensato. Porém foi posto em uma posição para a qual não tinha qualquer preparo. Uma meia dúzia de administradores teve que ser contratada para pôr em marcha a faculdade. Entrava em cena o Walfrido, para cobrir o vácuo de um diretor com o perfil errado. Isso não deveria acontecer.

Um tema que me preocupava era o recrutamento de alunos. Cedo, identificou-se certa facilidade para selecionar alunos de classes mais modestas. De minha parte, nada contra. Pelo contrário, achava que o futuro do Pitágoras seria recrutar estudantes das classes sociais que estavam no limiar de poder cursar uma faculdade. A detalhada estruturação das aulas garantiria uma qualidade razoável de ensino, mesmo com professores menos ilustres. Essa era a estratégia que eu tinha na cabeça. Com efeito, logo redigi um livrinho descrevendo o modelo proposto para a instituição. Seria um ensino com mensalidades não muito altas, mas que assegurava a qualidade correta da tecnologia de sala de aula.

Ainda assim, achava que a nau capitânia do Pitágoras tinha que ser academicamente mais elitizada. Porém não consegui convencer ninguém dessa tese, fosse na gestão ou no marketing. E nada se moveu nessa direção. Nessas horas, não mandar me incomodava.

Adiante, toma-se a decisão de entregar a presidência da faculdade ao sócio norte-americano. Conhecendo a pessoa, logo me assustei com o que poderia acontecer. Fiz Walfrido ver a minha preocupação, mas a realidade foi ainda pior do que eu podia prever.

A gestão foi catastrófica. Como não podia estar no Brasil durante muito tempo, o novo presidente mandou como seu preposto uma figura que destoava da cultura gerencial mineira: um coronel do Exército norte-americano, paraquedista, de operações especiais. Como se poderia imaginar, o coronel era autoritário e sem sensibilidade para as nuances e os rodeios das montanhas mineiras. Afinal, coronel não pergunta ao soldado se ele quer ir para a guerra. Logo o Pitágoras passou a operar com duas administrações paralelas, a brasileira e a norte-americana, uma dando canelada na outra.

Nesse período, vários dos melhores docentes abandonaram o Pitágoras. Seus substitutos revelaram-se bastante medíocres. Afinal, como atrair boa gente para uma instituição onde ninguém sabe quem manda?

Vale a pena falar um pouco do então presidente da Apollo. O currículo desse norte-americano-mexicano é esplendoroso. Livros, artigos, cátedras importantes, conselhos. Isso tudo tendo superado uma infância paupérrima no México. Porém, convivendo, é difícil conciliar tal láurea com a pessoa diante de nós. Nunca logrei uma discussão técnica ou teórica com ele. Por que será?

Sua postura era arrogante, pelo menos aqui no Brasil. No fundo, era muito inseguro. Gabava-se de ser um grande estadista e articulador de grandes esquemas, mas na prática cometia erros primários. Por exemplo, alugar um prédio cabendo menos alunos do que já estavam matriculados.

Logo nas primeiras conversas, descreveu a constelação de faculdades que a Apollo tinha ao redor do mundo: na Alemanha, no México, na Índia, no Japão e no Chile. Agora entrava o Brasil. Pouco depois, surgiu-me uma viagem profissional para a Alemanha. Decidi visitar o *campus* de lá, amplamente decantado. Infelizmente, não era possível, pois estava provisoriamente paralisado. O da Índia existia. Um milionário indiano que havia aberto uma faculdade para sua filha visitou o Pitágoras. Ele seguira a fórmula da Apollo, mas não deixaria o presidente sequer chegar perto, quanto mais exercer qualquer influência. O *campus* do México era um plano futuro, assim como o do Chile. Japão? Nem uma palavra acerca dele. Ou seja, real, com cimento e tijolos, apenas o Pitágoras. Nem sei se o da Alemanha algum dia existiu.

O general se considerava um grande líder, orgulhosamente maquiavélico. Um dia, veio me dizer que sua grande inspiração era Carlos V. Isso porque criava intrigas entre seus subordinados, pondo uns contra os outros. Assim, podia mandar mais. Uma semana depois, tentou causar intriga entre mim e Walfrido. Como pode alguém ser tão tolo?

Nossa relação ia da frieza à hostilidade. Acho que eu representava uma pequena ameaça para o seu poder, pois tinha legitimidade acadêmica, experiência internacional extensa e era ouvido pelos sócios. Além disso, não temia perder o emprego.

Sua presença como CEO foi tóxica para a faculdade. Revelou-se providencial a sua saída. Tinha que ser substituído. Havia na casa alguém que começara como professor de matemática. Tornara-se diretor de escola e havia galgado a posição de presidente do sistema de ensino do Pitágoras. Tinha tudo para dar certo.

Antes da saída do antigo executivo, diante das confusões e indefinições de comando, esse presidente do sistema de ensino cogitou largar tudo. Insisti para que ficasse. No momento oportuno, tornou-se CEO do Pitágoras. Uma grande esperança. Pouco depois, os sócios brasileiros compraram a metade da Apollo. Fazendo as contas e considerando as taxas de câmbio, foi um péssimo negócio para os norte-americanos.

Chegou a hora da abertura de capital. Nessa campanha, bastante cansativa, o novo CEO teve um excelente desempenho. Porém a natureza humana é traiçoeira (ou, então, a mosca azul andou zanzando). Encantava-se cada vez mais com a própria pessoa. Considerava-se o executivo dos sonhos de qualquer empresa e acabou alijando as poucas chefias sérias que haviam sobrado. Seu estado-maior era composto de um ex-gerente de supermercado, um operador do mercado de capitais e alguém que trabalhava em logística. Quem sabia de educação já havia deixado o Pitágoras.

Era inevitável que a nave começasse a afundar. Minhas críticas não eram bem-recebidas. Logo, fui também alijado de toda e qualquer informação que circulasse dentro da faculdade. Avisei ao Walfrido que minha produtividade no Pitágoras havia caído a zero. Não poderia continuar recebendo um bom salário sem trabalhar. Ele pediu paciência, pois ainda não havia um acordo com os outros sócios.

Pouco depois, circula um memorando informando os diretores de unidade que eles poderiam reformar currículos e as maneiras de conduzir a faculdade como quisessem. Era o conforto de abandonar uma fórmula ainda não digerida pelas dezenas de diretores dos muitos *campi*. Para eles, era bem mais tranquilo e confortável continuar nas velhas rotinas. Na prática, era a sentença de morte do meu modelo.

Apesar das ponderações do Walfrido, parti. Semanas depois, os sócios se deram conta da barafunda que havia se tornado a faculdade. A falência já se via a olho nu. Puseram-se de acordo e despacharam o excelso executivo. Tão promissor, mas que foi envenenado pela vaidade. Promoveram uma demissão deselegante.

Diante do quadro financeiro, foi necessário contratar um desses "executivos-açougueiros", com a missão de cortar na carne, cortar o que fosse possível até equilibrar as contas. E assim foi feito. Foi-se o pouquíssimo que poderia ter sobrado das minhas ideias.

Final melancólico para minha carreira no Pitágoras. Mas as urgências foram sanadas. Daí para a frente, não mais acompanhei de perto. Sei que entrou em cena um fundo de investimentos norte-americano. Depois, compraram uma coleção de faculdades no Mato Grosso. Foram os executivos desse conglomerado que assumiram a gestão do Pitágoras, pois não havia mais gestores capazes. Rebatizaram a instituição com outro nome.

Alguém do time de Mato Grosso assinou uma publicação que mostrava o novo modelo pedagógico. Li. Que me perdoem as vaidades, mas vi a proposta como primária. Fiquei aliviado por ver que estava muito aquém da minha? Ou insultado por vê-la seguida de algo tão tosco? Ao leitor deixo o direito de duvidar do que digo no próximo parágrafo.

Com o amplo dinheiro do fundo internacional, o que se seguiu foram a aceleração na compra de faculdades e a expansão no número de matrículas. Não cheguei com cuidado, mas diziam que se tornara o curso superior com mais matrículas, no mundo inteiro, aproximando-se do milhão. Grande sucesso.

Na época do meu retorno ao Brasil, em 2021, vivíamos um momento de grande crescimento do ensino superior. Além da expansão do ensino médio, havia grande reserva de jovens adultos dispostos a voltar a estudar. Bela ocasião para capitalizar nesse exército de potenciais alunos.

Porém o mundo não é bonzinho. Essa demanda, nova e reprimida, não podia durar para sempre. O ensino médio cresceu muito lentamente. E vários outros grupos poderosos investiram no mesmo mercado. Todos passaram a ter que dividir o mesmo minguado estoque de alunos. A concorrência tornou-se feroz. Começou a guerra de preços. Nela, não há ganhadores. Omito-me de fazer prognósticos para o futuro da empresa.

Que balanço faço da minha empreitada na Faculdade Pitágoras? Partimos de um modelo com duas vertentes. De um lado, caminhávamos na direção de aumentar o leque de disciplinas sociais e as humanidades, para nos aproximarmos do que se faz na Europa e nos Estados Unidos. Portanto não foi uma guinada para o desconhecido. Nas práticas de sala de aula, introduzi o que dá bons resultados. A joint-venture com a Apollo permitiu andar mais rápido. Pesquisas sistemáticas com os alunos não revelaram qualquer rejeição a ambas as inovações. O modelo rodava, sem sobressaltos, embora pudesse ser aperfeiçoado. Por que foi sumariamente abolido?

Atribuo isso a uma implosão gerencial, resultante da escolha dos três CEOs. O vácuo de liderança requeria uma presença desconfortável dos donos, responsáveis pelo sucesso anterior do Pitágoras. Tinham que interferir nas decisões. Mas, pelas regras, não deveriam fazê-lo. Tal situação criou uma permanente incerteza, falta de clareza na identidade institucional e falhas gerenciais. Some-se a isso o crescimento aceleradíssimo da matrícula e das aquisições. O quadro ficou turvo.

Acredito que o abandono do modelo que desenhei foi o que, no jargão militar, se chama de perda colateral. Ou seja, o modelo não era parte do problema. Sofreu com o caos gerencial reinante na faculdade. Seu abandono oficial ocorreu em um momento de grande caos administrativo. Terá sido uma represália às minhas reclamações? Honestamente, não sei.

Pensando nesses assuntos, lembrei-me de uma conversa com Marcel Telles, membro sênior da escuderia de Jorge Paulo Lemann. Em uma reunião do conselho de sua instituição filantrópica, propus a criação de outro programa, em paralelo. Sua resposta foi quase automática: "Encontre alguém que possa conduzir esse empreendimento de cabo a rabo. Aí, vamos conversar". Explorando um subjuntivo contrafactual, se o Pitágoras houvesse começado com essa premissa, talvez a história tivesse sido diferente. Mas são palavras ao ar. Insisto em que o pecado de origem foi a falta de uma liderança à altura do desafio. Diante desse vácuo, tudo foi improvisado, e as escolhas equivocadas agravaram as crises.

Em paralelo à faculdade, havia o Pitágoras tradicional, tão bem-sucedido e incensado pelo enorme número de ex-alunos ilustres. Havia as escolas próprias, incluindo a do Japão. O sistema de ensino disputava a liderança no país. Com as atenções voltadas para a faculdade, isso tudo ficou meio esquecido. Pior, o CEO norte-americano não considerava o básico um nível do qual valesse a pena ocupar-se. O resultado é que, silenciosamente, esses tradicionais carros-chefe do Pitágoras perdiam atualidade e espaço no mercado. Algo já se via da deterioração.

Participei de um grupo que deveria tentar reverter essa erosão. Minha proposta para a grande escola da Prudente de Morais era aumentar dramaticamente as exigências acadêmicas. Isso faria perder a metade dos alunos, os mais fracos. A outra metade seria composta por aqueles de desempenho mais sólido, que poderiam se sair bem no Enem. Tal medida relançaria a escola, movendo-a para um patamar superior de qualidade. Poderia voltar a recrutar alunos, agora com melhores credenciais. Obviamente, geraria déficits por um par de anos. Era o preço a se pagar.

Minha proposta não mereceu dez segundos de consideração. Foi rejeitada *a limine*. Operar com déficits? Nem pensar. Em retrospecto, pouco importa se a proposta era boa ou não. O relevante é que nada ou quase nada se fez para reverter o ciclo descendente. As escolas próprias continuaram perdendo espaço, prestígio e qualidade. O fim melancólico da escola da Prudente de Morais foi sua venda para o Bernoulli, o qual, atualmente, implementa o modelo do pujante Pitágoras do passado.

A grande ironia é que, diante da saturação do mercado de ensino superior de baixo custo, as atenções do setor privado se voltam hoje para a educação básica. É exatamente o território em que o Pitágoras triunfava, mas que deixou de prestar atenção. Inevitavelmente, perdeu competitividade.

No fundo, distanciando-se os três sócios da operação, eles não foram substituídos por um time com qualificações comparáveis. É a sina de muitas empresas na etapa de transição gerencial.

Meus leitores devem considerar que fui parte interessada nessa empreitada. E amargo perdedor. Tento me desprender das emoções tanto quanto posso. Mas, sei lá, algo pode derrapar nos meus julgamentos.

Porém, para com os três sócios, permanece minha admiração pela estupenda obra que eles comandaram enquanto puderam. E, cumpre dizer, deles sempre recebi respeito, atenção e amizade.

DE SOLDADOR DE OLEODUTO A GUIA DE TURISMO DE AVENTURA?

DURANTE OS anos de Pitágoras, Walfrido virou ministro do Turismo. Ofereci meus serviços a ele.

Cientistas dizem que há um par de cromossomos que leva aqueles que o possuem a comportamentos de risco. Devo ter sido brindado com ele. Quando bem pequeno, torcia para que o carro enguiçasse ou atolasse. Quando adquiri certa autonomia, saía a pé para o mato de madrugada e voltava de noitinha. Com a bicicleta, me arrebentei muitas vezes. As motos, sempre as tive, dos 18 anos até hoje. Tenho faixa roxa de caratê, escalo, fiz caiaque de corredeira e tantos outros esportes de aventura. Há quarenta anos sou praticante de voo livre. É mais forte do que eu.

Sendo assim, é natural que eu me oferecesse para um novo cargo. Propus a Walfrido que ele promovesse o turismo de aventura. Exige pouco capital e estava crescendo. Comecei, então, a explorar o assunto, com Gustavo Timo, dono de uma empresa que já me havia prestado serviço. Quanto mais eu me aprofundava, mais me dava conta do aumento assustador de acidentes. Voltei ao ministro: "Walfrido, não promova o turismo de aventura. Antes, precisamos conter os acidentes".

Quebramos a cabeça. Era necessário algum controle para que mais precauções fossem tomadas. Empresas e guias necessitavam competência técnica e implementação de procedimentos de segurança.

Pensamos no MEC. Caso perdido, mal consegue administrar as suas próprias universidades, e os currículos de turismo eram carentes em prática e inchados de teorias nefelibatas.

Quando voltei para o Brasil, em 1971, o Ministério do Trabalho estava planejando criar um sistema de certificação para ocupações. Quase quarenta anos depois, continuava dizendo a mesma coisa. Não convenceu.

O que fazer? Estávamos totalmente travados. Lembrei-me, então, de que o Instituto de Hospitalidade, ligado à Odebrecht, havia preparado mão de obra para os investimentos nas praias baianas. Para isso, criou um programa de certificação para as ocupações ensinadas. Seria o caminho?

Eis que me deparo com uma norma da ABNT, tratando da certificação de soldadores de oleoduto. Eu sabia das muitas normas para óleo lubrificante, motores ou rolamentos. Mas soldador de oleoduto abria uma nova porta. Se podia certificar soldador, por que não guia de aventuras? Ambos requerem conhecimentos técnicos e envolvem riscos para os clientes. Os oleodutos podem vazar; os clientes, despencar precipício abaixo.

Aí estava a solução. A ABNT é uma empresa privada. As certificadoras das normas, também. Se a Petrobras opera sob suas normas, por que não o turismo de aventura? E, ainda, aliviaria as burocracias públicas.

Começamos a explorar o assunto. As normas da ABNT são geradas por um grupo de que participam as empresas do setor e os consumidores. No turismo de aventura, nada havia. Era necessário começar do zero. Assim nasce a Associação Brasileira das Empresas de Ecoturismo e Turismo de Aventura (Abeta), criada para representar as empresas durante a discussão das normas.

Tivemos a primeira reunião, no Ibirapuera, em São Paulo, durante uma grande feira de turismo. Havia umas dez empresas, grande sucesso de recrutamento. Mas aparece uma figura, presidente de um clube de parapente, dissidente das associações tradicionais. Ao começar a reunião, pede a palavra para protestar. Algo peculiar, pois nada havia sido dito. Sua palavra é cassada.

Com o apoio do Ministério do Turismo, cria-se um secretariado para acompanhar o desenvolvimento das normas. Encurtando a conversa, foram criadas normas para 25 modalidades e para as empresas do ramo. O ministério passaria a financiar cursos para as empresas e seus guias.

Com a saída do Walfrido do ministério, a nova ministra se atrapalhou nas contas. O ministro seguinte foi pior. Com isso, a Abeta não apenas deixou de ser financiada como também sofreu uma investigação diante da suspeita de malversação de fundos. Levou tempo, mas nada foi encontrado.

De minha parte, fui denunciado à Polícia Federal pelo tal presidente dos parapentistas dissidentes. Era advogado e, pelo que se sabe, sua vida é promover futricas legais. Meu caso era bem simples. Como trabalhava na empresa do ministro, nem pensar em receber o que quer que fosse desse ministério. Diárias para eventos, sim. Mas apenas isso. A denúncia morreu de inanição.

Tendo já quase três décadas de experiência em voo livre, seria natural que minha primeira inclinação fosse criar certificações para instrutores e pilotos de voo duplo, de asa e parapente. Mas o campo estava minado. Esse parapentista azedo envenenou quaisquer entendimentos nessa linha.

De todas as maneiras, o então Departamento de Aviação Civil (DAC), que depois se tornou a Agência Nacional de Aviação Civil (Anac), não reagiu bem às minhas tratativas. Muito gentil, o coronel responsável por esses assuntos foi claro: a agência nem sequer conseguia dar atenção às centenas de pequenos aeroportos esparramados pelo Brasil. Entrar no vespeiro do voo livre estava fora de cogitação.

Permaneceu o remendo que sobrevive até hoje. Levar passageiros em voo duplo é proibido. Porém, entende-se que, durante a instrução de voo, o aluno deve fazer um duplo com o instrutor, para ter uma experiência de comandar a asa ou o parapente. Ou seja, quem quer fazer um duplo legalmente deve se inscrever em um curso. Basta assinar um papel. Se tal farsa resolvia o problema, era o que bastava.

Outro ruído apareceu durante o processo de aprovação de normas. Como me disse, raivosamente, um amigo: "Sempre escalei montanhas. Agora vocês me dizem que preciso de carteirinha para subir nos mesmos morros que sempre subi?". Não era bem isso. A certificação era para atividades comerciais. Ele pode se matar sem infringir qualquer regulamento, porém, para conduzir alguém na escalada, o guia tem que ser certificado. Ou seja, as regras que estavam sendo criadas não eram para os praticantes (das 25 modalidades), mas para os guias.

Fui convidado para escrever um manual de turismo de aventura, porém, preocupado com encrencas legais, disse que só o faria se fosse financiado por outra fonte. O Sebrae acudiu, e o livro foi publicado.

Muito do ímpeto da certificação se perdeu com a saída do Walfrido do Ministério do Turismo. Mas, em certos locais, a chama continua viva. Ademais, por toda parte, alguma coisa ficou. Curiosamente, a iniciativa teve uma segunda vida. Houve, no Brasil, um encontro internacional de turismo de aventura. Os participantes estrangeiros ficaram fascinados com nosso sistema de certificação. Comparável, nada havia no mundo.

O resultado foi a criação de uma norma ISO, pela sua natureza, de caráter internacional. Junto da Inglaterra, o Brasil secretariou sua elaboração e aprovação.

Quem diria, uma certificação de soldador de oleoduto provoca uma sequência de eventos que termina em uma norma ISO para guias de turismo de aventura no mundo!

SERÁ QUE EU ENTENDO DE MUSEUS?

SERÁ QUE alguém, por ser viciado em visitar museus, entende de suas técnicas e estratégias? De fato, essa é a minha única credencial para dar palpites em museus. Mas para algo deve servir.

Mesmo sem credenciais, faz tempo, venho me metendo no mundo dos museus. No final dos anos 1960, com minha mãe, organizamos o Museu do Ferro em Itabirito. Afinal, pertencendo à quarta geração envolvida em siderurgia, era natural que entrasse nessa empreitada. Ficou direitinho, mas foi abandonado pelo prefeito seguinte.

Lá pelo ano de 2003, já morando em Belo Horizonte, voltei à carga. A Usina Esperança já não pertencia à família desde muito. Mas o novo proprietário gostou da ideia de montar um museu e ofereceu uma garagem desativada, bem à margem da estrada, facilitando a visitação.

Consegui uma pequena dotação do Ministério do Turismo para pagar a equipe. O arquiteto J. E. Ferolla fez um belo projeto, com toldos sinuosos na parte externa. A ideia era não apenas mostrar peças, mas apresentar os processos de siderurgia e metalurgia. Tudo teria demonstrações práticas. Queríamos uma pequena fundição para produzir peças simples e uma forja operacional, possibilitando aos visitantes ver um ferreiro em ação ou bater, eles mesmos, o ferro quente na bigorna.

Voávamos. Sonhávamos. Chegou o dia de assinar o termo final. Fomos surpreendidos com o comodato da garagem, que duraria apenas um ano. Nenhum financiador chegaria perto de um museu que pode ser despejado em alguns meses. Só podia ser proposital, para matar a iniciativa. Quando o executivo da empresa anunciou o prazo, levantei-me, apresentei meus votos de sucesso para a empreitada e voltei para casa.

Por que matar essa iniciativa? Em uma conversa prévia, o proprietário havia revelado o seu temor de que o museu chamasse muita atenção para a empresa. Alguém aventou a explicação de que se cometiam pecados contra o meio ambiente. Essa explicação jamais foi desmentida.

Em 2007, recebi um convite para criar um conselho consultivo no Instituto Inhotim. Essa instituição combina paisagismo, estilo Burle Marx, com uma enorme coleção de arte contemporânea. Os jardins me deslumbraram. A arte contemporânea pode ser interessante, mas algumas peças, em definitivo, não me descem. Por seu conjunto, converteu-se em uma das maiores atrações turísticas de Minas Gerais.

Nesses momentos iniciais, havia dúvidas, suspeitas e incertezas sobre Inhotim e seu proprietário. Para participar desse conselho, reuni pessoas conhecidas, reputadas e competentes. Não tenho dúvidas de que, ao longo dos anos, esse grupo ajudou a consolidar uma imagem positiva para o museu. Porém havia um escolho: o criador e financiador de Inhotim. Ele tinha que participar do conselho, é óbvio. Mas como fazê-lo parar de discursar para os conselheiros na sua incontrolável ansiedade? Não sobrava tempo para cobrir a agenda da reunião. Em uma ocasião, cheguei a dar um estrondoso murro na mesa. "Pare de falar!" Quase brigamos de vez.

Depois do conselho consultivo, fiz parte do deliberativo. O centro das atenções não podia deixar de ser as finanças, sempre à beira do desastre. A bilheteria e outros serviços geravam menos de 30% dos gastos correntes. Era fazer ginástica para conseguir um pouco mais, de forma a reduzir o prejuízo, coberto pelas empresas do financiador. Note, os mais celebrados museus do mundo não geram mais do que isso em receita de bilheteria, loja, etc. Em museu de roça, a receita não cobre o salário de quem está à porta, recebendo as entradas.

É extraordinário o que fez e faz o idealizador de Inhotim, bancando financeiramente o prejuízo, ano após ano. A convivência com ele não era fácil, porém era compensada pela colaboração com um dos museus mais importantes do país. Obviamente, dei palpites em tudo. E, também obviamente, ele sempre fez aquilo que lhe dava na veneta.

Na curadoria de arte, era diferente. Ali, ninguém tinha a mais remota ingerência. Por anos, bati na mesma tecla: é preciso explicar ao público o sentido, o significado, o contexto das obras. De fato, arte contemporânea não é tão intuitiva nem nos serve a experiência pregressa de lidar com artes mais convencionais. Eu queria gravações de vídeo com os artistas, conversando e explicando suas obras.

Mas a curadoria era de outra opinião. O importante era deixar o visitante interpretar as obras do jeito que quisesse. A perplexidade ou a rejeição diante do inesperado é parte da experiência buscada. Não deveríamos intervir nesse processo de introspecção e reação. O curador fica feliz com a rejeição.

Pois bem, recebemos a visita do norte-americano que era o principal curador de Inhotim – e, na área, considerado um dos sérios nomes em Nova York. Em sua conferência para o público interno, explicou cada obra que mostrava. Nem isso abalou os curadores locais.

E as plaquinhas explicativas de cada obra? Para ler algumas, era preciso levar uma lanterna. Mas os curadores estavam mais preocupados com a dramaticidade da iluminação. Em uma das plaquinhas, estava a palavra "silfídica". Quantos visitantes a conhecem?

Nesses altos e baixos, fiquei mais de dez anos em Inhotim. Ajudei? Quem sabe?

Eis que recebo a missão de planejar um novo museu. No começo do século XX, para demonstrar a pujança de São Paulo, foi construído um casarão imponente, o Palácio das Indústrias, destinado a exposições agrícolas e industriais. Um dos arquitetos foi Ramos de Azevedo, nome dos mais prestigiados na época. Mas a função inicial foi desvirtuada, e o belo prédio, inaugurado em 1924, passou por usos diversos ao longo de décadas.

O governo do estado de São Paulo decide construir um museu de ciências no palácio. A primeira providência foi reformá-lo com todo o rigor. Em seguida, para sua montagem, o governador indicou um banqueiro de boa estirpe, recentemente aposentado. Recebeu a missão e os fundos. Mãos à obra.

O plano era montar um museu de ciências moderno, deslumbrante e interativo. Decide-se criar, também, uma sala dedicada à educação. Por razões que desconheço, fui convidado para montar uma exibição sobre o tema.

Um museu moderno deve ser um espetáculo visual para contar uma história. Na educação, o que mostrar? Um panteão dos educadores brasileiros?

Olhando as fotos dos potenciais candidatos, concluí que seria um fracasso visual. Depois de muito quebrar a cabeça, tomei duas direções simultâneas.

Usaria os recursos visuais da eletrônica para contar algumas histórias e ilustrar assuntos relevantes. Fizemos um audiovisual de brasileiros pobres cuja carreira fulgurante se deveu à educação que tiveram. Criamos simulações visuais para ilustrar o fluxo dos alunos, passando de ano, sendo reprovados, repetindo ou abandonando a escola. Até que fiquei contente com o resultado.

Mas apresentar meia dúzia de recursos audiovisuais em uma sala pelada e inexpressiva? Quem sabe decorá-la com aparelhos científicos do passado? Onde encontrar tais tesouros? Saí perguntando e surgiu uma pista: a Escola Caetano de Campos, a mais antiga e festejada da cidade. Visitando o novo prédio, modernoso e maltratado, encontrei dois enormes depósitos no porão. Ali estavam empilhados os mais sofisticados e luxuosos aparelhos científicos do início do século XX. Era o tesouro que buscava. Tão desprestigiados estavam que ladrões haviam roubado da escola uns tantos computadores, mas ignoraram aquele "lixo". Era só escolher e limpar as preciosidades. Se fossem vendidos na internet, valeriam muitas vezes mais do que os míseros computadores roubados. Lustrosos, passaram a decorar a sala da exposição.

Em 2009, foi inaugurado o Museu Catavento. Pouco antes, pairavam no ar potenciais crises e impasses. Voltei um mês após a inauguração. Naquele momento, havia um problema angustiando as equipes: o congestionamento de visitantes nos corredores e nas exibições. Não deixa de ser um indicador de sucesso. A salinha da educação era menos espetacular. Ainda assim, creio que ficou bastante adequada.

A minha grande epifania museográfica aconteceu em Brasília, durante a Olimpíada do Conhecimento, do Senai. Sugeri uma ideia e foi aprovada. O próprio Senai nomeou um curador, muito experiente. Foi contratada uma empresa de São Paulo especializada em tais exposições, e mais dezenas de colaboradores terceirizados.

O título era "A arte o ofício", com o propósito de contar a história do ser humano pelas ferramentas que ele inventa. Ia da pedra lascada ao iPhone. Foi uma extravagância, com mais de 70 vídeos ilustrativos e demonstrações, incluindo um doutorando da USP que fazia pontas de flechas de pedra lascada.

Na internet, comprei um torno de madeira, tocado a pedal. Foi instalado, bem pertinho de um outro, de controle numérico. Em ambos, produziam-se piões de madeira iguais. Havia uma marcenaria em plena operação. E uma oficina de restauro de obras de arte, patrocinada pelo Museu de Artes e Ofícios de Belo Horizonte.

A quantidade de ferramentas e máquinas antigas era enorme. Tudo reflexo da minha fascinação por elas. Como não frearam o exagero da minha paixão, não seria eu a fazê-lo. Alguma coisa desse acervo veio por empréstimo. Mas comprei copiosamente muitos objetos na internet. Como era tudo velharia, havia muito restauro a ser feito. A cada lote de compras que chegava, dizia para mim mesmo: "Quem sabe, restauro uma ou duas peças?". Acabei restaurando todas. Apenas o torno de pedal foi mandado para o Senai-MG, que havia concordado em recuperar as ferramentas. Vícios incuráveis.

Importamos um gerador de Van de Graaff, um aparelho de demonstração científica que produz centelhas enormes com milhares de volts. O aparelho chegou quebrado. Resolvi consertá-lo na véspera da exposição. Sucesso, liguei o aparelho para testar e me deslumbrei com as fulgurantes centelhas. Mas eis que vem correndo um funcionário, assustadíssimo. Haviam entrado em pane todos os 70 monitores! É claro, obra das ondas eletromagnéticas emitidas pelas centelhas. Felizmente, foi só um susto. Voltaram a funcionar.

Em certo momento, fiz uma continha: o total das compras para o acervo de ferramentas foi menos de 2% do que custou cada uma das obras recentemente adquiridas por Inhotim. Alvíssaras, minha coleção pessoal é de ferramentas antigas, e não de arte contemporânea.

Grande sucesso. Mais de 20 mil visitantes em quatro dias. Nos questionários de avaliação, a única reclamação era o congestionamento dentro dos 2 mil metros de exposição.

O mais surpreendente foi a instalação mais simplória de todas: duas bancadas de trabalho, uma dúzia de martelos, outra de serrotes e de arcos de serra para metal; e mais uns pedaços de pau e de ferro.

Crianças, adultos e velhos faziam fila para serrar ou pregar. A barulheira era medonha. Isso obrigou os atores a usarem microfones na peça teatral que era encenada do outro lado da exposição. Se martelo e prego causam furor entre as crianças de Brasília, significa que nossos jovens não usam as mãos para construir, desmontar, destruir, pregar, etc.

Em algum momento, fui chamado. Havia chegado um inspetor do trabalho. Como os pais assinaram um termo de responsabilidade, morreram suas queixas nesse diapasão. Mas o funcionário reclamava de que pregavam e serravam sem óculos de proteção. Com indisfarçada irritação, perguntei a ele se, em sua casa, ele usava óculos para pregar. Foi-se.

Essa exposição foi uma bela vitória pessoal. Tive a ideia inicial e trabalhei na sua montagem ao longo de todo o ciclo. Usei amplamente as mãos, reformando ferramentas. E a exposição foi um grande sucesso.

POSITIVO: SÓSIA DO PITÁGORAS E TRAJETÓRIA PARECIDA

NOS IDOS dos anos 1960, nasce em Curitiba um grupo de trajetória semelhante e quase um clone do Pitágoras. Era o Positivo.

Professores inspirados se juntaram para criar um cursinho pré-vestibular. No grupo, composto de cinco pessoas, havia também empresários – o que não aconteceu no Pitágoras. Mas o DNA era o mesmo. Entre os fundadores, estava Oriovisto Guimarães.

Seguiram caminhos paralelos. Os dois migraram para o ensino básico regular, com amplo sucesso. Ambos criaram sistemas de ensino. Ambos se moveram para o ensino superior. No caso, o Positivo começou antes e foi mais longe. Tinha uma bela universidade, com um dos mais bonitos *campi* do Brasil. Somou a isso tudo uma escola bilíngue, um imponente teatro e um centro de convenções. Era um dos maiores e melhores grupos educacionais do Brasil. Em todas as suas atividades, os resultados eram estelares.

No meio de sua trajetória vencedora, apareceu um apêndice inesperado. Antes de contar essa história, embarquemos em outra. Um judeu boliviano vai para Curitiba estudar farmácia. Ao se formar, decide se estabelecer na cidade. Mas os fundos eram parcos. A única farmácia que podia comprar estava na zona boêmia. Comprou assim mesmo. Resolve manter o nome que a farmácia já tinha: O Boticário. O resto, todos sabemos.

Pois bem, um parente desse senhor era professor de informática no Positivo. Certo dia, pede ao Oriovisto autorização para montar uns computadores, lá nos fundos de um galpão. Que mal faria?

Passam-se os anos e aí está a Positivo Informática, fabricante brasileiro número um de computadores. Hoje, com capital aberto, produz também notebooks, celulares e tablets.

Voltando à educação, após o meu angustiado divórcio do Pitágoras, consultei o Oriovisto sobre possibilidades de emprego. Já me havia convidado antes para trabalhar lá. Fui visitá-lo em Curitiba. Saí contratado. Nome da posição? A mesma ambiguidade de sempre: assessor da presidência. Passava lá uns tantos dias por mês. Dava palpites em tudo. Alguns acolhidos; outros, não. Seria o esperado.

Convenci o Positivo a criar um sistema de avaliação de rendimento escolar para seus alunos, já que a Prova Brasil era apenas para as escolas públicas. Apesar de alguns tropeços iniciais, deu certo.

Até agora, não mencionei explicitamente, mas, além do interesse intrínseco por desafios intelectuais, também pretendia me divertir um pouco. Tanto no Pitágoras quanto no Positivo, encontrei um canal para isso, pois ambos organizavam reuniões gigantes, para até 3 mil participantes das escolas filiadas. Em ambos, tive muita liberdade para inventar moda. O filósofo Luc Ferry foi entrevistado, em seu apartamento, em Paris. Eu mesmo entrevistei Mario Vargas Llosa por vídeo. Consegui levar Ricardo Semler e Amyr Klink para se apresentarem. Montamos uma mesa de bar, em torno da qual conversei com Ivan M. Campos. Queria copos e uma garrafa de uísque, mas, para não escandalizar os presentes, vetaram o uísque, teve que ser com guaraná. A pantomina mais midiática foi com o dono de uma fábrica de parapentes. No enorme palco, ele inflou a vela, correndo em direção à plateia. Quase no fim do palco, aos brados, eu corri e o contive, para que não despencasse sobre os espectadores. Ambos já estávamos com microfone de lapela. Sentados no chão, em meio à vela embolada, entrevistei esse empresário, Ary Pradi, dono da Sol Paragliders, e conversamos sobre pesquisa e desenvolvimento em sua fábrica. Quem disse que trabalho não pode ter seu lado divertido?

Voltando ao Positivo, Oriovisto transformou um cursinho pré-vestibular em um império educativo. Mas sempre ao arrepio dos sócios, que não conseguiam escapar do seu pequeno universo de origem. A cada passo, tinham que ser atropelados. Graças a ele, todos viraram milionários. Mas era sempre a mesma tarefa inglória peitar os sócios. Cansou-se. Após 35 anos, desistiu.

Preparou sua saída, colocando como presidente o CEO da Positivo Informática. Porém não deu muito certo. Sem o peso de sua autoridade, perdeu-se a unidade de comando. Apesar de milionários, os mais poderosos sócios queriam mais dinheiro, e no curto prazo.

Como no caso do Pitágoras, outra sucessão infeliz. Perdeu-se a visão de futuro. Foi-se o sonho de transformar a Universidade Positivo em uma Harvard "tropical". A ordem era cortar custos e aumentar os lucros. Diante desse quadro, não havia mais espaço para os sonhos, tão vivos em um passado recente. Para mim, ainda menos. Nada acontecia quando eu denunciava falhas ou equívocos. E, para novas empreitadas, nenhum espaço. Hora de picar a mula.

Pouco tempo depois, a universidade foi vendida. O mesmo destino tiveram a editora de livros e o sistema de ensino, arrematados pelo Ari de Sá, de Fortaleza.

Sobraram as escolas próprias e um sistema de ensino voltado para a rede pública. Sobrevivem, acho eu, bastante bem. Mas é apenas um naco do que havia outrora.

Fiquei no conselho do Instituto Positivo, uma instituição filantrópica pequena, mas muito atuante. Promove arranjos produtivos de grupos de secretarias municipais de educação. Os resultados surpreendem.

Nesse mesmo período, estive envolvido com a construção de uma casa. Para essa empreitada, li muitos livros de arquitetura e até escrevi um livro sobre o assunto no Olimpo da minha irresponsabilidade. Acabei construindo ou restaurando todos os móveis da casa nova. Experiências nessa direção me levaram à formação profissional na área da construção civil. E, assim, convenci o Senai a promover uma pesquisa substancial sobre o assunto. Mais uma vez, o lado manual da minha formação influenciou a vida profissional.

TIRANDO UMA ESCOLA DE MEDICINA DO BURACO

UM GRUPO de médicos de Belo Horizonte, recém-aposentados da UFMG, queria fundar uma escola de medicina. Afinal, não se perde o gosto pelas aulas com o avanço da idade.

Nada feito. Chocaram-se contra a barreira dos doutos do MEC, combinada com o gostinho por reserva de mercado das associações médicas. Na retórica oficial, com muitas escolas de medicina, o mercado de Belo Horizonte estava saturado. No "interior", quem sabe? A necessidade de interiorizar as faculdades faz parte de um outro mito, também equivocado.

No entanto, diante disso, por que não em Vespasiano, um município próximo do aeroporto de Confins? Perto, conveniente e de fácil acesso. Para dar a cara de uma iniciativa local, convidam alguns pequenos empresários para participar. Com esse "autêntico" modelo, conseguem a sonhada autorização.

Nasce a Faculdade da Saúde e Ecologia Humana (Faseh). Mais adiante, enfermagem, fisioterapia, direito e engenharia são também oferecidos. Tanto quanto consegui saber, o curso de medicina era sólido e respeitável. Os professores vinham todos de Belo Horizonte. Os alunos, também. Graças à sapiência dos doutos do MEC, todos perdem duas horas por dia em transporte. Muitíssimas toneladas de carbono são lançadas no ar pelos escapamentos dos carros que vão e vêm. Essa é a principal consequência de estabelecer o curso em Vespasiano. Interiorização? Não ouvi falar de qualquer graduado deixando Belo Horizonte.

Visto por outra perspectiva, o MEC não ouviu falar de economias de aglomeração. No caso, muitos médicos e muitas escolas criam um ambiente mais enriquecedor para quem estuda. Há professores em abundância. Para o internato e a residência, há excelentes hospitais.

No início, a Faseh foi bem. Era o encanto do brinquedo novo. Porém os empresários locais não tinham ideia da complexidade que é manter uma escola de medicina, tampouco da necessária separação entre assuntos e patrimônios pessoais e da escola.

Progressivamente, os conflitos se acentuam, os custos sobem e a qualidade cai. É o resultado inevitável dos desencontros de gestão e de decisões equivocadas. Uns sócios entram na Justiça contra outros. Havia uma corrida. Que lado estouraria primeiro? As notas baixas nas avaliações do MEC? Ou as contas, os déficits? Não custa mencionar, é preciso muita incompetência gerencial para uma escola de medicina privada não dar lucro.

Nessa situação de crise e conflitos entre os sócios, vender a instituição torna-se uma opção. O valor da venda teria que ser modesto, pois a crise estava instalada e o horizonte de sobrevivência era curto. Falava-se em intervenção do MEC diante das péssimas notas.

Nesse cenário, entra em cena o dr. Ricardo Guimarães, que compra a faculdade. Ele havia despontado na oftalmologia mineira. Tinha experiência na Europa e era um cirurgião inspirado e inovador na área. Movia-se bem na pesquisa. Fundou um hospital bem-sucedido. Porém sofreu um desastre de aviação gravíssimo, com queimaduras generalizadas, que o obrigou a passar meses na UTI. Sobrevive, mas adeus cirurgia. Inquieto, busca outros destinos para sua impetuosidade.

Chegando na Faseh, contrata gente com experiência em gestão de faculdades, como Aécio Lira, veterano do Pitágoras. Fui recrutado também, com o objetivo de melhorar o processo de ensino.

Com maioria acionária, dr. Ricardo Guimarães tem plenos poderes. Contudo, não escapa das guerrilhas legais entre os sócios de outras épocas. Havia sempre que lidar com advogados e com sensibilidades arranhadas. E o risco de o conflito crescer.

Outra fonte de ruídos e sustos era a administração municipal, dona do prédio da faculdade. Cada hora, um susto. Ameaçavam intervenções e aborrecimentos.

Não obstante, o dr. Ricardo tinha amplo espaço para atuar na faculdade. Começa, então, o processo de eliminação das gorduras. Não são poucas as economias resultantes de não pagar aos professores mais do que lhes era devido. Progressivamente, o quadro financeiro vai melhorando.

Uma vez por semana, íamos, dr. Ricardo e eu, passar o dia na faculdade. Todos os cantos deviam ser esquadrinhados. Havia muitas arestas a aparar.

Desde o planejamento da Faculdade Pitágoras, eu havia dedicado bastante tempo a estudar os processos de sala de aula. Quando comecei a ensinar, lá nos anos 1970, via duas etapas: *o que* ensinar e *como* ensinar. Para um professor jovem, o desafio maior era selecionar os assuntos, organizá-los e encontrar bons exemplos. Porém, depois de certo tempo, não há muito mais a revirar nos assuntos. O *como ensinar* emerge ao primeiro plano.

Ao longo dos anos, eu vinha examinando, cada vez mais de perto, as técnicas de ensino em sala de aula. Para isso, lia a vasta bibliografia correspondente. Um acidente de percurso direcionou ainda mais meu tempo para assuntos de aprendizagem. Um velho amigo, José H. Guaranys, da área da informática, sempre me convidava para alguma parceria, mas era sempre um convite abstrato. Porém, finalmente, havia surgido uma situação concreta. Seu filho era dono de uma empresa que prestava serviços terceirizados para uma operadora de telefonia, portanto tinha acesso a ela.

Pensamos em fazer jogos educativos, oferecidos via mensagem de celular. À época, era a modalidade mais difundida. Com dois jovens contratados, fizemos um jogo que ensinava a reforma ortográfica, recém-aprovada. Para nossa surpresa, foi um grande sucesso. Milhares de donos de celular se matricularam.

Passamos então para projetos mais complexos. Os resultados foram encorajadores. Assim, resolvi preparar o roteiro de uma proposta bem mais ambiciosa: ensinar como estudar. Eu me lembrava de uns livrinhos norte-americanos que havia lido antes mesmo de entrar na universidade. E notava que nada havia no Brasil sobre tais assuntos. Terminei fazendo um razoável investimento de tempo.

Desastre! Morre meu amigo dileto, vítima de uma sequência de moléstias que se agravaram. Passado o choque, o que fazer com o que já havia preparado? Por que não um livro? É bem mais prosaico, mas a porta da informática estava agora fechada.

Obviamente, era uma proposição muito mais alentada. Enfiei uma grande quantidade de horas na proposta. O resultado é que, para minha surpresa, o livro foi um grande sucesso.[1] Em vez da tiragem pequena habitual dos livros sobre pesquisas, esse, bem curtinho, vendeu mais de 80 mil.

---

1 CASTRO, Claudio de Moura. **Você sabe estudar?** Porto Alegre: Penso, 2015.

Não me arvoro como grande perito no assunto. Porém os educadores, supostamente "donos" desse campo, o abandonaram. Preferiram a via das incontáveis diatribes teóricas de Piaget e Vygotsky. E nada de assuntos práticos como dar aulas e estudar. Assim, abriram-me um gigantesco campo de ação.

Não fosse o silêncio deles diante de um campo de óbvia utilidade, para alunos e professores, não entraria em cena um economista com zero preparação formal na área – jamais fiz sequer um cursinho sobre educação. Com minha improvisada formação, atrevi-me às aventuras temerárias de dar aulas sobre o tema.

Na Faseh, entrei em cena com uma proposição de certo risco: dar aulas aos professores da faculdade, ensinando-os a dar aulas. Muitos docentes se abespinham mesmo com pequenas interferências ou palpites no seu estilo de ensinar, e, do alto do seu pedestal, corria-se o risco de ver os docentes de medicina rejeitarem os remédios, como fazem muitos dos seus pacientes.

Na época, encontrei-me com um cardiologista gaúcho, bom amigo. Perguntei-lhe qual achava ser a reação dos professores. Sua resposta foi curiosa: "Se você fosse também médico, seria posto para fora da sala de aula. Mas, sendo economista, possivelmente aceitarão".

Pois não é que ele estava certo? Durante quase três anos, interagi com os professores, dando aulas e discutindo estratégias de sala de aula. Não percebi qualquer rejeição. Claro, entre não haver rejeição e adotar práticas diferentes há certa distância. Esse é um ponto muito crítico. Pode haver recusa na mudança de suas aulas – ou mesmo ao prestar atenção a um economista discursando sobre o que não entende.

Acredito que essas situações mais extremas são menos comuns. O que vi não foi nada disso, mas um limbo. Não havia recusa de ouvir nem de aceitar as ideias. Porém mudar a forma de dar aula é trabalhoso, requer tempo. Ou seja, o problema não é de negação, mas de inércia.

Para combater a inação, bem mais confortável, era necessário criar desconforto diante dela. Imagino que havia muitos remédios na botica. Optamos por um: mobilizar os alunos para que, progressivamente, passassem a exigir aulas melhores.

A teoria é boa, mas há um escolho inicial a ser vencido. A proposta de uma "aula ativa" consiste em usar muito menos tempo em preleções, mesmo que sejam inspiradas e brilhantes. Em contrapartida, são dados aos alunos mais protagonismo, mais exercícios práticos ou de aplicação e mais iniciativa no processo de aprendizagem. É isso que prescrevem diversos livros e artigos. Porém a reação costuma ser a mesma – sempre previsível. Os alunos se queixam de que o professor é preguiçoso, ganha para dar aulas, mas deixa os estudantes por conta própria. Muitos reclamam sem se dar conta de que aprendiam mais nesse processo sofrido. Daí que os professores logo desistiam dessa modernidade. Era preciso convencer os alunos da superioridade do método ativo. Tinham que exigir mudanças. Diversas vezes, conversei ou fiz preleções diretamente para eles. Também era preciso fazer com que os professores usassem formas de tornar o método mais palatável e atraente.

No fundo, tratava-se de uma dupla estratégia. Primeiro, ajudar os professores a encontrar maneiras interessantes de obter participação maior dos alunos. Segundo, fazer com que os alunos pressionassem os professores para caminharem em direção a aulas mais vivas, mais interessantes e mais desafiadoras. Deveriam todos entender que esse era o caminho para um aprendizado de ordem superior. Avançávamos nessa direção. Mas trata-se de um processo de médio e longo prazo. Deixei a Faseh antes de notar uma atitude mais engajada dos alunos.

Monitorávamos as práticas dos professores, perguntando o que estavam usando em sala de aula. Os questionários aplicados, em momentos diferentes, mostraram um crescimento substancial do uso daquelas técnicas que estavam sendo propostas. Consistiam de mais tempo de prática, menos memorização e mais aprendizado de ordem superior. Nada exótico ou ainda em fase experimental.

Um tópico relativamente fácil de obter avanços era o conteúdo em PowerPoint, cronicamente congestionado, dispersivo e que contrariava o que sabíamos sobre as regras de sua eficácia. Incluí nas minhas aulas um tópico sobre a preparação de apresentações desse tipo. Nesse assunto, vi dois avanços. O mais imediato foi ouvir alguns professores reconhecerem que suas apresentações eram inadequadas. Outro, um pouco mais demorado, foi ver o empenho de alguns deles de melhorar.

No todo, os avanços foram substanciais. Não houve tempo para medir aprendizados, mas acho que documentamos, com aceitável confiabilidade, uma evolução bem considerável no uso mais eficaz do tempo de aula.

A etapa seguinte já estava mapeada. Queria implantar uma prática comum no Extremo Oriente: um professor assistia à aula de um colega e comentava o que tinha visto. Aproveitei um evento da faculdade e convenci o diretor a dar uma aula para seus colegas. Incentivei os professores a criticarem a sua aula, sob qualquer ponto de vista que quisessem. A lógica era clara, se o diretor se submete à crítica dos professores, por que não um professor diante de seu colega? Tive que assistir a uma aula muito desagradável sobre eclâmpsia, tema que o diretor, obstetra, escolheu para apresentar. Houve pouca discussão e nada de contestação. Mesmo assim, foi um passo adiante.

Porém parte desse esforço foi colocado em banho-maria. Havia um evento crítico à frente: a avaliação do MEC. No parecer anterior, os maus resultados quase tinham levado a faculdade a fechar as portas. Agora, o dr. Ricardo queria não menos do que "5", a nota máxima concedida.

A furiosa olimpíada então iniciada reflete o que julgo ser um equívoco do MEC. É baseada em incontáveis indicadores de processo. Quem se sai bem neles tem mais chances de oferecer um ensino melhor. Mas não garantem nada.

No entanto, há os indicadores de resultado. No caso do Brasil, há o Exame Nacional de Desempenho de Estudantes (Enade). Aliás, não existe nada comparável no mundo. A pontuação desse teste mede o que os alunos aprenderam. Em última análise, esse é o objetivo do ensino. Qualidade é isso, o resto é detalhe.

Em um artigo recente, mencionei as estrelas do Guia Michelin. Elas são concedidas com base no julgamento de pessoas que vão ao restaurante e provam a comida. Não se pergunta a marca do fogão nem se as facas estão bem afiadas. A nota é para o resultado, e não para o processo.

Por que o MEC quer saber do fogão e da faca em vez de provar a comida? Tendo o Enade, que razões haveria para criar uma gigantesca lista daquilo que, talvez, se associe à qualidade? Por que não ir diretamente para a qualidade, medida pelo Enade? Ou algum novo teste, melhor. Tenho preconceito contra essas bizarrices do MEC.

Contudo, lembremo-nos de que Dom Quixote não se deu bem nas suas investidas contra os moinhos de vento. Nesses assuntos, há que ser pragmático e tocar de acordo com a partitura oferecida. Portanto, mãos à obra para polir o que traz boas notas.

A faculdade virou um canteiro de obras. O dr. Ricardo era o grande feitor. Patrulhava os corredores, avaliando os avanços e retardos. Muitos equipamentos novos foram comprados, assim como cadáveres de silicone e mesas digitais (que mostravam o corpo humano de diferentes maneiras).

As simulações de UTI são um caso à parte. O "boneco" está todo conectado às aparelhagens típicas e reais desse ambiente. O computador simula os sintomas, por exemplo, de uma crise cardíaca. Tudo é pilotado por um médico na sala ao lado. O aluno tem que administrar a crise, com as mesmas providências que seriam usadas em casos reais. Diante dessa encenação, observou-se que os alunos, sem querer, se entregam à encenação como se fosse realidade. Esquecem-se de que se trata apenas de um boneco. Após a sessão, alguns requerem atendimento psicológico. O médico pode "matar" o boneco. Porém, segundo me disseram, isso seria uma péssima ideia, pois o choque causado no aluno pode ser sério.

Outro recurso importante são os consultórios-modelo. O aluno atende a um paciente. Trata-se de uma pessoa irascível e que começa a se alterar. Tudo que diz ao aluno é de forma perversa. Na verdade, os pacientes são atores, cujo papel é confundir o atendente. É uma forma de preparar os futuros médicos para o que encontrarão.

Uma boa nota não seria difícil diante da avalanche de providências tomadas. Porém um "5" requeria acertar tudo que fosse analisado pelos avaliadores. Diante de um considerável nível de incerteza e mais a subjetividade dos visitadores, era preciso precaver-se. São contratados consultores especializados no que pode acontecer nessas visitas do MEC. Cada detalhe é revisado cuidadosamente.

Quando o nome dos avaliadores é anunciado, é preciso esquadrinhar o currículo deles, para checar aquilo de que gostam e não gostam. No limite, uma bibliografia que não inclui o artigo do visitador pode ter um efeito devastador. É hora de organizar os materiais escritos para que os assuntos caros a eles estejam mais visíveis. A meu juízo, uma pantomina. Porém não havia alternativas.

Finalmente, vêm os visitadores varejar a faculdade. Felizmente, não fazem comentários absurdos ou impertinentes. São sérios. No passado, esse podia não ser o caso.

Grande suspense! Vem o resultado: nota "5". Grandes festejos, alegria. Dever cumprido. Não deixou de ser uma grande façanha para uma faculdade que obtivera menos de "3" na avaliação de quatro anos antes. Discordo da maneira como é obtida a nota no MEC, mas as mudanças implementadas, inicialmente visando à avaliação, foram reais. A faculdade se tornou uma escola muito melhor. Enorme vitória para o dr. Ricardo Guimarães.

Vale aqui uma comparação. A implosão da Faculdade Pitágoras, atribuo à ausência de liderança eficaz. Os sócios se proibiram de participar diretamente da gestão, privando o Pitágoras da competência deles. No entanto, porque os CEOs escolhidos não estavam à altura da tarefa, eles quase levaram a instituição à falência.

Em contraste, o dr. Ricardo estava lá, todas as terças-feiras. Reunia-se com os dois diretores e, então, saía pelos corredores falando com todos, trocando ideias. Podia ser apenas um dia por semana, mas era intensamente usado. E sempre vinha junto uma pitada de entusiasmo, de otimismo, de confiança na missão. Ou seja, liderança e entusiasmo não têm preço.

Essa etapa da minha vida teve seus altos e seus baixos. Participei de uma empreitada vencedora, diante de um desafio nada modesto, ainda que como ator coadjuvante, e não como o herói principal. E daí?

Pouco depois, mercê de sua valorização, a Faseh foi vendida para a Ânima Educação. Suponho que tenha sido um bom negócio.

Falei de altos e baixos. O primeiro baixo é que perdi meu emprego. O segundo é que a Ânima não foi capaz de manter o mesmo ritmo de atividades e entusiasmo. Não sei se conseguirá manter a nota nas próximas avaliações do MEC.

Rio, 29 de novembro de 1940

Seu "Tatáu"!

Que Deus dê a V. uma vida muito longa e muito bôa.

Sonhei, outro dia, pelo seu avô, que V. tinha ficado danado. Danado com a sua bisavó Xaraxa, que não deixára V. quebrar um prato. Fez muito bem V. em ficar danado, Tatáu. Proteste, pro- teste sempre assim. Porque não

[fragmento]
...er o...
e os...
...natural
criança
que ha
Fa[ç]
Chamber[lain]
barulho,
deseja a
e tem
lho e f...
Fa[ç]
avô contr[a]
Ele,
Você, par[a]
do Corcov[ado]

[fragmento inferior]
de Dezembro. Invoque o auxílio da sua bisavó Dararau e peça a sua avó pista uma quadrinha com Tatáu - Dararau.

Veja si a Xaraxa tem um calo no dedo grande do pé. Quando romper a guerra, pise no calo dela, fuja depressa e esconda-se atraz da barriga da perna esquerda do seu avô comprido - e nada lhe acontecerá. E assim Você vencerá, Tatáu e quebrará o prato que quizer. Demais, essa historia de quebrar pra... é habito velho de muita gente gran... por exemplo, Tatáu, já quebrei... ...de varias lojas...

A primeira carta que recebi, do alto dos meus 2 anos de idade. Um amigo de meu avô defende "a liberdade de quebrar quantos pratos entender e quando quizer", pois "essa gente grande é assim mesmo: vive atrapalhando a vida da gente". Recomendações que levei a cabo.

Posfácio

DECIFRANDO UMA TRAJETÓRIA PESSOAL E PROFISSIONAL

NESTE FINAL, tento fazer um balanço do que entendi e aprendi ao longo de muitos anos. Falo primeiro da minha tentativa de decifrar instituições; depois, da minha trajetória profissional.

O QUE ENTENDI DAS ORGANIZAÇÕES EM QUE ESTIVE?

O que contei nesse livro não é ciência, no sentido tradicional. Não tenho amostras representativas, grupos de controle e análises multivariadas, como nas minhas pesquisas acadêmicas. São apenas pensamentos, minimamente arrumados, acerca das organizações que conheci. Não considerei o que poderia ler na *Harvard Business Review*. Trata-se do que vi, senti e entendi. E, como já se disse, em certos assuntos, aprendemos mais na literatura e na crônica do que na ciência.

Mas que fique claro, minha memória pode falhar. Porém não é obra de ficção, não inventei nada.

Entre escolas e organizações, passei por muitas. Ao repensá-las, fica uma pergunta: por que algumas deram certo, e outras não?

Vejo dois grandes eixos explicativos: liderança e motivação da equipe. Não há sucesso sem a presença dos dois. Competência entra em cena, mas é quase uma consequência dos dois fatores. Se há tempo útil, pode ser acumulada. Muito entusiasmo dos funcionários, sem liderança, tampouco leva muito longe.

O Colégio Marconi não poderia ser um grande colégio. Sua liderança era oportunista e apagada. A Faculdade de Economia da UFMG saiu do nada, erguida pelas mãos de um líder inspirado. Com suas providências, atraiu e motivou um grupo de professores e alunos que fizeram da instituição a melhor do país.

A OIT teve seus momentos de glória. Continua séria, mas faltam líderes ousados para tirá-la de uma existência complacente. Pelas regras da ONU, não será nada fácil.

Velloso e Anibal Villela deram brilho ao Ipea. A liderança deles foi essencial para que virasse uma grande referência nacional. Seu início coincidiu com a volta de gente bem formada e de grande idealismo. Porém, em anos recentes, um presidente desastrado causou grandes danos à instituição.

O contraste da Capes com o Inep revela a importância das tribos acadêmicas. Foram criados na mesma época. O Inep se dedicaria à pesquisa pedagógica, um tema portentoso. A Capes nasceu apenas como uma "campanha" para financiar a formação de professores universitários. Mas as tribos eram diferentes. Em torno do Inep orbitavam educadores, uma tribo heterogênea. A Capes, lidando com as cabeças mais promissoras, sempre andou próxima dos nossos melhores pesquisadores, sobretudo físicos e matemáticos. Pertenciam a uma tribo poderosa.

Talvez por isso observa-se um padrão diferente nas suas lideranças. O Inep teve altos e baixos na esfera executiva. Em contraste, a proximidade com as lideranças científicas deu à Capes diretores competentes e sérios. Mesmo os piores não eram tão ruins assim. Tal continuidade levou suas equipes a níveis incomparáveis dentro do MEC. Progressivamente, a Capes foi se impondo como a cabeça do sistema de pós-graduação. Em contraste, a fragilidade do Inep era tal que Paulo Renato Souza até considerou fechá-lo.

No meu período como diretor, borbulhavam novos programas de mestrado (ainda não havia chegado a hora dos doutoramentos). Com meus colegas, tentávamos capturar o que tinham em comum os bem-sucedidos. Percebemos que eram programas progressivamente forjados em torno de uma liderança intelectual forte. Apenas um exemplo, para ilustrar. A Universidade Federal da Paraíba trouxe dezenas de PhDs, arrebanhados dentro e fora do Brasil. Com eles, era possível oferecer uma coleção de aulas respeitáveis. Mas isso é pouco em um programa que busca formar pesquisadores; não foram para frente. Em contraste, prosperaram alguns nas engenharias do *campus* de Campina Grande, mais antigos e criados em torno de bons pesquisadores.

O Banco Mundial teve líderes de destaque, como Robert McNamara, capaz de mudar o rumo da organização. Mas, acima de tudo, tem um corpo de funcionários de excepcional talento e motivação. Pela sua atividade, o Banco é inerentemente estável, sofrendo pouco com chefes menos inspirados.

O BID, quando cheguei, estava sob o mandato do terceiro presidente. Os dois primeiros foram líderes imbatíveis, dando às equipes um sentido de missão e segurança. Pelo que entendi, seus sucessores são menos capazes de exercer a mesma liderança que mobiliza os funcionários. Mas, assim como o Banco Mundial, banco é banco. Não causa muitos sustos.

Paulo Renato Souza foi o grande ministro da Educação do Brasil; fez um excelente trabalho. Para os escalões superiores, levou gente de peso. Ou seja, boa liderança atrai bons liderados.

Caso parecido foi a gestão de Walfrido dos Mares Guia na Secretaria de Educação de Minas Gerais. Liderou com brio e cercou-se de bons profissionais. Os resultados foram muito expressivos.

O Pitágoras teve uma trajetória estelar graças à liderança dos seus sócios. Ao longo dos anos, montou um invejável corpo de professores e administradores. Na transição para a faculdade, sem a presença deles, faltou liderança, e as crises se sucederam.

O Positivo também vicejou sob Oriovisto, um líder carismático e um bom gestor. Em torno dele, convergia um excelente time. Ao retirar-se, os sucessores não tiveram o mesmo carisma. De resto, nem se entendem.

Dr. Ricardo Guimarães assumiu uma faculdade fracassada e conseguiu levar a Faseh ao nível máximo na avaliação do MEC. Exerceu forte liderança, contratou bons profissionais e beneficiou-se de gente competente, que antes estava perdida.

Se o sucesso é descrito pela teoria da relação entre liderança e motivação da equipe, fica a interrogação. Mas o mundo que vivi parece fiel a esses princípios.

REPENSANDO MINHA TORTUOSA CARREIRA

Como já dito, o presente livro não pretende ser uma autobiografia, mas uma reflexão sobre o mundo educacional e profissional pelo qual circulei.

Para isso, foi inevitável falar do que aconteceu comigo ao longo de minha carreira, já com bem mais de meio século. De fato, o rebatimento dela com instituições e burocracias é a essência do que tentei explorar neste livro.

Sem muito purismo, podemos imaginar que uma carreira profissional depende de esforço, talento e coragem. Esta última influencia a definição do porte dos desafios encarados. Nesse particular, acho que minha ousadia de me meter no que não entendia sempre superou a prudência.

Ao longo dos anos, girou a roleta do destino, oferecendo ou sonegando oportunidades e coincidências. Ou seja, sorte conta, e muito. Minha paixão pelas ferramentas não seria consumada sem ter me mudado para dentro de uma fábrica. Não teria estudado economia se não tivesse conversado com um amigo que mencionou a existência do sistema de bolsas na faculdade. Entrei para o curso da FGV por cruzar com uma colega que desistiu de fazer a prova. Mudei da economia para a educação por causa de duas aulas do Amartya Sen. Fui para a OIT porque um parceiro antigo de pesquisas se lembrou de mim. Conhecia o dr. Ricardo Guimarães porque o Pitágoras alugou uma sala em um imóvel seu. Meti-me na certificação de turismo de aventura porque um dos sócios do Pitágoras virou ministro do Turismo. E por aí afora.

Será, então, que somos apenas joguetes dessa loteria do destino? E o livre-arbítrio? São perguntas clássicas. Se ninguém as respondeu a contento, não serei eu a fazê-lo. Mas arrisco a hipótese de que essa sorte opera dentro de um território circunscrito, não nos joga para qualquer lado. De ex-quase-futuro engenheiro, passei a ex-futuro administrador. Daí, derivei para a economia e, depois, para a educação. Todos esses assuntos pertencem a uma mesma família de conhecimentos. E não haveria acaso que me pudesse arrastar para medicina, música ou contabilidade.

Há o reverso da medalha. Diante de uma oportunidade que passa célere, há que se decidir. Por irresponsabilidade ou coragem (podem ser a mesma coisa?), sempre tendi a não temer o alto risco de algumas chances oferecidas. Na maioria das vezes, deu certo. Mas, em alguns casos, paguei um alto preço.

Sobre o assunto, ocorre-me uma tirada da famosa economista Joan Robinson acerca de Keynes. Alguém falava de sua admiração por ele, pela coragem de, por muitos anos, continuar a defender uma teoria que ninguém aceitava. "Coragem? Nada disso, arrogância!" De fato, esses dois traços estão perigosamente próximos.

Uma presença permanente nas minhas decisões foi a recusa de "pegar em alça de caixão". Ou seja, meter-me em projetos que via como causas perdidas. Nunca quis correr o risco de erodir algo que sempre valorizei: meu idealismo. Por exemplo, como a África parecia estar lentamente afundando, recusei sumariamente uma oportunidade de trabalhar em projetos de ajuda econômica para a região, ainda que minha base viesse a ser em Paris.

Tive uma formação eclética, que ia desde martelar em uma bigorna até decifrar o teorema central do limite, em estatística. Consertei rádios e construí móveis. Fotografei seriamente – até pensei em me bandear para esse ofício. A reiterada convivência com madeira, metais e elétrons me aproximou da formação profissional, à qual dediquei muitos anos. Foi uma convergência natural, quase inevitável. Tais amores também me aproximaram dos assuntos de ciência e tecnologia.

Gastei muito tempo estudando teoria econômica, uma construção elegante e analiticamente rigorosa, porém que se propõe a descrever um mundo confuso e que não dá demasiada bola para ela. Ainda assim, é a única ciência social com arquitetura analítica e construção axiomática de suas leis. Isso me trouxe benefícios incalculáveis para desenvolver meu rigor e método científico. Se fosse possível voltar o relógio, estudaria novamente economia. Não obstante, continuaria sem motivação para trabalhar como economista.

Isso tudo me permitiu uma carreira profissional bastante variada, o que não lamento. Segui tortuosos caminhos, trabalhando em burocracias públicas e privadas, nacionais e internacionais. Planejei museus e dei palpites em outros.

Minha mais forte e constante fidelidade foi ao mundo e aos afazeres da pesquisa. Pesquisei muitíssimos assuntos. De um dia para o outro, saí da alfabetização de adultos e mergulhei em controvérsias da pós-graduação. Estudei meio ambiente, silvicultura, nutrição e outros temas.

Essa imensa variedade de assuntos tem seu lado bom. Há uma clara fertilização cruzada de um assunto para outro. Ademais, aumenta o atrevimento para que se mergulhe em um novo território intelectual desconhecido. O lado ruim é que talvez falte profundidade, por ter que se dividir o tempo entre diversos assuntos. Jamais poderia virar o grande especialista mundial em algum dos temas com os quais lidei. Não poderia ser como aquela senhora, encontrada na Palestina, que era a maior autoridade mundial em lixões.

Fugi da gestão. Acima de tudo, consegui ficar longe de posições com forte carga administrativa, uma grande vitória. A contrapartida é que, em diversas situações, não tinha poder para impor minhas ideias, pois não tinha autoridade; assim, no mundo real, meus bons argumentos e prestígio acadêmico eram ineficazes. Mas fiz uma concessão parcial, pois em várias ocasiões liderei grupos de pesquisa.

Tive grande sorte com meus chefes. Toleraram as minhas irreverências e os arroubos intelectuais. Abriram espaço para muitas iniciativas. Todavia, na roleta do destino, trocas de chefia me prejudicaram.

Tive muitos sucessos e um número considerável de fracassos ou semifracassos. Porém, mesmo nos casos de desfechos pouco auspiciosos, o caminho foi interessante e pleno de gratas experiências. Ou seja, valeram, apesar de os resultados terem sido pequenos. Perdi empregos, apesar de haver feito um bom trabalho – segundo o meu próprio julgamento, é claro. Faz parte do jogo de quem se arrisca. Mas devo dizer que não perdi tempo em lamúrias. Defenestrado? Cadê a parada seguinte?

Fracasso, eis um bandido que, nos últimos anos, virou mocinho. Diz-se, no Vale do Silício, que falir conta ponto no currículo. Falhar, falir, dar com os burros n'água, tudo tem sabor amargo. Todavia, grandes lições são aprendidas nesses episódios de sinal negativo. No meu caso, acho que isso tem sido verdade. Por exemplo, ser incensado no mundo estreito em que vivia foi muito prejudicial para a minha formação. Diante disso, as agruras e os quase fracassos que enfrentei nas universidades norte-americanas muito contribuíram para reduzir minha arrogância e minha superficialidade intelectual.

Ao longo da minha vida profissional, lidei bravamente com burocracias e chatices, as quais demonstram recorrente incompetência. Ainda assim, descobri que elas são mais vulneráveis do que parecem. Pensemos na analogia com a Linha Maginot, as fortificações invioláveis da França, para se defender da Alemanha. Ela fracassou por causa das novas técnicas de guerra (*Blitzkrieg*), e, dando a volta pela Holanda e Bélgica, havia uma fronteira pouco guarnecida.

O mesmo com a burocracia. Tem seus pontos vulneráveis. É preciso achá-los. Venci algumas batalhas. Atrevimento pode dar bons resultados. Mas as burocracias sabem se vingar, têm seus métodos, frontais ou insidiosos. Isso me trouxe demissões e reveses.

Já que insisti na minha fidelidade eterna à pesquisa, é inevitável perguntar que resultados tangíveis produziram. Tenho para mim que esse é o lado mais desconcertante dessa opção profissional. Pelo que se observa, nas áreas sociais, o impacto da pesquisa é difuso. As percepções raramente mudam com uma pesquisa única. É o cumulativo de estudos, com certa convergência, que permite alterar os entendimentos coletivos. Sendo assim, torna-se difícil atribuir alguma mudança a uma pesquisa específica. Tenho que me satisfazer com migalhas, como o número de pessoas que leram meus escritos ou o número de livros vendidos. Vez por outra, topei com alguém que havia sido influenciado pelo que eu disse ou escrevi.

Diante disso, o que faz um pesquisador como eu continuar nas mesmas lides? Deve haver fatores que desconsidero. Porém o que sempre me seduziu foi o prazer de fazer perguntas e tentar respondê-las. É o desafio de desvendar uma natureza fugidia e algo marota, que esconde sempre os seus segredos ou sugere falsos caminhos. A grande vitória é pegá-la desprevenida, cedendo achados interessantes e, talvez, relevantes.

Desses sutis prazeres me alimentei, por anos a fio.

E ainda me seduzem.

ÍNDICE GERAL

Acertando a vida na capital do Império, 221
Apresentação, 17
Aventuras na União Soviética: interessantes, mas meros devaneios, 235
Balanço da labiríntica carreira escolar, Um, 33
Banco Mundial: colaborando com o Império do Mal, 221
Batalha da avaliação, A, 151
BID me emprestou ao MEC, O, 275
Caixa de ferramentas, A, 19
Capes: vestindo a pele do inimigo, 137
Caso curioso dos alunos que não desapareceram, O, 171
Catando dados no Brasil, 85
CNRH: vítima do seu próprio sucesso, 163
Colégio Marconi, uma experiência desencontrada, O, 27
Como lidar com a ideologia e os improdutivos do grupo?, 166
Confortavelmente refugiado no Cendec, 181
De soldador de oleoduto A guia de turismo DE AVENTURA?, 295
Decifrando uma trajetória pessoal e profissional, 323
Dez anos ensinando no Rio de Janeiro, 115
Eciel: será possível coordenar pesquisadores latino-americanos?, 127
Ecos do MEC e a vingança da burocracia, 158
Em pé de guerra com a burocracia, 95
Embaraçoso caso do orçamento que estourou, O, 234
Ensinando no mestrado de educação da FGV, 117
Entreouvindo o caso do FMI, 174
Escola de economia de Mário Henrique Simonsen, A, 44
Explorando o Oriente Médio: muita história e muita frustração, 245
Fábrica de policy papers, A, 263
Faculdade do dr. Yvon, A, 40
Fé nos mercados e o Consenso de Washington, 229
Formação profissional e suas variedades, A, 204

Formation professionnelle, training, educación, 185
Fui o pai intelectual da Faculdade Pitágoras, 283
Fundamentos conceituais da Faculdade Pitágoras, Os, 285
Geopolítica das bolsas no exterior, A, 145
Ginásio fraco, aluno incômodo, 23
Glória e o ocaso do CNRH, A, 177
Grande conflagração: fubá versus formulados, A, 167
Harvard e Yale, rivais irreconciliáveis?, 52
Havia Ministérios do Planejamento?, 175
Herança das minhas escolas, A, 93
Herege em uma organização plácida, Um, 210
Justas intelectuais dentro do banco: mercado ou Estado?, As, 251
Mãos à obra, vamos fazer a faculdade, 286
Mestrados ou doutorados?, 58
Meu dilema: engenharia ou economia?, 37
Meu mundinho da formação profissional, O, 196
Meus anos no BID: de volta a los hermanos, 255
Meus anos no mestrado da PUC-Rio, 123
Meus tempos de Yale, 51
Minha educação: um zigue-zague entre livros e ferramentas, 23
Minha encarnação como jornalista, 279
Minha epifania acadêmica em Vanderbilt, 75
Minha grande desventura no campo da ciência e tecnologia, A, 176
Minha trajetória no BID, 260
Mundo adorado das minhas ferramentas, O, 28
Nas entranhas do SNI, 143
Nefandas "condicionalidades", As, 226
Nos bastidores da pesquisa, 55
Nota do editor, 7
Novas brigas e velhos desafios, 271
Novela da implementação dos empréstimos, A, 230
O que entendi das organizações em que estive?, 323
Outro caminho para conhecer os Estados Unidos?, 51
Para que serve a OIT?, 193
Para que servia o CNRH?, 163
Pesquisador do Ipea, no covil do governo militar, 99

Posfácio, 321
Positivo: sósia do Pitágoras e trajetória parecida, 305
Prefácio, 11
Professor na EPGE e convivendo com Mário Henrique, 115
Relações intricadas do CNRH com os ministérios sociais, As, 173
Remendando o CNRH, 164
Remexendo o organograma, 165
Repensando minha tortuosa carreira, 325
Segredo dos bancos multilaterais: país pobre paga juros de país rico, O, 224
Será que eu entendo de museus?, 299
Subterrâneos do poder, Os, 288
Suíços, a OIT e a formação profissional, Os, 189
Sumário, 5
Telecurso 2000: educação com dramaturgia de novela, 215
Tentando entender os suíços, 189
Termômetro e a santa cruzada da qualidade, O, 149
Tirando uma escola de medicina do buraco, 309
Toureando a burocracia, 139
Trajetória do Pitágoras, A, 283
Varejinho do cotidiano, O, 155
Vidinha em New Haven, A, 58
Vivi terremotos na Califórnia, 65
Volta para a defesa da tese, A, 88
Voltando às idiossincrasias da terra, 202
Yale: baluarte da aristocracia norte-americana ou fábrica de ciência?, 54